D1668990

Die Autorin

Prof. Dr. Karin Flaake ist pensionierte Hochschullehrerin für Soziologie mit dem Schwerpunkt Frauen- und Geschlechterforschung an der Carl von Ossietzky Universität Oldenburg. Arbeitsschwerpunkte: Geschlecht und Sozialisation, Sozialpsychologie der Geschlechterverhältnisse, Arbeit mit psychoanalytisch-hermeneutischen Methoden der Textinterpretation.

Karin Flaake

Die Jugendlichen und ihr Verhältnis zum Körper

Verlag W. Kohlhammer

1. Auflage 2019

Alle Rechte vorbehalten
© W. Kohlhammer GmbH, Stuttgart
Gesamtherstellung: W. Kohlhammer GmbH, Stuttgart

Print:
ISBN 978-3-17-029767-8

E-Book-Formate:
pdf: ISBN 978-3-17-029768-5
epub: ISBN 978-3-17-029769-2
mobi: ISBN 978-3-17-029770-8

Inhaltsverzeichnis

9

Einführung: Jugendliche und ihr Verhältnis zum Körper – theoretische Perspektiven und empirische Zugänge

Ein zentrales Thema der Jugendphase ist die Auseinandersetzung mit den körperlichen Veränderungen dieser Zeit. Die durch hormonelle Impulse in Gang gesetzten körperlichen Wandlungen – in der Mehrzahl der Studien mit dem Begriff ›Pubertät‹ bezeichnet – sind Auslöser für all jene psychischen und sozialen Prozesse, die unter dem Begriff ›Adoleszenz‹ gefasst werden.[1] Für Jugendli-

---

1 Zur Definition und Abgrenzung der Begriffe »Jugend«, »Pubertät« und »Adoleszenz« vgl. King 2002: 19ff.; Liebsch 2012a: 11ff.; zum Jugendalter

che sind die körperlichen Veränderungen zunächst etwas Fremdes, sie müssen sie sich psychisch erst aneignen (King 2002: 171). Zugleich ist der Körper Experimentierfeld für »die Entstehung des Neuen in der Adoleszenz« (King 2002). Er ist zentraler Ort und Bühne für die Suche nach einem neuen Selbstverständnis und Selbstbewusstsein, über ihn vollziehen sich wichtige Prozesse der Auseinandersetzung mit gesellschaftlichen Geschlechterbildern, der Abgrenzung von den bisher wichtigen Bezugspersonen und der Suche nach einem eigenen Weg ins Erwachsenenleben. Zudem kann er ein Ort sein, über den Konflikte und Probleme ausgetragen werden.

Sozialwissenschaftlich orientierte Studien gehen davon aus, dass die körperlichen Veränderungen der Pubertät keine rein biologisch oder physiologisch zu betrachtenden Prozesse sind, sondern eingebunden in eine Vielzahl gesellschaftlicher und kultureller Bedeutungszuschreibungen, die die Verarbeitung dieser körperlichen Veränderungen durch die jungen Frauen und Männer und damit ihr Körpererleben und die Körperwahrnehmung prägen (vgl. Göppel 2011).[2] Angenommen wird eine unauflösbare Verbindung zwi-

---

aus unterschiedlichen theoretischen Perspektiven vgl. Göppel 2005; Günther 2012. Vera King weist darauf hin, dass der Begriff ›Adoleszenz‹ gegenüber dem Begriff ›Jugend‹ den Vorzug hat, von einem »deskriptiven Alltagsverständnis über Altersgruppen deutlicher abgegrenzt zu sein« (King 2011a: 79). Zudem »wird in der Begriffstradition eines soziologischen Adoleszenzbegriffs die Vermittlung von Sozialem und Psychischem oftmals stärker akzentuiert und analysiert als in einigen Zweigen der Jugendforschung« (ebd.).

2 Rolf Göppel entwirft eine komplexe bio-psycho-soziale Perspektive auf die körperlichen Veränderungen von Jugendlichen in der Pubertät, in der »immer schon vorausgesetzt (ist), dass hier eine biologische, reifungsbedingte, somatische Komponente mit im Spiel ist. Die hochkomplexen ... endokrinen Mechanismen, durch die jene körperlichen Veränderungsprozesse ausgelöst und gesteuert werden, können dabei für unseren Zusammenhang weitgehend ausgeklammert werden. Wichtig ist, *dass* jene körperlichen Veränderungsprozesse in Gang kommen und dass sie von den

schen körperlichen Veränderungen und gesellschaftlichen bzw. kulturellen Bedeutungsgehalten, eine systematische Verflechtung von Körperlichkeit mit gesellschaftlichen bzw. kulturellen Bedingungen. Kontrovers diskutiert wird dabei die Frage, welche Bedeutung dem Körper zukommt: ob es eine qua Biologie gegebene Basis gibt, die dann gesellschaftlich überformt wird, oder ob körperliche Veränderungen, die als ›weiblich‹ oder ›männlich‹ konnotiert sind, selbst schon als soziale Konstruktion begriffen werden müssen. Konstruktivistische bzw. dekonstruktivistische Ansätze in der angloamerikanischen und deutschsprachigen Geschlechterforschung betonen – z. B. in Anknüpfung an Judith Butlers diskurstheoretische Analysen –, dass ›Geschlecht‹ und die als körperlich fundiert gedachte ›Zweigeschlechtlichkeit‹ das Ergebnis entsprechender Diskurse, d. h. vornehmlich sprachlich organisierter Formen des Wissens sind (vgl. z. B. Butler 1995). Diese Diskurse sind geprägt von Machtbeziehungen zwischen den Geschlechtern mit Dominanz des Männlichen und der Norm der Heterosexualität, erst durch sie erscheinen ›Körper‹ als geschlechtlich konnotierte und heterosexuell aufeinander bezogene.[3]

Betroffenen erlebt werden und psychisch verarbeitet werden müssen. ... Wie schon im Wortbild ›bio-psycho-sozial‹ ist die psychische Seite des subjektiven Erlebens ... stets eingespannt zwischen dem, was sich im Hinblick auf das ›Bios‹ des eigenen Körpers gewissermaßen als ›Naturgewalt‹ ereignet, und dem, was es von sozialer Seite an Bedeutungszumessungen, Normalitätserwartungen, Vergleichsgesichtspunkten, Beurteilungsmaßstäben und Schönheitsidealen zur Bewertung jener Veränderungen zugespielt und aufgedrängt bekommt« (Göppel 2011: 26).

3 So beschreibt Judith Butler den Prozess der »Subjektwerdung«: »Geschlechtsnormen wirken, indem sie die Verkörperung bestimmter Ideale von Weiblichkeit und Männlichkeit verlangen, und zwar solche, die fast immer mit der Idealisierung der heterosexuellen Bindung in Zusammenhang stehen. ... In dem Maße, wie das Benennen des ›Mädchens‹ ... den Prozess initiiert, mit dem ein bestimmtes ›Zum-Mädchen-Werden‹ erzwungen wird, regiert der Begriff oder vielmehr dessen symbolische Macht die Formierung einer körperlich gesetzten Weiblichkeit, die die

Eine Leiblichkeit mit eigenen Bedeutungsgehalten wird nicht angenommen, Körper erscheinen als potentiell formbares Material, das mit den unterschiedlichsten sozialen Bedeutungsgehalten versehen werden kann.

Vera King weist auf Verkennungen hin, die in solchen Vorstellungen von der alleinigen Bedeutung der Diskurse, ihrer »Allmächtigkeit« (King 2002: 167) enthalten sind. Ausgespart bleiben »Begrenzungen, wie sie der Leiblichkeit, Natalität – Zeugung, Empfängnis, Geborenwerden – und Sterblichkeit inhärent sind« (King 2002: 167). Für die Adoleszenz entwirft sie eine differenziertere Perspektive auf das Verhältnis von Körperlichem und Sozialem. Von den körperlichen Veränderungen der Pubertät gehen danach »Verarbeitungsanforderungen« (King 2002: 172) aus, z. B. die der sexuellen und generativen Potenz, sie haben auf diese Weise einen ›Eigensinn‹, entsprechende Verarbeitungsprozesse sind jedoch unlösbar verknüpft mit gesellschaftlichen und kulturellen Bedingungen, durch die sich Körper- und Geschlechterbedeutungen herausbilden (King 2002: 163; vgl. auch Becker 2018: 200).

Die lebensgeschichtliche Phase der Adoleszenz und die damit verbundenen körperlichen Veränderungen der Pubertät sind im deutschsprachigen Raum insbesondere in den 1980er und 1990er Jahren zu Themen sozialwissenschaftlicher Forschung geworden (vgl. zusammenfassend King 2011b). Entsprechende Studien ent-

---

Norm niemals ganz erreicht. Dabei handelt es sich jedoch um ein ›Mädchen‹, das gezwungen wird, die Norm zu ›zitieren‹, um sich als lebensfähiges Subjekt zu qualifizieren und ein solches zu bleiben« (Butler 1995: 306). Hier wird ein Modell des »lebensfähigen Subjekts« nahe gelegt, in dem Zwang und Formierung durch als homogen unterstellte »geschlechtliche Normen« (Butler 1995: 306) im Zentrum stehen. Widersprüchliches und Uneindeutiges in diesen Normen hat dabei ebenso wenig Raum wie eine differenzierte Perspektive auf innerpsychische Prozesse der Auseinandersetzung mit und Verarbeitung von »geschlechtlichen Normen«. Zur ausführlichen Kritik an Butlers Argumentationen vgl. z. B. Villa 2000.

standen wesentlich im Kontext der Frauen- und Geschlechterforschung, für die Körperlichkeit und Sexualität von Frauen, deren Einbindung in männerdominierte Geschlechterverhältnisse
und die Möglichkeiten einer eigenlogischen, d. h. den Wünschen
und Interessen von Frauen entsprechenden Aneignung wichtige
Themen waren. In diesem Zusammenhang wurde auch die Verarbeitung der körperlichen Veränderungen von Mädchen in der Pubertät bedeutsam. In vielen entsprechenden Studien gab es nicht
nur ein wissenschaftliches Interesse am Thema, sondern zugleich
ein praktisch-frauenpolitisches: Die Untersuchungsergebnisse
wurden auch als Basis verstanden für die Gestaltung pädagogi-
scher Räume für Mädchen und junge Frauen, in denen Möglichkeiten einer positiven Aneignung und Besetzung des eigenen
weiblichen Körpers eröffnet werden sollten. Studien zur Adoleszenz junger Frauen und eine sich als feministisch verstehende
Mädchenarbeit – sei es in Schulen oder Einrichtungen der außerschulischen Jugendarbeit – waren eng miteinander verbunden
und haben sich wechselseitig bereichert (zur Mädchenarbeit in
Schulen vgl. z. B. Biermann/Schütte 1996; zur Mädchenarbeit in
Einrichtungen der außerschulischen Jugendarbeit vgl. z. B. Fleßner
1996; Klees u. a. 1989).

Zusammenhängend mit der Thematisierung der körperlichen
Veränderungen der Pubertät insbesondere durch die Frauen- und
Geschlechterforschung sind entsprechende Prozesse bei Mädchen
sehr viel differenzierter untersucht worden als bei Jungen. Die bis
in die 1990er Jahre vorherrschende androzentrische Perspektive
in den Sozialwissenschaften – eine Perspektive, die das Männliche
zum Allgemeinen erhebt – hat zunächst verhindert, dass auch
Entwicklungen von Jungen unter einer Geschlechterperspektive
analysiert wurden.[4] Entsprechende Untersuchungsinteressen ha-

---

4 Die implizite Gleichsetzung des Männlichen mit dem Allgemeinen, z. B.
im Mainstream der Jugendsoziologie, ließ zugleich die Frage nach den besonderen Konstitutionsbedingungen von Maskulinität nicht zu. Die Aus-
blendung einer Geschlechterperspektive führte dazu, dass die spezifischen

15

ben erst seit Ende der 1990er Jahre eine breitere Basis gefunden, die Dimension des Körperlichen in Entwicklungsverläufen von Jungen und jungen Männern und ihre soziale und kulturelle Einbindung ist jedoch auch gegenwärtig noch nicht hinreichend untersucht.

Im Zentrum der folgenden Darstellungen steht eine Perspektive auf die Verarbeitung der körperlichen Veränderungen der Pubertät, die innerpsychische Prozesse ebenso berücksichtigt wie gesellschaftliche Bedingungen. Sie basiert auf der Verbindung psychoanalytischer und entwicklungspsychologischer mit sozialwissenschaftlichen Annahmen, der Verknüpfung innerpsychischer Prozesse – der Affekte, der Wünsche und Ängste, der Fantasien und des Erlebens, die ausgelöst werden durch die körperlichen Veränderungen – mit deren Einbindung in kulturelle und gesellschaftliche Zusammenhänge. Basis der Darstellungen sind vorliegende empirische Studien sowie Materialien, die die Sichtweisen der Jugendlichen und jungen Erwachsenen in wissenschaftlich ›unbearbeiteter‹ Form widergeben, z. B. autobiografische Schilderungen und insbesondere Beiträge in Online-Beratungsforen. Online-Beratungsforen haben in den vergangenen Jahren an Bedeutung gewonnen – insbesondere für Jugendliche werden sie als geeignetes Medium für die Unterstützung in als problematisch erlebten Lebenssituationen angesehen. Im Internet haben sich eine Reihe entsprechender Angebote etabliert. Die Möglichkeit, anonym bleiben zu können und die geringen Zugangsvorausetzungen – »es ist möglich, von zu Hause aus jede noch so vermeintlich peinliche Frage zu stellen und darauf nach kurzer Zeit eine Antwort zu erhalten« (Klein 2005: 1) – lassen Online-Beratungsangebote gerade für Jugendliche zu einem besonders geeigneten Medium werden, um über die häufig schambesetzten Themen der Adoleszenz zu kommunizieren. Dadurch

---

Entwicklungsbedingungen, insbesondere auch die Bedeutung der körperlichen Veränderungen der Pubertät für Jungen, nicht in den Blick geraten konnten (vgl. King/Flaake 2005).

ermöglichen sie einen Einblick in Problembereiche, die Jugendliche bezogen auf die körperlichen Veränderungen der Pubertät beschäftigen.

Soweit es die Materiallage ermöglicht, werden zu ausgewählten Themenbereichen auch Erfahrungen aus nicht westlich geprägten kulturellen Kontexten einbezogen, im Wesentlichen geht es jedoch um Jugendliche in der BRD und anderen westlich geprägten Gesellschaften. Zentrale Differenzierungskriterien für durch kulturelle und gesellschaftliche Kontexte geprägte Erfahrungen und Erlebensweisen von Jugendlichen, die auch ihr Verhältnis zum Körper beeinflussen, sind ihr Geschlecht, die soziale Lage, wie sie wesentlich bestimmt wird durch den schulischen bzw. formalen Bildungshintergrund, sowie die soziale Herkunft im Sinne einer familialen Migrationsgeschichte. Analysen, die mit dem Konzept der Intersektionalität, der Annahme einer Verwobenheit, wechselseitigen Verschränkung und Überlagerung unterschiedlicher sozialer Differenzlinien im Sinne sozial wirkmächtiger gesellschaftlicher Unterscheidungskategorien arbeiten – wie sie insbesondere das Geschlecht, die schulische bzw. formale Bildung und der ethnische bzw. migrationsbezogene Familienhintergrund darstellen[5] –, sind bezogen auf das Verhältnis von Jugendlichen zu ihrem Körper bisher erst in Ansätzen vorhanden, sie geben jedoch eine Perspektive vor, die eine differenzierte Sicht auf das Verhältnis von Jugendlichen zu ihrem Körper eröffnet (vgl. Huxel 2014: 18ff.;

---

5 In Studien aus dem anglo-amerikanischen Raum werden die zentralen sozialen Differenzlinien mit den Begriffen »race«, »class«, »gender« bezeichnet. Zur Bedeutung und Problematik, die mit der Übertragung dieser Kategorien auf andere gesellschaftliche und kulturelle Kontexte, etwa die bundesrepublikanische Gesellschaft, verbunden sind, vgl. Walgenbach 2012. Je nach Untersuchungsinteresse sind auch weitere wirkmächtige soziale Differenzlinien von Bedeutung, etwa die Region im Sinne einer Stadt-Land-Unterscheidung, das Alter, die sexuelle Orientierung und die körperliche Verfasstheit, z. B. durch gesundheitliche Gegebenheiten. Zur Problematik der Gewichtung unterschiedlicher sozialer Differenzlinien vgl. Walgenbach 2012.

Stauber 2012: 67f.; Terhart 2014: 11ff.; zum Konzept der Intersektionalität vgl. die zusammenfassende Darstellung in Meyer 2017; Walgenbach 2012).

Teil I

Körperliche Veränderungen der Pubertät – Erlebensweisen und gesellschaftliche Deutungsangebote

1

Erinnertes Erleben – Pubertät als
Zeit besonderer Verwundbarkeit,
neuer Lustmöglichkeiten und
der Auseinandersetzung mit
gesellschaftlichen Geschlechterkonstruktionen: Carolin Emckes
autobiographisch geprägte
Schilderungen »Wie wir begehren«

Bedeutung der körperlichen Veränderungen

Carolin Emckes Erinnerungen an die Pubertät geben ein anschauliches Bild von den Herausforderungen dieser Zeit für Jugendliche in einer westlich geprägten Kultur: die Verarbeitung der mit den körperlichen Veränderungen verbundenen Verunsicherungen und psychischen Labilisierungen, die Auseinandersetzung mit gesellschaftlichen Geschlechterbildern und die Suche nach einem eigenen neuen Selbstverständnis und Selbstbewusstsein. Deutlich wird, dass die körperlichen Veränderungen der Pubertät eine eigene Dynamik haben, entsprechende Verarbeitungsprozesse jedoch unlösbar verknüpft sind mit gesellschaftlichen und kulturellen Bedeutungszuschreibungen, durch die die Bandbreite möglicher Entwicklungen beschnitten und adoleszentes Entfaltungspotenzial in gesellschaftlich als akzeptabel angesehene Bahnen gelenkt wird. Carolin Emcke betont dabei insbesondere die Auseinandersetzung mit der sozialen Ordnung der Zweigeschlechtlichkeit und der normativen Dominanz von Heterosexualität.

In den Schilderungen wird deutlich, wie einschneidend die Erfahrung der körperlichen Veränderungen der Pubertät für Jugendliche ist. Verunsicherung und Verletzlichkeit bestimmen das Lebensgefühl. Es ist eine Zeit der »Verwundbarkeit« (Emcke 2013: 120), eine Phase, in der die »eigene Welt« und »wir« (ebd.: 125) »aus den Fugen geraten« (ebd.: 124) sind:

> »Wir wuchsen hinein in eine Zeit, in der die Körper ein Eigenleben entwickelten, in der wir Emotionen ausgeliefert waren, für die wir noch keine Begriffe hatten, in der uns die Lust richtungslos vor sich her trieb, ... linkisch, verwirrt über die eigene Orientierungslosigkeit, wir entdeckten gerade unseren Körper, wir entdeckten vor allem, dass er sich auf einmal nicht mehr nach unserem eigenen Körper anfühlte, weil er anders aussah, weil er sich verwandelte, weil er einen anderen Rhythmus einführte, weil er überhaupt auf einmal auftauchte, sichtbar wurde, fühlbar, das waren wir selbst, und wir spürten zugleich, dass wir uns nicht mehr kannten« (ebd.: 40).

Ob sie es wollen oder nicht ›wachsen‹ die Jugendlichen – wie durch einen externen, von ihnen nicht beeinflussbaren Impuls ausgelöst – »hinein« in eine »Zeit«, die gekennzeichnet ist durch Kontrollverlust, Ohnmacht und Selbstentfremdung. Der Körper gerät ins Zentrum der Aufmerksamkeit – er wird »sichtbar« und »fühlbar« – und entwickelt zugleich ein »Eigenleben«: Er ›verwandelt‹ sich und hat einen eigenen »Rhythmus«. Es gibt zwar ein Bewusstsein von etwas Eigenem – »das waren wir selbst« –, aber dieses Eigene ist fremd geworden: Der Körper fühlte sich »nicht mehr« nach dem »eigenen Körper« an, »wir (kannten) uns nicht mehr«. Zugleich zeigen sich neue Empfindungen – »Emotionen« und »Lust« –, die als überwältigend erlebt werden: Die Jugendlichen sind ihnen »ausgeliefert«, werden von ihnen ›getrieben‹, ohne dass es schon »Begriffe« – die Möglichkeit einer reflektierenden Bezugnahme und damit inneren Distanzierung – für das Erleben gäbe. »Linkisch, verwirrt«, ›orientierungslos‹ – so werden die vorherrschenden Gefühle dieser Zeit gekennzeichnet.

In einer weiteren Passage geht es noch einmal um die Eigendynamik der körperlichen Veränderungen – sie geben den »Takt« vor –, neben dem Erschrecken darüber gibt es jedoch auch ›Erleichterung‹ über die jetzt sicht- und spürbar werdende Sexualität, möglicherweise Widerspiegelung einer Phase des Erlebens, die dem ersten Erschrecken folgen und in der eine neue Lustmöglichkeit erahnt werden kann.

> »Wir lebten ... in Körpern, die uns den Takt vorgaben. ... Wir beobachteten die blutigen oder milchigen Flüssigkeiten, Blut oder Vaginalsäfte, Sperma oder Schweiß, die zu passenden oder unpassenden Zeiten aus uns heraustraten, wir beäugten uns selbst argwöhnisch, als seien wir jemand anders, und hofften doch auf diese Zeichen der Verfremdung, waren erschrocken und erleichtert zugleich, erschrocken, weil Schamhaare zunächst alle Nacktheit zu entstellen schienen, erleichtert, weil mit der Scham endlich auch die Sexualität ... nach außen drängte, wir ... übten zu onanieren« (ebd.: 124f.).

Die neuen Körperflüssigkeiten – ›blutige‹ und ›milchige‹, »Blut« und »Vaginalsäfte«, »Sperma« – lassen sich in ihrem Auftreten zwar auch nicht kontrollieren – zu »passenden oder unpassenden Zeiten« treten sie »heraus« –, entsprechend »argwöhnisch« werden sie als »Zeichen« von »Verfremdung« ›beäugt‹, aber neben das ›Erschrecken‹ tritt ›Erleichterung‹: »Sexualität«, sexuelle Wünsche und Fantasien können ihren körperlichen Ausdruck finden, sexuelles Erleben, zunächst als Selbstbefriedigung, wird möglich und damit eine neue Dimension der Erfahrung und des Erlebens. »Ich wollte das Begehren entdecken und ausleben, aber es sollte meins sein« (ebd.: 125), fasst Carolin Emcke das Vorwärtsdrängende in ihrem damaligen Erleben zusammen. Für den weiteren Verlauf der Adoleszenz werden Bewegungen des Suchens nach dem Eigenen beschrieben – »es sollte meins sein« –, die oszillieren zwischen der Auseinandersetzung mit gesellschaftlichen und kulturellen Mustern, die bestimmte Entwicklungsrichtungen nahe legen, und dem Aufspüren eigener, die vorgegebenen Muster erweiternder und überschreitender Lebensmöglichkeiten. Carolin Emcke setzt sich dabei insbesondere mit der gesellschaftlichen Vorgabe auseinander, dass es zwei und nur zwei Geschlechter gibt, die als einander sich ausschließende, binär entgegengesetzte konzipiert sind, sowie mit der Norm der Heterosexualität, der als Abweichung – ebenfalls auf der Basis einer binären Kodierung – Homosexualität gegenübergestellt wird.

Konfrontation mit der sozialen Ordnung der Zweigeschlechtlichkeit

Die körperlichen Veränderungen der Pubertät sind gesellschaftlich zugleich mit einer klaren Zuordnung zu einem und nur einem der beiden Geschlechter verbunden: Sie werden gesehen als Indikator für ein Zur-Frau- oder Zum-Mann-Werden. Entsprechende Zuordnungen haben schon vor der Pubertät eine Rolle gespielt, mit den Veränderungen des Körpers in der Pubertät gewinnen sie jedoch eine neue Qualität: Sie werden im Leben bestimmender und schaffen eine neue Eindeutigkeit. Möglicherweise vorhandene Fantasien eines Sowohl-als-auch oder eines Dazwischen werden zerstört, körperliche Uneindeutigkeiten jenseits der vorgegebenen Binarität zum Problem. Carolin Emcke beschreibt am Beispiel einer intersexuellen Bekannten, die mit der Pubertät sowohl Brüste als auch einen Penis entwickelt hatte, die damit verbundene Ausgrenzung und soziale Ortlosigkeit.

>»Ihre Pubertät ... war eine Geschichte der fortlaufenden Ausgrenzung, weil die Ambivalenz ihres Geschlechts vor allem als soziale Bedrohung wahrgenommen worden war. Eine der qualvollsten Erfahrungen ihrer Schulzeit waren ausgerechnet die Umkleidekabinen beim Schulsport gewesen: Orte der Normierung, in die sie nicht eingelassen wurde, weil sie Eindeutigkeit verlangten. Sie hatte irgendwann die Schule aufgegeben ... weil sie nicht passte in diese aufgeteilte Welt« (ebd.:20f.).

Die soziale Welt ist ›aufgeteilt‹ in zwei sich ausschließende Kategorien von Geschlecht, sie verlangt »Eindeutigkeit«. »Ambivalenz«, ein Dazwischen und fließende Übergänge werden als »Bedrohung« wahrgenommen, entsprechend ›normiert‹, und von der Vorstellung einer »Eindeutigkeit« und Ausschließlichkeit geprägt sind die sozialen Orte, die den Alltag prägen, etwa »Umkleidekabinen beim Schulsport«, ergänzen ließen sich zum Beispiel Toiletten. Für alle, die in die zwei Kategorien von Geschlecht passen, ist diese Zweiteilung selbstverständlich, sie erleben sie kaum als soziale Vorgabe. Für Personen, die in »diese aufgeteilte Welt« ›nicht passen‹, sind sie jedoch mit Ausgrenzung und Scheitern in gesellschaftlich relevanten Institutionen – zum Beispiel der »Schule« – verbunden: Sie werden in zentrale Orte, die diese Institutionen prägen, »nicht eingelassen«.

>»Nicola führte vor, was für uns andere genauso galt: die Verordnung der Geschlechtlichkeit, die uns selbstverständlich erscheinen soll und die wir als Unhinterfragbares annehmen, weil es uns, in unseren Körpern, leichter fällt. So gleiten wir hinein in Normen wie in Kleidungsstücke, ziehen sie uns über, weil sie bereit liegen für uns« (ebd.: 21).

An einer Person, die nicht in die binären Vorgaben passt, wird die »Verordnung der Geschlechtlichkeit«, die Macht der sozialen Zuweisung, besonders deutlich, die für alle anderen »genauso« gilt. Für diejenigen, die in die Vorgaben passen, erscheint sie jedoch »selbstverständlich« und »unhinterfragbar«, sie ist wie ein »Kleidungsstück«, das bereit liegt und automatisch zu passen scheint, obwohl es »bereit« ›gelegt‹ wurde, also eine soziale Vorgabe ist.

Die normative Dominanz von Heterosexualität

Zugleich ist die Zuordnung zu einem und nur einem Pol der Dichotomie weiblich – männlich mit gesellschaftlichen Identitätszuweisungen – »Vorstellungen von Männlichkeit oder Weiblichkeit« (ebd.: 208) – und Begehrensstrukturen verbunden: bestimmten Geschlechterbildern und einer heterosexuellen Bezogenheit der Geschlechter aufeinander. Die Vielfältigkeit des Begehrens und der Identifikationsmöglichkeiten, die in der Pubertät aufscheinen, wird damit in gesellschaftlich vorgegebene Bahnen gelenkt, Entwicklungsmöglichkeiten werden beschnitten. Entsprechende Kanalisierungen schildert Carolin Emcke anschaulich am Beispiel ihrer Suche nach einem ›eigenen Begehren‹ – »es sollte meins sein«.

Die soziale Norm der heterosexuellen Bezogenheit der Geschlechter aufeinander legt für Mädchen und junge Frauen zunächst Beziehungen zu Jungen und jungen Männern nahe, auch wenn unklar ist, ob es den eigenen Wünschen und Fantasien entspricht.

> »Mein erster Freund war Ben. ... Warum Ben mein erster Freund wurde war eigentlich unklar. ... Er gefiel mir, und es war nun mal die Zeit, in der wir mit jemandem befreundet sein sollten, und diese Freundschaften sollten anders sein als es bisher die Freundschaften waren. Das hatte mehr von einem Beschluss als von einem Begehren« (ebd.: 25).

Es gibt ein ›Sollen‹, eine Norm, wohl auch vertreten durch die Peergroup, etwa die Gleichaltrigen in der Schulklasse, die nahelegt, einen Freund zu haben, mit dem etwas ›anderes als bisher‹, wohl erotisches, geschehen soll. Dieses ›andere‹ ereignet sich mehr als geplante Aktion – als »Beschluss« –, denn als Ausdruck eigener Wünsche, von »Begehren«. Die erotische Annäherung hat dann auch eher den Charakter eines Erfolgs auf dem Weg zum Erwachsenwerden denn einer erregenden Begegnung: »An meinem ersten Kuss war eigentlich das Aufregendste, dass es der erste Kuss war« (ebd.: 29).

Carolin Emcke beschreibt für sich zunächst weitere Beziehungen zu Jungen und Männern, die sie durchaus auch als befriedigend erlebt, dennoch fehlt ihr etwas und sie sucht weiter nach dem ›eigenen Begehren‹, ein Prozess, der erschwert wird durch die soziale Norm einer heterosexuellen Bezogenheit der Geschlechter aufeinander und die Klassifikation gleichgeschlechtlichen Begehrens als Abweichung, die gesellschaftlich nicht ebenso wie Heterosexualität positiv symbolisiert ist. Sie beschreibt für sich ein »sprachloses Suchen nach dem eigenen Sehnen« (ebd.: 33), ein »Wollen ohne Begriff« (ebd.: 33).

> »Wie sollten wir ausdrücken, was wir wollten, wenn es für dieses Wollen keine Begriffe, keine Bilder, keine Vorlagen gab? Das Wollen … (kommt) in vorgefertigten Formen daher …, die sozialen, politischen, ästhetischen Grenzen der Welt um uns herum (beschrieben) … oft auch die Grenzen der eigenen Phantasie« (ebd.: 47f.).

Soziale »Grenzen«, ›vorgefertigte‹ »Formen«, begrenzen auch die Ausgestaltung der ›Fantasien‹ und Wünsche, des ›Wollens‹, es gibt für sie keine sozialen Angebote – »Begriffe«, »Bilder«, »Vorlagen« –, die ihren ›Ausdruck‹, ihre Artikulation und Umsetzung in Beziehungsgestaltungen erleichtern würden.

Carolin Emcke schildert Erinnerungen an ihre Jugend in den 1970er und 1980er Jahren, einer Zeit, in der Homosexualität öffentlich wenig sichtbar und als Lebens- und Liebesweise gesellschaftlich kaum akzeptiert war. Das hat sich seit den 1990er Jahren entscheidend verändert. Liebesbeziehungen unter Personen gleichen Geschlechts unterliegen kaum mehr gesellschaftlichen Tabus, homosexuell Lebende sind in der Öffentlichkeit präsent und stehen selbstbewusst zu ihrer sexuellen Orientierung und Lebensweise. Ähnliches gilt für Personen, die sich keinem der beiden Geschlechter zuordnen. Dennoch haben sich Vorbehalte gerade bei Jugendlichen erhalten, wenn es um die Möglichkeit eigener homosexueller Erfahrungen geht. Vorbehalte wirken – trotz verbaler Offenheit – weiter im Verborgenen, auf der Ebene oft kaum bewusster Schamgefühle, ausgelöst durch das Erleben einer Abweichung vom als normal Definierten – denn homosexuell orientierte Jugendliche sind weiterhin die »Anderen«, ihre Lebensweise ist nicht ebenso selbstverständlich wie die heterosexuelle. Dafür sprechen empirische Studien mit Jugendlichen (vgl. z. B. Krell/Oldemeier 2016 sowie Teil I, 5). So machen Carolin Emckes Schilderungen verborgene Prozesse der Strukturierung von Begehrensmustern durch gesellschaftliche und kulturelle Vorgaben deutlich, die für Jugendliche immer noch wirksam sind. Dabei hat die Pubertät eine besondere Bedeutung:

> »Vielleicht ist das Besondere an der Pubertät, dass dort all diese Modulationen des Begehrens und der Individualität möglich scheinen, weil die Unsicherheit so groß ist, die Mehrdeutigkeit« (ebd.: 212).

Die Pubertät ist eine lebensgeschichtliche Phase, in der sich das Begehren in allen Facetten – allen »Modulationen« – zeigt und die Bandbreite des Möglichen – seine »Unsicherheit« und »Mehrdeutigkeit« – sichtbar wird. Eine Vielfalt von Begehrensweisen deutet sich an:

> »Wie sich das Begehren entwickelt, ... sich wandeln kann, wie sich verschiedene Formen parallel zueinander verhalten können, wie in einer Person einzelne Momente ganz unterschiedlicher Formen der Lust und des Verlangens möglich sind, wie manche davon sich auch erfüllen, wie andere nur angedeutet bleiben, wie jedenfalls nicht nur eine Norm den Klang des Lebens durchgängig begleitet und bestimmt, sondern wie eine Ausgangstonart eben genau das sein kann, eine Ausgangstonart, der

Beginn, ein erstes Begehren, ein erster Klang, aus dem heraus etwas anderes wachsen kann« (ebd.: 209).

Eine solche Offenheit und Vielschichtigkeit von Erlebensmöglichkeiten – nicht nur »eine Norm« ist bestimmend, sondern es gibt ›Entwicklungen‹, ›Wandlungen‹, ›Unterschiedliches‹, das »parallel« zueinander besteht – wird begrenzt durch »unausgesprochene Codes und Konventionen« (ebd.: 51), »Innenräume passen sich den äußeren Linien an« (ebd.: 51). Solche Prozesse der ›Anpassung‹ von ›Innenräumen‹ an ›äußere‹ »Linien« bieten sich gerade für Jugendliche als Möglichkeit an, mit den Verunsicherungen dieser Zeit – der starken »Unsicherheit« und »Verwundbarkeit« (ebd.: 120) – zurechtzukommen, sich darüber innerpsychisch zu stabilisieren.

Am Beispiel eines Klassenkameraden, von dem vermutet wird, dass er homosexuell ist, zeigt Carolin Emcke, wie zerstörerisch Prozesse der Ausgrenzung und Demütigung in der Schulklasse für die auf diese Weise an den Rand Gedrängten sein können.

»Es war physisch erkennbar, wie die Demütigungen ihm zusetzten, ihn zersetzten und als anderen hervorbrachten. Er wurde noch ungelenker, noch stiller, und, was vielleicht das Schlimmste war, er wurde bedürftig. Er suchte Zuneigung. In dieser Abhängigkeit offenbarte sich die ganze Verwundbarkeit der Pubertät, und in dieser Verwundbarkeit lieferte sich Daniel der ganzen Grausamkeit der Klasse aus« (ebd.: 120).

Wenn es gesellschaftlich vorgegebene Normen des Richtigen und sozial Akzeptablen gibt, können die Spezifika der Pubertät – die »Verwundbarkeit« der Jugendlichen, ihr Wunsch nach »Zuneigung« und sozialer Bestätigung, der gerade in dieser Zeit psychischer Labilisierung groß ist – zu solchen Dynamiken in Gleichaltrigengruppen führen: In denjenigen, die von den Normen abweichen, wird das eigene potenziell Abweichende bekämpft, die eigene »Verwundbarkeit« und ›Bedürftigkeit‹ in ihr Gegenteil verkehrt und so im anderen bestraft: durch »sadistischen Spaß an der Demütigung« (ebd.: 153), durch Grausamkeiten gegenüber denjenigen, die das Andere repräsentieren – ein Bemühen um psychische

Stabilisierung in einer lebensgeschichtlich stark verunsichernden Phase und unter gesellschaftlichen Bedingungen, die Unterschiedliches nicht gleich bewerten.

Gesellschaftliche Spielräume für erweiterte Entwicklungsmöglichkeiten

In den Schilderungen wird deutlich, dass gesellschaftliche und kulturelle Bedingungen bestimmte Entwicklungen in der Pubertät befördern, diese Bedingungen aber nicht nur Entfaltungsmöglichkeiten begrenzen und einschränken, sondern auch Räume bereitstellen, in denen eine umfassendere Entfaltung von Potenzialen möglich wird. Für Carolin Emcke waren solche Entfaltungsmöglichkeiten wesentlich gegeben durch ihre Teilnahme an Veranstaltungen im kulturellen Bereich – wie Konzerte, Theater und Ballett – und durch öffentliche Orte, an denen Homosexualität selbstverständlich gelebt werden kann.

Durch Musik, Theater und Ballett erlebt sie, dass sich Polaritäten auflösen können, sowohl solche zwischen weiblich und männlich als auch Homo-und Heterosexualität. So eröffnet die Stimme eines Countertenors neue Welten:

>»Sie schien alles zu überschreiten, was ich kannte und was galt. Sie schien körperlos zu sein, nicht dingfest zu machen, schwebend, jenseits aller Geschlechter« (ebd.: 207).

»Schwebend, jenseits aller Geschlechter« – ein Lebensgefühl, das als befreiend, weil gesellschaftliche Polaritäten auflösend erlebt wird: »Ich ging wie verwandelt nach Haus« (ebd.: 208), beschreibt Carolin Emcke die Wirkung der Musik auf sie. Eine ähnlich befreiende Wirkung hatte das Spiel einer Schauspielerin.

>»Alle Identifikationen, alles Begehren (gerieten) durcheinander, alles schien auf, in der Ambivalenz der weiblichen Schauspielerin in einer männlichen

Figur, wie in einem Vexierbild. ... Sie setzte ihre ganze Körperlichkeit, ihre Sinnlichkeit ein, um die Vorstellungen von Männlichkeit oder Weiblichkeit aufzubrechen. Sie schien sie miteinander zu verweben, bis sie ununterscheidbar wurden« (ebd.: 208).

Alles scheint möglich – alle Formen des Begehrens, alle Möglichkeiten zu sein außerhalb der »Vorstellungen von Männlichkeit oder Weiblichkeit«. Klare Zuordnungen – »Identifikationen« und »Begehren« – gerieten »durcheinander«, brachen auf. Diese Erfahrung wird als »Erschütterung« erlebt, als ›künstlerischer Augenblick‹, der »das Leben verändern« (ebd.: 208f.) kann. Durch den Tanz eines Balletttänzers eröffnet sich ein weiterer Erfahrungsraum: das Zwischen allen gesellschaftlichen Kategorien wird zu einer lebbaren Perspektive.

»Diese fragile und doch athletische Körperlichkeit, die sich den Zuordnungen zu männlichen und weiblichen Rollen zu entziehen schien, zerbrach die heterosexuelle Welt mit ihren klar markierten Zonen, in denen Männer und Frauen sich zu bewegen und zu lieben hatten. ... Seine Art zu tanzen ..., seine Figuren (hatten) ... für mich Räume eröffnet ...: Dass es sich in dem ›Dazwischen‹ auch leben lässt, dass es diese Figuren, die nicht recht passen, auch braucht, dass sie eine eigene Funktion erfüllen können, das verschob die ganze soziale Ordnung, die ich bis dahin kannte, das brach etwas auf, einen Freiraum, in den hinein ich wachsen würde« (ebd.: 164).

Die Art des Tänzers zu tanzen löst klare »Zuordnungen« auf: »Körperlichkeit«, die entweder ›männlich‹ oder ›weiblich‹ zu sein hat, die »heterosexuelle Welt« mit ihren klaren Lebens- und Liebesvorstellungen. Zugleich vermittelt diese körperliche Ausdrucksweise eines als Mann Klassifizierten, dass es einen sozialen Ort gibt für all jene, die nicht in die klaren »Zuordnungen« passen, dass es sich in »dem ›Dazwischen‹ auch leben lässt«, und dass auch die im »Dazwischen« eine soziale Bedeutung haben, »dass sie eine eigene Funktion erfüllen können«. Die bisher selbstverständliche soziale Ordnung verflüssigt sich damit – es »brach etwas auf« –, und es entsteht ein »Freiraum«, der für eigene Entwicklungen – ein »Wachsen« – genutzt werden kann.

In Carolin Emckes Schilderungen wird zugleich die psychische Dynamik und Kraft deutlich, die mit den adoleszenten Entwicklungen verbunden sein kann. Es gibt eine innere Triebkraft, die es ermöglicht, Angebote im sozialen Umfeld auf eine Weise zu nutzen, die der zunächst noch diffusen Suche nach einem eigenen Weg Kontur verleiht. Die beschriebenen Angebote entsprechen dabei einem bildungsbürgerlich geprägten großstädtischen Mittelschichtmilieu. Aber auch für Jugendliche aus anderen sozialen Kontexten sind entsprechende, starre gesellschaftliche Zuordnungen aufbrechende Erfahrungen möglich: zum Beispiel in der Schule über vermittelte Inhalte wie auch das Verhalten von Lehrenden.

Öffentliche Orte, an denen Homosexualität und Transgender selbstverständlich gelebt werden können, werden als ebenso befreiend erlebt wie die beschriebenen kulturellen Angebote. Carolin Emcke schildert die Bedeutung eines für sie wichtigen Cafés, das »im Zentrum der Stadt« (ebd.: 188) lag und schon damit signalisierte, dass sich gesellschaftlichen Geschlechter- und Begehrenskategorien entziehende Menschen nicht »am Rand« stehen, sondern offen und öffentlich »im Zentrum« verortet sind. Einen Club, den sie regelmäßig besuchte, schildert sie als

> »Ort, an dem alle, die sonst irgendwie nicht passten, nicht dazugehörten, sein konnten. ... Die Schwere des Einzelgängers (fiel) ab. ... Um mich herum schmalgliedrige Transgender, halbnackte Leder-Schwule, anfangs gab es sogar noch ein paar Popper, alles mischte sich, all die Unterschiede, die sonst, draußen, tagsüber, bei Licht, in der anderen Welt zählten, waren hier irrelevant. Es war unendlich befreiend. ... Eine Welt, in der die Ordnung der Dinge außer Kraft gesetzt war« (ebd.: 202f.).

Alle im Alltag wichtigen sozialen Kategorien werden »irrelevant« – männlich und weiblich, homo- und heterosexuell –, »alles mischte sich«, eine Erfahrung, die als »unendlich befreiend« beschrieben wird. Die, die sonst erlebten, dass sie nicht den sozialen Normen entsprechen – »nicht dazu gehörten« –, konnten an diesem Ort einfach »sein«, eine Erfahrung die das Lebensgefühl verändert.

»Die Erleichterung, sein zu dürfen, einfach nur das, niemand anderes sein zu müssen, nicht Anstoß zu erregen. ... Das Gefühl, einen Ort zu haben, ein Zuhause, wo jeder Ausländer sein durfte und gleichzeitig das ewige Exil zu Ende ging« (ebd.: 203).

Carolin Emckes Schilderungen spiegeln das Gefühl der »Erleichterung« und Befreiung wider, das mit dem Erleben verbunden ist, durch einen öffentlichen gesellschaftlichen Ort aus dem sozialen Abseits – einem »Exil« –, »Zuhause«, bei sich selbst, angekommen zu sein. Verstellungen sind nicht mehr notwendig – »niemand anderes sein zu müssen« –, es ist möglich, »einfach« »sein zu dürfen«, so leben zu können, wie es eigenen Wünschen entspricht. Damit ist die Suche nach einem ›eigenen Begehren‹ und einer eigenen geschlechtsbezogenen Verortung bzw. Nichtverortung zunächst an ein Ziel gekommen – ein »Zuhause« gefunden zu haben – und damit einen in der Adoleszenz begonnenen Suchprozess zunächst beendet zu haben.

Jugend, Körper und Geschlecht – Spezifika der Adoleszenz. Resümee und Perspektiven

In Carolin Emckes Schilderungen werden Spezifika der Adoleszenz deutlich, wie sie auch bezogen auf westliche Gesellschaften in sozialwissenschaftlichen Studien zum Ausdruck kommen:[6] die

---

6 Vera King beschreibt aus wissenschaftlicher Perspektive die Spezifika adoleszenter Prozesse, wie sie in Carolin Emckes autobiografischen Schilderungen deutlich werden: »Die gewohnte Selbstverständlichkeit des leiblich-körperlichen Seins (wird) erschüttert: Psychisches Selbstverständnis *und* körperliches Sein treten phasenweise auf befremdliche Weise auseinander. Der veränderte Körper tritt dem in vieler Hinsicht noch kindlichen Selbst wie etwas Fremdes gegenüber. ... Der herangewachsene geschlechtsreife Körper (muss) psychisch angeeignet und eine neue selbst-

33

Verletzlichkeit der Jugendlichen durch die Eigendynamik der körperlichen Veränderungen dieser Zeit, die damit verbundene psychische Labilisierung, die Konfrontation mit gesellschaftlichen geschlechts- und sexualitätsbezogenen Normalitätserwartungen, die bestimmte Entwicklungslinien nahelegen und andere, davon abweichende beschneiden, zugleich jedoch die Vielschichtigkeit gesellschaftlicher Angebote in westlich orientierten Gesellschaften, die ermöglichen, auch andere als die an Normalitätsvorstellungen orientierten Wege zu gehen. Entsprechende Suchbewegungen werden gespeist aus dem großen psychischen Kraftpotenzial dieser Zeit, das trotz starker psychischer Verunsicherungen Antrieb sein kann für eine Gestaltung des Lebens nach eigenen Wünschen und Vorstellungen auch jenseits gesellschaftlich nahegelegter Bahnen.

Carolin Emcke setzt sich insbesondere mit gesellschaftlichen Normalitätserwartungen bezogen auf Zweigeschlechtlichkeit und Heterosexualität auseinander. Die körperlichen Veränderungen der Pubertät sind jedoch in einem umfassenderen Sinn eingebunden in gesellschaftliche Geschlechterbilder und entsprechende Normalitätserwartungen. Sie werden mit Bedeutungszuschreibungen versehen, die den Prozess der Verarbeitung dieser Veränderungen strukturieren, indem sie bestimmte Verarbeitungsformen nahelegen und andere erschweren. Die für junge Frauen zentralen körperlichen Veränderungen beziehen sich insbesondere auf die erste Regelblutung und das Wachsen der Brüste, die der jungen Männer auf Bartwachstum und Stimmbruch, das Wachsen von Hoden und Penis sowie die ersten Samenergüsse. Sexuelle Wünsche und Erregungen entfalten sich bei beiden Geschlechtern mit einer neuen Qualität und Intensität, es entwickelt

---

gewisse Verankerung im Körper-Selbst erst wieder hergestellt werden. ... Der kindliche Leib ist zum aufdringlich veränderten Körper geworden. In dieser adoleszenztypisch zugespitzten Aufdringlichkeit des Körpers und der mit ihm verbundenen Fantasien und Gefühle entsteht zwangsläufig ... eine psychische Labilisierung« (King 2011a: 83).

sich die Möglichkeit zu genitaler Sexualität und dazu, Kinder zeugen bzw. gebären zu können. Um die Verarbeitung dieser körperlichen Veränderungen im Kontext gesellschaftlicher und kultureller Bedeutungszuschreibungen geht es im Folgenden.

2

Der Körper als Quelle von Ängsten und Verunsicherungen – zur Bedeutung von Online-Beratungsforen

Die Verletzlichkeit, Verunsicherung und psychische Labilisierung, die für Jugendliche mit den körperlichen Veränderungen der Pubertät verbunden sein können, zeigen sich eindrücklich in Online-Beratungsforen, in denen junge Frauen und Männer ihre Probleme anonym schildern können. Für den Themenbereich Jugend – Körper – Geschlecht sind besonders zwei Online-Beratungsforen von Bedeutung: das der Zeitschrift »Mädchen«, das einen besonderen Bereich für die körperlichen Veränderungen von Mädchen und jungen Frauen anbietet, und das Beratungsforum beratung4-kids, das Mitglied im Paritätischen Wohlfahrtsverband ist und getrennte Bereiche für Fragen von Mädchen und Jungen eingerichtet hat, in denen es ebenfalls in zahlreichen Beiträgen um körperliche Veränderungen der Pubertät geht.[7] In beiden Foren antworten Professionelle, es besteht aber auch die Möglichkeit, dass andere Jugendliche sich beteiligen. Beiträge aus diesen beiden Foren wurden bei der Frage danach, wie Jugendliche die körperlichen Veränderungen der Pubertät erleben, einbezogen.

Eine Analyse der Beiträge in den beiden Beratungsforen zeigt, dass sich die von jungen Frauen und Männern bezogen auf ihren Körper angesprochenen Themen unterscheiden: Für junge Frauen stehen Fragen zum Thema Schwangerschaft, häufig verbunden mit Befürchtungen, schwanger geworden zu sein, Fragen zur Regelblutung und zur Benutzung von Tampons sowie zum Wachsen der Brüste im Vordergrund. Für die jungen Männer geht es primär um Fragen zur Beschaffenheit ihres Penis und ihrer Samenergüsse, zur Selbstbefriedigung und zu Befürchtungen, schwul zu sein.

In vielen Fragen ist das Bedürfnis der Jugendlichen deutlich, sich einer ›Normalität‹ zu versichern, d. h. bestätigt zu bekommen, dass das, was sie an sich wahrnehmen, nicht außergewöhnlich und damit beängstigend ist, sondern sich im Rahmen des für alle Jugendlichen Gültigen und damit nicht Besorgnis erregenden befindet. Insbesondere in den Fragen der jungen Frauen zeigt sich eine Diskrepanz zwischen kognitivem Wissen und faktenmäßiger

---

7 Die Bundeszentrale für gesundheitliche Aufklärung bietet ebenfalls ein für alle Jugendliche zugängliches Forum unter www.loveline.de an. Die dort geschilderten Probleme ähneln denen, die im Onlineforum der Zeitschrift »Mädchen« und im Beratungsforum beratung4kids berichtet werden. Zudem gibt es ein Online-Beratungsangebot für Jugendliche und junge Erwachsene der Bundeskonferenz für Erziehungsberatung. Dort finden sich jedoch nur wenige Einträge zum Themenbereich »Körper«. Einige Mädchenprojekte, zum Beispiel in Frankfurt/M. und Bremen, bieten ebenfalls Onlineberatungen an, zudem pro familia in Niedersachsen und auf Bundesebene. Es handelt sich dabei jedoch um individuelle Beratungen durch erwachsene Professionelle, die nicht öffentlich zugänglich sind.

Informiertheit einerseits und dennoch vorhandenen Unsicherheiten und Ängsten andererseits. So betonen einige der Fragestellerinnen, dass sie zwar wissen, wie bestimmte körperliche Vorgänge ablaufen, sie aber dennoch beunruhigt und verunsichert über die Geschehnisse in und um ihren Körper sind.

Die tiefe Verunsicherung insbesondere der jungen Frauen zeigt sich auch in der Dringlichkeit, mit der in einigen Beiträgen Hilfe gewünscht wird: »Bitte helft mir«, »bin verzweifelt«, »was soll ich bloß machen« sind Formulierungen, die darauf hindeuten, dass die jungen Frauen in ihrer Umgebung und ihrem Alltag wenig Möglichkeiten haben, über ihre Probleme zu sprechen und sich dort für ihre Befürchtungen und Ängste Unterstützung zu holen.

Die Antworten in den Onlineforen – sowohl die der anderen Jugendlichen als auch der Professionellen – haben sachlich-informativen und freundlich beruhigenden Charakter. Sie werden von den Jugendlichen auch in diesem Sinne aufgenommen. Viele bedanken sich für die Hilfe.

Einige der jungen Frauen berichten, dass sie mit ihren Müttern nicht über ihre Probleme sprechen können. Sowohl den Müttern als auch ihnen sei es »peinlich«. Bezogen auf dieses Thema werden die jungen Frauen ermutigt, einen Rahmen und eine Form zu finden, in dem sie mit ihren Müttern sprechen können. »Vielleicht entdeckt sie durch dich, wie gut es tut, mal über Persönliches reden zu können. Vielleicht entdeckst auch du bei diesem Gespräch deine Mutter neu«, ist eine solche, die Beziehung zwischen Tochter und Mutter und damit die alltäglichen Handlungsmöglichkeiten der jungen Frauen unterstützende und erweiternde Empfehlung (www.beratung4kids.de/forum/; letzter Zugang 25.8.16).

So wird in den Online-Beratungsforen deutlich, dass es bei vielen Jugendlichen – jenseits des von den meisten betonten »Bescheid Wissens«, des Informiert- und Aufgeklärtseins – eine tiefe Beunruhigung über den sich verändernden Körper gibt und zugleich ein starkes Bedürfnis, über entsprechende Befürchtungen mit Anderen – Gleichaltrigen und Professionellen – zu kommunizieren und sich Unterstützung zu holen, sei es durch Versicherungen, dass das selbst als beunruhigend erlebte »normal« ist, sei es durch konkrete Informationen über körperliche Vorgänge.[8] Empirische Studien zeigen, dass Online-Beratungsangebote insbesondere von schulisch oder beruflich besser Qualifizierten in Anspruch genommen werden (Jacob 2011: 82; 106; Klein 2005: 4; 15), keine Ergebnisse liegen m.W. vor zur Beteiligung von Jugendlichen mit Migrationshintergrund. In Onlineforen verwenden die Jugendlichen »Nicknames«, also selbst gewählte Phantasienamen. Bei einigen dieser »Nicknames« deuten sich Bezüge zu Aspekten von Selbstdarstellungen an – z. B. wenn junge Frauen Namen wie »Sunny« oder »Colafee« für sich benutzen[9] und junge Männer sich »Coolboy« oder »Happyend« nennen, viele der gewählten »Nicknames« lassen jedoch keine Rückschlüsse auf die Fragenden zu. Auf ihre Nennung wird deshalb beim Zitieren der Beiträge verzichtet. Bei nicht allen Beteiligten ist das Alter der Fragenden erkennbar; wo dies der Fall ist, wird es angegeben.

---

8   Tagebücher haben für Jugendliche eine ähnliche Funktion: ein Raum für die Äußerung von Problemen zu sein, ohne in direkten Kontakt zu anderen Personen treten und deren Reaktionen befürchten zu müssen. Allerdings fehlt bei dieser Form der Mitteilung – anders als in Online-Beratungsforen – die Möglichkeit einer Antwort (vgl. Seiffge-Krenke 2015: 40).

9   Bei einigen jungen Frauen zeigen die »Nicknames«, dass sie noch stark in einer kindlichen Welt verankert sind, z. B. in den »Nicknames« Mädchenküken, Waldfee, Pferdetraum, Sarahlein, Mausi. In einigen zeigt sich aber auch eine düstere Weltsicht, z. B. dem »Nickname« totgelebt.

3

Körperliche Veränderungen junger Frauen – empirische Studien und Beiträge in Online-Beratungsforen

Erste Regelblutung

Erlebensweisen und Bedeutungsfacetten

Empirische Studien zeigen, dass die erste Regelblutung für Mädchen im Rahmen der körperlichen Veränderungen der Pubertät eine besondere Relevanz hat. Deutlich wird die Verflechtung von Verarbeitungsanforderungen, die von diesem körperlichen Ereignis ausgehen, mit innerpsychischen Prozessen und sozialen und kulturellen Bedeutungszuschreibungen. Die folgenden Darstellungen beziehen sich dabei auf die Situation in westlich-industriellen Gesellschaften und auf Mädchen und junge Frauen, die innerlich im Kontext dieser Gesellschaften verankert sind.

Anders als die übrigen körperlichen Veränderungen der Pubertät, die kontinuierlich, über einen längeren Zeitraum hinweg geschehen – z. B. das Wachsen der Brüste und die Veränderungen der Figur und des Aussehens –, ist die erste Regelblutung ein Ereignis, das plötzlich eintritt und für Mädchen mit einer Vielzahl von Gefühlen verbunden sein kann. Zugleich wird dieses Ereignis von der sozialen Umgebung der jungen Frauen wahrgenommen und kommentiert und auf diese Weise eingebunden in gesellschaftliche und kulturelle Bedeutungszuschreibungen.

Empirische Studien sprechen dafür, dass die erste Regelblutung für viele Mädchen mit einer Mischung aus Freude und Stolz einerseits und Erschrecken, Beunruhigung und Verunsicherung andererseits verbunden ist. Bei einigen tendiert das Erleben mehr in Richtung Freude und Stolz, bei anderen mehr in Richtung Erschrecken, Beunruhigung und Verunsicherung (Flaake 2001: 22ff.; Göppel 2005: 89ff.).[10] Dabei hat der Zeitpunkt, zu dem die erste

10 In einer 1994 durchgeführten, für die Bundesrepublik Deutschland repräsentativen Studie gaben ein Drittel der befragten 14- bis 17-jährigen jungen Frauen an, dass sie ihre erste Regelblutung »unangenehm« fanden, 20 % hatten »gute und schlechte Gefühle dabei«, 31 % fanden es »normal und natürlich«, eine Antwortvorgabe, die jedoch wenig über zugrunde liegende Gefühle aussagt (Schmid-Tannwald/Kluge 1998: 62). Neuere quantitativ orientierte Ergebnisse zum Erleben der ersten Regelblutung liegen m.W. nicht vor. Zudem finden sich kaum neuere qualitativ ausgerichtete Forschungen zu diesem Thema. Die vorliegenden Ergebnisse stammen wesentlich aus Untersuchungen der 1990er und beginnenden 2000er Jahre. Eine Ausnahme macht eine ethnologische Studie zum Erleben von Menstruation und Menarche, zu der 2005 12 Frauen – Mütter und deren Töchter – befragt wurden (Jirovsky 2006). Da die Ergebnisse denen der früheren Untersuchungen entsprechen, kann davon ausgegangen werden, dass zentrale Elemente des Erlebens dieser körperlichen

Regelblutung eintritt[11], eine Bedeutung: Diejenigen, deren Freundinnen und Klassenkameradinnen ihre erste Regelblutung schon hatten, empfinden eher Freude und Stolz – z. B. jetzt auch »dazu zu gehören«, »kein Kind mehr zu sein« – als diejenigen, die ihre erste Regelblutung früher als die jungen Frauen in ihrem sozialen Umfeld bekommen haben (Lee/Sasser-Coen 1996: 126ff.; Hauswald/Zenz 1992: 53f.). Auch das Informiert- und Aufgeklärtsein über die erste Regelblutung und die Bedeutung der Menstruation spielt eine Rolle für das Erleben: junge Frauen, die sich gut vorbereitet fühlen, empfinden häufiger als andere Freude und Stolz (Hauswald/Zenz 1992: 59). Aber auch wenn die erste Regelblutung eingebunden in die Gemeinschaft der Freundinnen und Klas-

---

Veränderung, die in den älteren Studien berichtet werden, auch in späteren Jahren noch für junge Frauen in westlich orientierten Kontexten von Bedeutung sind.

11 Nach den Ergebnissen einer für die Bundesrepublik Deutschland repräsentativen Befragung von 2014 waren ein Drittel der Mädchen 12 Jahre alt, als erstmals die Menstruation einsetzte, ein weiteres Drittel 13 Jahre. 15 % waren 11 Jahre und jünger, ca. 17 % 14 Jahre und älter. Mädchen aus Familien mit Migrationsgeschichte haben ihre erste Menstruation etwas früher bekommen als Mädchen aus Familien ohne Migrationsgeschichte. Insgesamt hat sich das Menarchealter im Vergleich zu 1980 deutlich vorverlagert. So ist der Anteil derjenigen, die beim Eintritt der Menarche 12 Jahre alt waren, in den letzten 25 Jahren um 6 % – von 27 % auf 33 % – gestiegen. Geht man eine Generation zurück, so zeigen sich die Veränderungen noch deutlicher: Unter den Müttern der 1980 befragten Mädchen gaben 17 % an, ihre erste Regelblutung im Alter von 11 oder 12 Jahren oder noch früher bekommen zu haben, 2014 sind es 46 % (Heßling/Bode 2015a: 90f.). Für Europa in der Mitte des 19. Jahrhunderts wird ein durchschnittliches Menarchealter von 17 Jahren angegeben. Die Ursachen dieser Veränderungen sind unklar, genannt werden Faktoren wie ein verbesserter Gesundheitszustand, eine verbesserte Ernährung und die Einschränkung der Kinderarbeit (Kluge/Jansen 1996: 67ff.). Es zeigen sich demnach Tendenzen, dass der zeitliche Abstand zwischen der körperlich gegebenen Möglichkeit zur Mutterschaft und ihrer sozialen Wünschbarkeit größer wird.

senkameradinnen und auf einer guten Informationsbasis erlebt wird, so ist sie für die jungen Frauen doch ein einschneidendes Ereignis, das bisherige psychische Balancen infrage stellt und mit spezifischen Verarbeitungsanforderungen verbunden ist.

So deutet sich mit der ersten Regelblutung ein Einschnitt in das bisherige Leben und in bis dahin Halt gebende Orientierungen an. Die erste Regelblutung weist hin auf das Ende der Kindheit und damit auf die in nicht mehr allzu ferner Zukunft anstehende Trennung von den bisher wichtigen erwachsenen Bezugspersonen, eine Umbruchsituation, die mit Aufbruchsphantasien, aber auch Trauer und Angst verbunden sein kann. Dazu eine junge Frau in einem Online-Beratungsforum: »Ich bin jetzt fast 13 Jahre alt. Vor einigen Tagen hatte ich zum ersten Mal meine Tage. Ich weiß nicht wie ich mich fühlen soll. Freuen tue ich mich auf jeden Fall nicht. Ich würde am liebsten mein Leben lang ein Kind bleiben. Aufs Erwachsenwerden hatte ich noch nie Lust« (www.beratung4kids. de/forum/; letzter Zugang 29.1.17). Und eine junge Frau in einer eigenen Studie: »Das war schrecklich für mich. Am liebsten wäre ich immer klein geblieben« (Flaake 2001: 25).

Auch für diejenigen, die auf die erste Regelblutung vorbereitet waren und ihr Eintreffen bei Klassenkameradinnen und Freundinnen schon erlebt haben, kann die in der ersten Regelblutung sich äußernde Eigenmächtigkeit des Körpers als stark verunsichernd erlebt werden. Einige junge Frauen in einer eigenen Studie (Flaake 2001: 19; vgl. auch Lee/Sasser-Coen 1996: 91ff.) schildern, dass die erste Regelblutung ihnen »passiert« ist, sie »plötzlich«, »auf einmal« in ihr Leben gekommen ist, obwohl sie informiert waren. »Ich wusste wirklich Bescheid, ... aber da war ich überhaupt nicht drauf vorbereitet. Ich mein, ich wusste wohl dass ich sie kriegen werde, aber doch nicht an dem Tag und überhaupt. Es hat mich überrumpelt«, berichtet eine 16-jährige junge Frau. »Wirklich Bescheid« zu wissen, bewusste und rationale Strategien haben Gefühle des Ausgeliefertseins nicht verhindern können, die erste Regelblutung wurde als ›überrumpelnd‹, als etwas Überwältigendes, der eigenen Kontrolle Entzogenes erlebt, etwas, auf das die junge

Frau trotz ›wirklichem Bescheidwissen‹ »überhaupt nicht … vorbereitet« war.

Insbesondere in den Beiträgen des Onlineforums der Zeitschrift »Mädchen«[12] wird deutlich, wie verunsichernd und beängstigend für viele junge Frauen all das ist, was mit der ersten Regelblutung zusammenhängt. Es gibt eine große Beunruhigung über die mit der Menstruation verbundenen Körpervorgänge und ein großes Informations- und Fragebedürfnis, das Ausdruck einer Angst ist, dass etwas im eigenen Körper »nicht normal« sein könnte. Entsprechend groß ist der Wunsch, versichert zu bekommen, dass »alles normal«, der Körper also nicht Quelle von Krankhaftem, von der Norm Abweichendem ist. Die Fragen beziehen sich beispielsweise auf das Alter bei der ersten Regelblutung – sowohl ein frühes als auch späteres Eintreffen ist mit der Frage verbunden, »ob das normal« ist –, auf die Häufigkeit, Länge und Stärke der Regelblutung, auf die Farbe des Blutes, auf die Möglichkeit von Sexualität während der Menstruation und die Unsicherheit, ob es zu einer Schwangerschaft während dieser Zeit kommen kann. Viele Fragen haben den Umgang mit Tampons zum Thema. Sie beziehen sich etwa auf das »richtige« Einführen, auf die »richtige« Größe, auf das Benutzen im Wasser, auf die Zeit, nach der er gewechselt werden muss, und auf mögliche

---

12 Das Onlineforum der Zeitschrift »Mädchen« hat zum Thema Menstruation eine eigene Rubrik eingerichtet und bietet deshalb besonders umfassende Informationen zu diesem Themenbereich. Die folgenden Darstellungen zur Regelblutung beziehen sich deshalb auf dieses Forum (vgl. www. maedchen.de/forum/verhuetung-koerper/92491/-alles-rund-ums-themaperiode; letzter Zugang 12.8.2016). Es können keine Aussagen gemacht werden über den sozialen Hintergrund der jungen Frauen, die sich mit Fragen bezogen auf ihre Regelblutung an das Onlineforum wenden. Studien über die solche Beratungsangebote Nutzenden sprechen dafür, dass sie insbesondere von schulisch oder beruflich besser Qualifizierten in Anspruch genommen werden (vgl. Teil I, 2). Die geschilderten Befürchtungen und Verunsicherungen spiegeln von daher möglicherweise primär Befindlichkeiten von jungen Frauen aus diesem sozialen Milieu wider.

durch ihn ausgelöste Krankheiten. Insbesondere gibt es eine Angst, dass der Tampon »stecken bleibt«, man ihn »nicht mehr rauskriegt«, er im Inneren »verschwindet«.

Diese Befürchtungen können gesehen werden als Ausdruck einer Unsicherheit über den »genitalen Innenraum« (King 2002: 185), über all jene Vorgänge, die sich – weitgehend unsichtbar und kaum spürbar – im Inneren des weiblichen Körpers vollziehen und wesentlich mit der jetzt gegebenen Möglichkeit, schwanger werden und ein Kind gebären zu können, zusammenhängen.[13] In den Beiträgen des Online-Beratungsforums wird die große Angst der jungen Frauen vor einer Schwangerschaft deutlich, wenn die Regelblutung sich verzögert – auch wenn sie keinen Geschlechtsverkehr hatten. Dabei betonen einige, dass sie »eigentlich wissen, dass das nicht möglich ist«, aber trotzdem entsprechende Befürchtungen haben. Dazu die Beiträge einiger junger Frauen:

»Vor zehn Tagen sollte ich das zweite Mal meine Tage bekommen. Aber sie sind noch immer nicht da! Kann es sein, dass ich schwanger bin? Ich hatte keinen Geschlechtsverkehr!«

»Ich habe heute endlich meine Periode bekommen, aber nicht sehr viel und hab dolle Unterleibsschmerzen. Ich hatte keinen Geschlechtsverkehr. Kann ich trotzdem schwanger sein?«

»Ich habe meine Periode noch nicht bekommen. Muss man um schwanger zu sein Geschlechtsverkehr haben?«

---

13 Angelika Eck weist in ihrer Analyse von Modellen und Zeichnungen der weiblichen Sexualorgane nach, dass die in Schulen verwendeten Materialien »blinde Flecken« (Eck 2016: 141) in der Wahrnehmung der jungen Frauen befördern. So zeigen beispielsweise die Grafiken »die nicht sichtbaren Teile der Klitoris... nicht. Alles ist und bleibt klein und der Darstellung nicht wert. Formuliert wird, wenn überhaupt, in Analogie zum männlichen Vorbild« (Eck 2016: 140). Die Autorin hat selbst Modelle der weiblichen (und männlichen) Sexualorgane entwickelt, die »neugierig machen, sich selbst (und sich gegenseitig) zu erforschen« (Eck 2016: 145).

In einigen Schilderungen deutet sich an, dass die gegen besseres Wissen dennoch vorhandenen Befürchtungen, schwanger zu sein, auch Ausdruck von Strafängsten wegen einer als verboten erlebten sexuellen Lust – etwa mit dem Freund, durch Selbstbefriedigung oder sexuelle Phantasien – sein können:

»Wir haben verhütet mit einem Kondom. Ich habe dann meine Regel bekommen, jedoch hatte ich ein komisches Gefühl. Bin daraufhin zur Apotheke. Der Apotheker meinte, dass es eigentlich nicht sein kann, hat mir aber trotzdem die Pille danach gegeben. Diese hab ich dann sofort genommen. Aber ich bin noch immer nicht beruhigt. Meine Frage: Kann ich schwanger sein?«

»Ich habe mit meinem Freund bisher noch keinen Geschlechtsverkehr gehabt. Auch beim Petting bin ich eigentlich sehr vorsichtig. Und wir hatten auch noch alles an. Trotzdem mach ich mir jetzt viel Stress, weil meine Periode schon seit sechs Tagen überfällig ist. Kann ich schwanger geworden sein?«

»Wenn ich meinen Freund oral befriedige und sein Sperma schlucke, kann ich davon schwanger werden?«

»Ich befriedige mich selbst. Meine Tage sind schon zwei Monate weg und ich hab solche Angst schwanger zu sein.«

»Ich hab einen Film geguckt, in dem es um Sex ging, als ich das sah hatte ich so ein schönes Gefühl an der Scheide. Kann es sein, dass ich einen Orgasmus hatte? Kann man davon schwanger werden?«

Das »schöne Gefühl«, dass für die junge Frau wie ein »Orgasmus« war, wird mit einer Schwangerschaft verbunden, vielleicht als Strafe, vielleicht aber auch als lustvolle Vorstellung, als Ausdruck eines unbewussten Wunsches, den genitalen Innenraum mit einer Schwangerschaft zu füllen.[14]

---

14 Zu den unterschiedlichen Bedeutungsfacetten einer Schwangerschaft bei sehr jungen Frauen vgl. Berger 1988; Fleßner 2011. Zur Vernachlässigung dieses Themas in der Sexualpädagogik vgl. Wittel-Fischer 2001.

Die durch die erste Regelblutung ausgelösten Verunsicherungen der jungen Frauen, ihre Unsicherheiten über Vorgänge im »genitalen Innenraum« (King 2002: 185) und ihre entsprechenden Ängste machen deutlich, dass die erste Menstruation den Beginn eines längeren Veränderungs- und Entwicklungsprozesses bezeichnet. Vera King weist hin auf die Spannung zwischen körperlicher und psychischer Genitalität. Die körperlichen Veränderungen sind zunächst etwas Fremdes, der »genitale Körper ist ... nicht etwas, das man einfach hat, sondern etwas, das angeeignet werden muss« (King 1999: 213). Aus dieser Perspektive kann die Adoleszenz verstanden werden als »Wegstrecke zwischen den beiden Polen der herangewachsenen leiblichen Genitalität auf der einen Seite und der zu erlangenden psychischen Genitalität auf der anderen Seite ..., als ... Prozess der schrittweisen Integration und Aneignung des genitalen Körpers« (ebd.: 206 f.). Für die Verarbeitung dieser »Wegstrecke« sind Erfahrungen vor der Pubertät wichtig – z. B. das bisher erworbene Körpergefühl, die Qualität der Beziehung zu den Eltern und die inneren Bilder von Mutter und Vater[15] –, sie wird aber auch strukturiert durch gesellschaftliche und kulturelle Bedeutungszuschreibungen an die körperlichen Veränderungen der Pubertät.

---

15 Prozesse der Aneignung des genitalen Körpers sind dabei eingebunden in oft unbewusste Verarbeitungen bisheriger lebensgeschichtlicher Erfahrungen. Der »genitale Innenraum« (King 2002: 185) – der nicht nur die Vagina umfasst, sondern ebenso die Gebärmutter und die anderen Organe, die mit der Gebärfähigkeit im Zusammenhang stehen – ist ›angefüllt‹ mit einer Vielzahl von Phantasien, die ihren Ursprung in der Beziehung zur Mutter, in Bildern über den eigenen Ursprung und väterlichen Identifizierungen haben. »Bilder der Leiblichkeit (sind) mit verinnerlichten Objektbeziehungen ... verschmolzen« (King 1999: 213).

Gesellschaftliche und kulturelle Bedeutungszuschreibungen an die erste Regelblutung – die soziale Ordnung der Zweigeschlechtlichkeit und normative Dominanz von Heterosexualität

Die erste Regelblutung ist für die meisten Mädchen und jungen Frauen ein Ereignis, das öffentlich gemacht wird. Viele berichten ihrer Mutter davon, die Mütter geben diese Information häufig an den Vater weiter, viele berichten den Freundinnen und Klassenkameradinnen davon (Flaake 2001: 28ff.). Die Reaktionen dieser familialen und Freundinnenöffentlichkeit konfrontieren die jungen Frauen meist mit der gesellschaftlichen Ordnung der Zweigeschlechtlichkeit und einer heterosexuellen Bezogenheit der Geschlechter aufeinander.

Die häufige Reaktion »jetzt bist du eine Frau« impliziert die endgültige und ausschließliche Zugehörigkeit zu einem der beiden Geschlechter, die eindeutige und unwiderrufliche Zugehörigkeit zum weiblichen Geschlecht, dem Geschlecht der Mutter und damit die Grenzen trans- und bisexueller oder an Männlichkeit orientierter Phantasien. Damit werden auch all jene, die sich bisher keinem der beiden Geschlechter zugeordnet oder stark am Vater als Vertreter des männlichen Geschlechts orientiert haben, mit der binären, auf Ausschließlichkeit ausgerichteten Ordnung der Zweigeschlechtlichkeit und der Zugehörigkeit zu nur einem Pol, dem weiblichen, konfrontiert. Das kann nicht nur von Jugendlichen, die sich körperlich nicht als eindeutig männlich oder weiblich erleben, sondern auch von all jenen, die sich bisher offener definiert haben, als Beschneidung ihrer Möglichkeiten und kränkende Begrenzung ihrer Selbstdefinitionen gesehen werden. Dazu eine junge Frau in einem Interview: »Ich wurde früher immer für nen Jungen gehalten. Und jetzt, oh Scheiße, Menstruation, was ist denn das, das will ich nicht« (Flaake 2001: 15). Und eine andere: »Die Reaktion von meiner Mutter, nun bist du zur Frau geworden, fand ich total bekloppt, nicht nur bekloppt, ich hab das geradezu als widerwärtig empfunden« (Flaake 2001: 23). Diese junge Frau wollte möglicherweise nicht festgelegt werden auf eine soziale Position, die als gesellschaftlich geringer bewertet als das Männliche erlebt wird.

Die ebenfalls häufige Reaktion auf die erste Regelblutung – insbesondere von erwachsenen Bezugspersonen – »jetzt musst du verhüten, weil du schwanger werden kannst« geht von heterosexuellen Beziehungen aus und benennt die damit verbundene potentielle Gebärfähigkeit, allerdings als Gefahrenquelle und unter dem Aspekt ihrer Verhinderung (Flaake 2001: 28ff.; Lee/Sasser-Coen 1996: 85ff.). Das mit der ersten Regelblutung sich andeutende freie Fließen des Begehrens ohne geschlechtsbezogene Festlegungen wird kanalisiert durch die Annahme einer selbstverständlichen heterosexuellen Bezogenheit der Geschlechter aufeinander. Diese heterosexuelle Bezogenheit wird verknüpft mit einem Gefahrenpotential, einer möglichen Schwangerschaft.[16] Dass diese Deutung ihr Fundament nicht nur in biologischen Gegebenheiten, sondern auch in gesellschaftlich und kulturell geformten Interpretationsmustern hat, wird durch einen Vergleich mit den Botschaften deutlich, auf die junge Männer bei dem entsprechenden körperlichen Ereignis, den ersten Samenergüssen, treffen. Auch sie verweisen – ebenso wie die erste Regelblutung der jungen Frauen – auf die Möglichkeit der reproduktiven Potenz. Die ersten Samenergüsse werden jedoch kaum mit der Botschaft »jetzt kannst du Kinder zeugen«, also einer potentiellen Vaterschaft, die es zu verhüten gilt, versehen (vgl. Teil I, 4). Der Körper von Mädchen und jungen Frauen wird stärker als der von Jungen und jungen Männern mit reproduktiven Fähigkeiten, einer potentiellen Mutterschaft, verbunden, entsprechend werden auch die mit sexuellen Beziehungen verbundenen Möglichkeiten einer Zeugung bzw.

---

16 Es gibt eine deutliche Tendenz, dass jungen Frauen nach der ersten Regelblutung – zur Verhütung und zur Regulierung des Zyklus – die Anti-Baby-Pille verschrieben wird. Dabei spielt oft eine Verbindung von mütterlichen Sorgen, Wünschen der jungen Frauen und Problemlösungsangeboten aus dem Medizinbereich eine Rolle (vgl. Netzwerk Frauen/ Mädchen und Gesundheit Niedersachsen 2008: 23ff.).

Empfängnis eher als eine Gefahr für junge Frauen denn für die jungen Männer gesehen. Das hat eine begründbare Basis darin, dass Frauen von einer Schwangerschaft körperlich weit stärker als Männer betroffen sind – sie müssen sie in ihrem Körper austragen oder in ihrem Körper abbrechen –, auffallend ist jedoch die Asymmetrie in den sozial nahegelegten Botschaften, wenn es um Symbole reproduktiver Potenz geht: Sie richten sich eher an junge Frauen als Männer und dies unter einer Gefährdungsperspektive.

Die soziale Botschaft, dass der mit der ersten Regelblutung ›weiblich‹ gewordene Körper potentieller Ort einer Gefährdung ist, zeigt sich auch in Tendenzen zu einer Medikalisierung der pubertären Entwicklungen. Das kassenfinanzierte Angebot einer »Teenagersprechstunde«, die jedes Mädchen in der Pubertät besuchen sollte, zielt nur auf junge Frauen, für junge Männer gibt es keine entsprechenden Aufforderungen und medizinischen Angebote. Der in der Pubertät sich entwickelnde weibliche Körper scheint – so die implizite Botschaft – anders als der männliche Körper Ort potentieller Probleme zu sein.[17]

Gesellschaftliche und kulturelle Bedeutungszuschreibungen an die Regelblutung – Menstruation als Hygieneproblem

Eine machtvolle soziale Bewertung der Menstruation, der junge Frauen sich nur schwer entziehen können, ist die Definition des Blutes als unsauber und zu verstecken. Besonders deutlich wird diese Zuschreibung in der Tampon- und Bindenwerbung, in der

---

17 28 % der 14-jährigen jungen Frauen, 44 % der 15-jährigen, 75 % der 16-jährigen und 87 % der 17-jährigen haben schon einmal eine gynäkologische Praxis aufgesucht (Bundeszentrale für gesundheitliche Aufklärung 2006: 35). Die große Inanspruchnahme solcher medizinischen Angebote schafft einerseits Möglichkeiten zu einer umfassenden Vorsorge und Aufklärung, andererseits wird der Körper von Frauen damit aber auch als prinzipiell problematisch definiert (vgl. Kolip 1999).

Menstruation primär als Hygieneproblem verhandelt wird. Das Blut nicht sehen, nicht riechen und nicht fühlen ist dort eine zentrale Botschaft.[18] Das von der Zeitschrift »Mädchen« organisierte Onlineforum[19] zeigt eindrücklich, wie prägend diese Zuschreibungen sind. In vielen Fragen der jungen Frauen zur Menstruation wird deutlich, dass die Vorstellung, dass das Blut zu sehen sein könnte, mit starken Schamgefühlen verbunden ist.[20] Dazu einige Fragen junger Frauen:

»Ich bin ab nächste Woche im Urlaub in Spanien. Und natürlich sind wir dort hauptsächlich am Strand. Und ausgerechnet im Laufe der nächsten Woche werde ich sie wohl wieder bekommen. Was soll ich denn jetzt tun, ich will ja nicht am Strand liegen und auf einmal hab ich Blut am Bein, auf dem Liegetuch. Außerdem geht ja Blut aus dem Bikini sehr schlecht raus. Was soll ich denn machen? Bitte helft mir!«

»Ich habe Angst, dass alles überläuft. Deshalb trage ich während der Zeit nur dunkle Hosen, weil ich Angst habe, dass man es sonst sogar durch die

18 Für US-amerikanische Verhältnisse weist Joan Jacobs Brumberg hin auf die große Bedeutung der Binden- und Tamponindustrie für die Definition der Menstruation als Hygieneproblem, die sie mit der Formulierung »sanitizing puberty« kennzeichnet (Brumberg 1997: 53 ff.). Eine Analyse der deutschsprachigen Tampon- und Bindenwerbung, für die sich ähnliche Muster zeigen, findet sich in Hering/Maierhof 2002; Hohage 1998: 151 ff. und bei Ullrich 2004.
19 www.maedchen.de/forum/verhuetung-koerper/92491/-alles-rund-ums-thema-periode; letzter Zugang 12.8.2016.
20 Joan Jacobs Brumberg weist darauf hin, dass es nicht selbstverständlich ist, das Menstruationsblut primär als Hygieneproblem und damit zu Versteckendes zu sehen, sondern gesellschaftliche Deutungen dabei eine große Rolle spielen. Am Beispiel italienischer Einwanderinnen zu Beginn des 20. Jahrhunderts in die USA wird die kulturelle Variabilität des Umgehens mit dem Blut der Menstruation deutlich: »Italian immigrants ... resisted middle-class efforts to sanitize the menstrual experience. ... In their minds, a heavily stained napkin was a good sign, it signified fertility and stimulated the blood flow« (Brumberg 1997: 44).

Hose sehen kann, dass alles so blutig ist. Das wäre mir ganz schrecklich peinlich. Was soll ich tun?«

Deutlich wird eine große Hilfsbedürftigkeit der jungen Frauen – »bitte helft mir«, »was soll ich denn jetzt tun«, »was soll ich denn machen«, »was soll ich tun« –, wenn es um die Vorstellung geht, dass das Blut der Menstruation sichtbar werden könnte. »Blut am Bein« und der Gedanke, »dass alles überläuft«, sind mit so viel Scham verbunden – es wäre »ganz schrecklich peinlich« –, dass die jungen Frauen vor unlösbaren, sie existenziell verunsichernden Problemen zu stehen scheinen.

Ähnlich schambesetzt für junge Frauen ist der Gedanke, dass Andere – gemeint sind wohl bei den meisten Jungen und junge Männer – mitbekommen könnten, dass sie menstruieren – auch wenn das Blut nicht zu sehen ist, zum Beispiel durch das Vorhandensein von Binden und Tampons.

> »Helft mir! Ich fahre im Februar sieben Tage auf Klassenfahrt und laut meiner Rechnung krieg ich da meine Periode und meine Klassenkameraden sollen nicht mitkriegen, dass ich meine Tage habe. Ich nehme Binden und die sollen sie auch nicht finden. Helft mir!«

> »Ich brauche eure Hilfe und zwar werde ich meine nächste Periode genau im Zeltlager bekommen. Ich würde nun gerne wissen wie ich meine Tage verheimlichen kann. Also so dass es niemand merkt.«

Auch wenn das Blut nicht sichtbar wird, ist es für diese jungen Frauen doch wichtig, dass ihre Menstruation unbemerkt bleibt, möglicherweise insbesondere für Jungen und junge Männer in ihrer Umgebung: Sie möchten sie »verheimlichen«, »niemand« soll etwas ›merken‹, die »Klassenkameraden sollen es nicht mitkriegen«. Dabei deutet sich in einigen Beiträgen an, dass es schon als problematisch erlebt wird, wenn andere sehen, dass Binden oder Tampons zur eventuellen Benutzung vorhanden sind. »Wenn ihr Tampons mitnehmt, wo tut ihr sie hin wenn ihr unterwegs seid? Ich mag sie nicht einfach in meine Tasche legen«, fragt eine junge Frau.

Die Antworten auf die gestellten Fragen – von anderen jungen Frauen, aber auch Mitarbeiterinnen des Forums – sind geprägt von einem pragmatischen, angstmildernden Umgang mit der Regelblutung und Binden und Tampons. Es gibt eine Vielzahl von Vorschlägen, wie sowohl die Menstruation als auch Binden und Tampons auf eine Weise gehandhabt werden können, dass andere nichts davon erfahren. Die zugrunde liegende Botschaft ist, dass sowohl die Regelblutung als auch Produkte, die auf ihr Vorhandensein hindeuten, erfolgreich vor den Blicken anderer verborgen werden können:

»Wenn du Baden gehst zieh doch einfach einen schwarzen Bikini an, das mach ich auch, da sieht man doch nichts.«

»Wickel die Binde, wenn du auf Klassenfahrt bist, doch einfach in Toilettenpapier ein und wirf sie in den Mülleimer im Klo. Da sieht sie doch niemand. Und die frischen kannst du einfach in ein Seitenfach von deinem Koffer tun und immer ein oder zwei im Seitenfach vom Rucksack dabei haben wenn ihr weg geht.«

»Wenn ich bei unserer Klassenfahrt aufs Klo gegangen bin, habe ich immer eine Binde in die Hosentasche getan, das hat keiner gemerkt.«

»Es gibt bei Rossmann kleine Boxen für die Tampons, die sind undurchsichtig und es steht nichts drauf.«

In einigen wenigen Beiträgen zeigt sich ein freierer, offener Umgang mit der Regelblutung und mit Binden und Tampons:

»Ich weiß nicht, ob es daran liegt, dass ich älter bin und schon drei Jahre meine Tage habe, aber wenn ihr immer schreibt, ihr würdet es peinlich finden, wenn eure Klasse merkt, dass ihr eure Tage habt, muss ich immer lachen. Also bei uns in der Klasse ist das ganz locker. Da melden sich teilweise Mädchen und fragen die Lehrer, ob sie aufs Klo dürfen, weil sie gerade ihre Tage haben. O. k., ich melde mich nicht, sondern warte bis Pause ist. Aber bei uns geht jeder damit total frei um. Ich hab auch schon auf einer Klassenfahrt meinen besten Freund Tampons aus meinem Koffer holen lassen, und dann hat er sich in der Mädchentoilette vor gedrängelt, um die mir zu bringen. Also falls bei euch noch nicht so locker damit umgegangen wird, macht euch keine Sorgen, in ein oder zwei Jahren gehört das Thema einfach dazu und jeder weiß dass es normal ist.«

In dieser Schilderung deutet sich an, dass die starke Verunsicherung über eine mögliche Sichtbarkeit der Regelblutung und die Tatsache zu menstruieren sich im Verlaufe des Heranwachsens relativiert und möglicherweise für junge Frauen zunehmend auch soziale Kontexte[21] vorhanden sind, in denen ein unproblematischer Umgang mit diesem körperlichen Ereignis selbstverständlich ist.[22] Deutlich ist in den Beiträgen der jungen Frauen jedoch auch, dass die Regelblutung von den meisten als Quelle von Unwohlsein

---

21 Ein solcher sozialer Kontext hat sich in der BRD im Rahmen von pro familia – der größten nichtstaatlichen Organisation für Sexual-, Schwangerschafts- und Partnerschaftsberatung in Deutschland – entwickelt. Jugendliche, insbesondere junge Frauen, haben sich im Rahmen dieser Organisation zu einer Untergruppe zusammengeschlossen, um »mit ihrem Handeln und Wirken sexuelle und reproduktive Rechte und Gesundheit« zu thematisieren. Dazu gehört auch, »das Themenfeld Menstruation breiter in der Öffentlichkeit zu besprechen« (Informationsflyer von pia, pro familia in Aktion, zu #aktionmens).

22 Es hat seit den 1970er Jahren, insbesondere auch im Gefolge der zweiten Frauenbewegung, in der BRD immer wieder Bemühungen gegeben, die gesellschaftliche Definition der Menstruation als schmutzig und zu Verbergendes aufzulösen. So hat sich im schulischen Sexualkundeunterricht, aber auch im Bewusstsein von Müttern und Vätern, im Verlaufe der vergangenen vier Jahrzehnte ein offeneres, von positiven Bewertungen getragenes Verhältnis zur Regelblutung entwickelt. Dennoch sprechen Feministinnen weiterhin vom »Tabuthema Menstruation«. So in einem Debattenbeitrag von Kendra Stenzel für Spiegel online. Gefordert wird ein gesellschaftliches Umdenken: »Wer aufhört, die Periode als beschämend, einen Blutfleck auf dem Kleid als peinlich und die Diskussion des Themas als überflüssig zu sehen, nimmt der Menstruation ihr Stigma. Und das könnte wirklich eine Revolution auslösen« (Spiegel online vom 11.12.2015). Entsprechende Entwicklungen scheinen in den USA weiter fortgeschritten zu sein. So wird die US-Zeitschrift »Cosmopolitan« zitiert, die 2015 »das Jahr, in dem die Periode öffentlich wurde«, nennt. Auslöser war ein auf Instagram veröffentlichtes Foto einer schlafenden Frau mit Blutflecken auf dem Laken und im Schritt ihrer Hose. Instagram löschte das Bild und löste damit vehemente Proteste aus, so dass das Bild wieder ins Netz gestellt wurde. (http://www.spiegel.de/panorama/gesellschaft/tabuthema-menstruation-diskus-

und Leiden – körperlichen und psychischen Beschwerden und Beeinträchtigungen – erlebt wird. Nicht Erotik und Sinnlichkeit, Lust und Potenz bestimmen das Verhältnis vieler junger Frauen zu dieser Facette weiblicher Körperlichkeit, sondern Unlust und Schwäche.

Auch wenn im Verlaufe des Heranwachsens mehr Sicherheit im Umgang mit dem Körper erworben wird, ist doch anzunehmen, dass gesellschaftliche Bewertungen der ersten Menstruation und der Regelblutung generell die Körperwahrnehmung und das Körpererleben junger Frauen prägen. Über die Definition der Menstruation als schmutzig und zu Verbergendes können sich Schamgefühle bezogen auf diesen körperlichen Vorgang entwickeln, die psychisch tief verankert sind und lebensgeschichtlich zwar aufgearbeitet, als Grundstimmung im Verhältnis zum eigenen Körper aber doch das Leben begleitend wirksam werden können. Die große Anzahl erwachsener Frauen, die über körperliche Beschwerden und psychische Missempfindungen während der Regelblutung berichten, kann als Indikator für ein solches konflikthaftes Verhältnis zur Menstruation auch bei erwachsenen Frauen gesehen werden.[23] Die kulturellen und gesellschaftlichen Bedingungen von Menstruationsbeschwerden sind bisher kaum untersucht worden, es gibt jedoch Hinweise auf Kulturen, in denen die

---

sion-um-die-periode-binden-und-tampons-a-1064647.html; letzter Zugang 11.5.2018).

23 Die aktuellste mir bekannte Studie zum Menstruationserleben von Frauen im deutschsprachigen Raum wurde 2002 veröffentlicht. Basis ist eine für die Schweiz – auch die deutschsprachige Schweiz – repräsentative Untersuchung mit Frauen zwischen 14 und 50 Jahren. Für die Zeit kurz vor ihrer Regelblutung geben zwei Drittel der Befragten Gereiztheit, seelische Überempfindlichkeit und depressive Verstimmungen an, zwischen 50 % und zwei Drittel berichten über Bauchschmerzen und andere körperliche Beschwerden. Für die Phase der Menstruation sind die Ergebnisse ähnlich. Die Mehrheit der Frauen – so die Schlussfolgerung der Forschenden – erlebt während der Menstruation erhebliche körperliche und psychische Beeinträchtigungen (Bitzer u. a. 2002).

Regelblutung nicht mit Schmerzen und Missstimmungen verbunden ist (Beckermann 2004: 515f.).
Über Schamgefühle werden gesellschaftliche Machtverhältnisse im Körper verankert. Scham führt zu verwundbaren Bereichen, die das Selbstbewusstsein fragil werden lassen können. Insofern kann die gesellschaftliche Definition der Regelblutung – eines körperlichen Vorgangs, der nur Frauen betrifft – als schmutzig und zu Versteckendes als Element geschlechtsbezogener Be- bzw. Entwertungstrukturen verstanden werden (vgl. Waldeck 2004: 178ff.). Geschaffen wird eine Verletzungsoffenheit insbesondere junger Frauen, die einen Bereich ihres Selbstverständnisses und Selbstbewusstseins anfällig für Entwertungen machen kann.[24]

Regelblutung und sexuelle Wünsche, Phantasien und Erregungen

Gesellschaftliche Bewertungen der Regelblutung als schmutzig und zu Versteckendes, als Quelle von Unwohlsein und Leiden und die in Botschaften über eine jetzt zu verhütende Schwangerschaft enthaltene heterosexuelle Kanalisierung des Begehrens können eine Facette der ersten Menstruation und der folgenden Regelblutungen verdecken: ihr erotisches, nicht nur auf Andere und auf ein Geschlecht gerichtetes Potential. Verloren gehen kann die Verbindung zwischen dem Erleben der Regelblutung und sexuellen Erregungen, die potentielle Qualität von Menstruation als

---

24 Ein in den USA durchgeführtes sozialpsychologisches Experiment hat auf eindrückliche Weise die Entwertung aufgezeigt, die mit Menstruation und Frauen, die an Menstruation erinnern, verbunden ist. Weiße Collegestudierende – und Männer und Frauen gleichermaßen – halten eine Frau, die mit Menstruation assoziiert wird, weil ihr ein Tampon aus der Tasche fällt, für weniger kompetent und sympathisch als eine Frau, der dasselbe mit einer Haarspange – ebenfalls ein weibliches Attribut – passiert. Zudem wird zu Frauen, die an Menstruation erinnern, eine größere körperliche Distanz eingehalten. (Roberts u. a. 2002, S.137 f.).

Quelle von Erotik und Sinnlichkeit, Lust und Potenz. So kann die Regelblutung lustvolle Empfindungen auslösen: Becken und Genitalien sind stärker durchblutet und sensibler, so dass in den Tagen vor und während der Periode die Möglichkeit zu leichterer sexueller Erregbarkeit und zu intensivem sexuellen Genuss besteht (vgl. Waldeck 1988; 2004).[25] In Interviews mit jungen Frauen tauchen solche Verknüpfungen eher versteckt auf, etwa in bestimmten Formulierungen, in denen die Farbe »rot« mit überschwemmenden, angst- und zugleich lustbesetzten Qualitäten geschildert wird, oder als Strafe für als verboten erlebte sexuelle Phantasien oder Selbstberührungen (Flaake 2001: 24ff.). Eindeutiger finden sie sich in autobiografischen Schilderungen, etwa dem Tagebuch von Anne Frank und der Lebensgeschichte der 1992 verstorbenen karibisch-amerikanischen Feministin und Schriftstellerin Audre Lorde.

Katharine Dalsimer hat auf der Basis einer psychoanalytisch orientierten Interpretation des Tagesbuchs von Anne Frank Verknüpfungen von sexueller Lust und erster Menstruation herausgearbeitet. »In Annes Tagebuch ist der Beginn der Menstruation mit den ersten Regungen sexueller Gefühle verbunden. Nachdem sie Kitty (ihrem Tagebuch, K.F.) mitgeteilt hat, dass sie nun menstruiert, beschreibt Anne ihren Wunsch, ihre eigenen Brüste und die einer Freundin zu berühren« (Dalsimer 1993: 60). Zugleich entfalten sich auch auf das andere Geschlecht bezogene Phantasien: »Am selben Tag noch – dem Tag also, an dem Anne über ihre sexuellen Sehnsüchte berichtet – fand sie einen Vorwand, um mit Peter allein zusammen zu sein« (ebd.). Die Mens-

---

25 Insbesondere die Frauen- und Geschlechterforschung der 1980er und 1990er Jahre hat auf den engen Zusammenhang zwischen Menstruation und Sexualität hingewiesen. So zeigt die Menstruation nicht nur die potentielle Gebärfähigkeit von Frauen an, sondern zugleich die Möglichkeit von Sexualität jenseits von Schwangerschaft und Mutterschaft, die Möglichkeit sinnlicher Lust und Erotik ohne Schwangerschaft (vgl. Waldeck 1988; 2004).

truation löst erregende und lustvolle Empfindungen aus, die zunächst auf den eigenen Körper und auf Personen des eigenen als auch des anderen Geschlecht bezogen sind. Eine eindeutige heterosexuelle Kanalisierung findet noch nicht statt.

Eine ähnlich enge Verknüpfung von erster Regelblutung mit sexuellen Wünschen und Phantasien, die nicht heterosexuell festgelegt sind, findet sich in den autobiografischen Schilderungen von Audre Lorde. Erregung, Erotik und Sinnlichkeit werden als ebenso frei fließend wie das Blut der ersten Menstruation beschrieben: Sie beziehen sich auf die Lust am eigenen Körper, richten sich auf die Mutter als Vertreterin des eigenen Geschlechts und werden schließlich verbunden mit dem Symbol eines Penis.

»Ich fühlte den leicht reibenden Wulst der Wattebinde zwischen meinen Beinen, und ich roch den zarten Geruch von Brotfrucht, der mir vorne aus der bedruckten Bluse in die Nase stieg; es war mein eigener Frauengeruch, warm, verschämt, doch insgeheim ganz und gar köstlich. Jahre später, als ich erwachsen war, kam mir immer, wenn ich mich auf meinen Geruch an jenem Tag besann, ein Tagtraum von meiner Mutter; die Hände vom Seifenwasser abgetrocknet, die Schürze abgebunden und ordentlich beiseite gelegt, sah sie auf mich nieder, wie ich auf der Couch lag, und dann berührten wir uns langsam, gründlich und streichelten unsere geheimsten Stellen« (Lorde 1993: 110).

Diese fantasierte erotisch-sinnliche Gemeinsamkeit mit der Mutter, die tagträumerisch vorgestellten wechselseitigen Berührungen der beiden Frauen, gehen über in die Schilderung einer mit orgiastischen Erregungen verbundenen Tätigkeit, in der das Zerstampfen von Gewürzen mit einem Stößel Assoziationen an das lustvolle Hantieren mit einem Penis nahe legt.

»Der Abwärtsstoß des Holzstößels ... kreise langsam hin und zurück und änderte dann sanft seinen Rhythmus, schlug nun auch auf und nieder. ... In meinem Innersten lag eine schwere Fülle, die erregend und gefährlich war. Während ich so die Gewürze zerstampfte, schien eine lebendige Verbindung zwischen den Muskeln meiner Finger, die sich um den glatten Stößel schmiegten, der entschlossen nach unten stieß, und dem schmelzflüssigen Kern meines Leibes zu entstehen, dessen Quelle aus einer neuen, reifen Fülle gerade unterhalb meines Bauches strömte. ... In der Schale war ein wallendes Meer von Blut, das begann, für mich wirklich und für Kraft und Erkenntnis zugänglich zu werden. ... Mein Körper fühlte sich stark und voll und offen an« (ebd.: 110ff.).

Die sinnlich sexuellen Empfindungen werden als »schwere Fülle, die erregend und gefährlich« ist, als Elemente einer »neuen, reifen Fülle« erfahren, die mit dem Blut der Menstruation – »ein wallendes Meer von Blut« – verknüpft sind. Deutlich wird die Möglichkeit eines positiven Bezugs zum Blut der Menstruation als Quelle von »Kraft und Erkenntnis«, von Erotik, Sinnlichkeit und Sexualität und zum eigenen Körper: »Mein Körper fühlte sich stark und voll und offen an.« Eine solche mögliche Potenz trifft auf soziale Kontexte, in denen häufig Bewertungen vermittelt werden, die eher die Lust bremsend denn sie unterstützend wirken. In Audre Lordes Schilderungen sind es die Reaktionen der Mutter, die der Tochter ein freieres, lustvolleres Leben als sie selbst es erlebt hatte, nicht zugestehen kann und deshalb die Lust der Tochter durch Vorwürfe bremst. Um wieder eine Verbundenheit herzustellen, greifen Mutter und Tochter gesellschaftliche Definitionen der Menstruation als Quelle von Schwäche und Unwohlsein auf und stellen so eine Gemeinsamkeit im Leiden her – zunächst um den Preis, dass Gefühle der Kraft und Potenz wenig Raum mehr haben (vgl. Flaake 2001: 72ff.). So ist das Erleben der ersten Menstruation und der weiteren Regelblutungen eingebettet in gesellschaftliche und kulturelle Bedeutungszuschreibungen, die auch Botschaften über die Möglichkeiten sexueller Potenz und Lust enthalten.

Bedeutung der Brüste

Das Wachsen der Brüste ist eine der körperlichen Veränderungen der Pubertät von Mädchen, die – anders als die erste Regelblutung – meist für Andere sichtbar und nur schwer zu verbergen ist. Die Brüste sind mit gesellschaftlichen Bedeutungszuschreibungen verbunden, denen sich junge Frauen kaum entziehen können. Sie sind in westlich-industriellen Gesellschaften[26] ein zentrales Symbol für sexuelle Attraktivität von Frauen und werden in der Öffentlichkeit – z. B. den Medien und durch figurbetonte Kleidungsstile – sichtbar und freizügig präsentiert.[27] Ob sie es sich wünschen oder nicht werden junge Frauen – sobald sichtbar wird, dass sich ihre Brüste entwickeln – als Personen wahrgenommen, die das Begehren von Männern wecken können. »Der Blick auf den pubertierenden Mädchenkörper nimmt nicht nur Veränderungen wahr, sondern die Fremdeinschätzung basiert immer auf einem sexualisierenden Blick, der eine Beurteilung der sexuellen Attraktivität vornimmt« (Kolip 1999: 297). Öffentliche Präsentationen der Brüste – etwa in der Werbung[28] – zeigen jungen Frauen eine Sichtweise auf den weiblichen Körper, in der es insbesondere der männliche Blick ist, der ihn mit sexuellen Bedeutungen versieht. Zugleich kann die Berührung der Brüste durch

---

26 Zur Symbolik der weiblichen Brust in unterschiedlichen historischen und kulturellen Kontexten vgl. Olbricht 1989: 149ff. Hingewiesen wird zum Beispiel auf die nährende Potenz der Brust, die in vielen Kulturen betont wird.

27 Zur Bedeutung der Brüste als Symbol für weibliche Sexualität vgl. Haug 1988: 90. Brüste erinnern zudem an den frühen erotisch-sinnlichen Kontakt mit der Mutter beim Stillen. Gesellschaftliche Bedeutungszuweisungen enthalten immer auch Deutungen oder Umdeutungen dieser intensiven körperlichen Nähe zur Mutter, in ihnen sind Spuren damit verbundener unbewusster Phantasien, Wünsche und Ängste enthalten. Zu bewussten und unbewussten Bildern und Phantasien über die Brust vgl. Olbricht 1989.

28 Eine Studie der Hochschule der Medien in Stuttgart kommt zu dem Ergebnis, dass sexualisierende Darstellungen von Frauen in der Werbung 2016 im Vergleich zu 1996 seltener geworden, aber immer noch häufig vorzufinden sind. Sexualisierende Frauendarstellungen finden sich 2016 in 30 % der untersuchten TV-Werbespots, 1996 waren es 54% (Baetzgen/Leute 2017).

sie selbst für junge Frauen mit lustvollen Empfindungen verbunden sein – sie wecken eigene sexuelle Wünsche und Sehnsüchte –, und begehrende Blicke des anderen Geschlechts können auch als positive Rückmeldungen über die eigene Körperlichkeit erlebt und entsprechend wertgeschätzt werden. Gemäß dieser Spannung zwischen sexualisierenden Zuweisungen der sozialen Umgebung und eigenem Begehren und Genießen sind die Gefühle vieler junger Frauen ambivalent, wenn sie das Wachsen ihrer Brüste bemerken.

Ähnlich wie bei der ersten Regelblutung spielt auch beim Wachsen der Brüste die Einbettung dieser Entwicklungen in eine Gemeinsamkeit unter Klassenkameradinnen und Freundinnen eine Rolle. Bei denjenigen, die sich – gemessen an Gleichaltrigen – als spät sich entwickelnd wahrnehmen, kann die Erleichterung über die dann doch eintretenden Veränderungen eventuell vorhandene Verunsicherungen mildern oder überlagern. Bei denjenigen, deren Körper sich im Vergleich zu anderen Mädchen früh verändert, können Verunsicherungen und ein negatives Erleben besonders ausgeprägt sein. So beschreibt eine 14-jährige junge Frau die Veränderungen ihres Körpers:

>»Bei mir ist das schon ziemlich früh los gegangen, dass sich mein Körper verändert hat, also der Busen größer geworden ist. Ich war eine derjenigen, die sich schneller entwickelt haben, da hab ich mich geschämt dafür, aber jetzt ist es halt ganz normal. Jetzt habens halt alle in meinem Alter« (Flaake 2001: 110).

Die Scham bezieht sich möglicherweise auf die für andere jetzt sichtbare Möglichkeit, sexuelles Begehren auslösen und auch selbst sexuell begehren zu können, auf ›Sexualität‹ als wichtiges neues Element des Lebens. Die junge Frau fühlt sich zunächst auf eine für sie unangenehme Weise in einer herausgehobenen Position, erst die Einbettung in die Gemeinsamkeit mit Klassenkameradinnen mildert die Scham, denn jetzt gibt es eine ›Normalität‹, Sexualität gehört zum Leben aller jungen Frauen in ihrer Umgebung und kann zum gemeinsamen Thema werden. (Zur Bedeutung der auf den Körper bezogenen Scham von Frauen aus interkultureller Perspektive vgl. Krishnamurthy 2018)

In den Beiträgen junger Frauen in Online-Beratungsforen[29] wird deutlich, wie wichtig es für sie ist, dass sich ihre Brüste auf eine Weise entwickeln, die einer vermuteten Norm entspricht: Sie sollen nicht zu groß, aber auch nicht zu klein sein. Junge Frauen, die ihre Brüste als zu groß erleben, schildern ihre Scham darüber, junge Frauen, deren Brüste sich noch nicht oder ihrer Einschätzung nach zu wenig entwickelt haben, drücken ihre Besorgnis darüber aus, einige schildern Zustände großer Verzweiflung.

>Ich bin 14 und meine Brüste wachsen einfach nicht, und ich fühl mich mit anderen Mädchen zusammen total doof. Ich trau mich nicht, Bikinis anzuziehen oder schwimmen zu gehen. Ich habe echt Angst. In meinem Alter sollte man mehr Oberweite haben und das haben auch alle außer mir. Ich fahre nächsten Sommer auf eine Freizeit und habe mich total gefreut, aber jetzt weiß ich, dass ich da schwimmen gehen muss. Und jetzt weiß ich nicht, ob ich da überhaupt noch hin will. Ich hatte schon vor, zum Frauenarzt zu gehen und ihn zu fragen, was mit mir nicht stimmt.«

Bezugspunkt sind für diese junge Frau gleichaltrige Mädchen, die für sie eine Norm repräsentieren – in ihrem Alter »sollte man mehr Oberweite haben« –, eine Norm, denen »alle« zu genügen scheinen »außer« ihr. Die junge Frau schildert eine tiefe Verunsicherung, die ihr die Freude am Leben nimmt und ihr das Gefühl gibt, dass etwas mit ihr »nicht stimmt«. »Ich weiß einfach nicht mehr was ich machen soll. Bitte helft mir und schreibt mir«, beendet sie ihren Beitrag und drückt noch einmal ihre Verzweiflung und den Wunsch nach Hilfe aus. Ähnlich, wenn auch nicht ganz so existenziell verunsichert, äußern sich zahlreiche junge Frauen in den Onlineforen. So berichtet eine junge Frau von ihrer »Scham«,

---

29 Alle Zitate in diesem Kapitel sind Beiträgen der Online-Beratungsforen www.maedchen.de/forum und www.beratung4kids.de/forum entnommen (letzter Zugang 25.8. 2016). Auch bei diesen Beiträgen ist zu berücksichtigen, dass sie wahrscheinlich von jungen Frauen aus einem eher privilegierten sozialen Milieu stammen (vgl. Teil I, 2).

dass ihr »Busen« – anders als sie es bei Klassenkameradinnen vermutet – »noch gar nicht wächst« und sie sich »unterentwickelt« fühlt. Probleme mit zu großen Brüsten werden dagegen vergleichsweise selten geschildert, möglicherweise ein Hinweis darauf, dass es für junge Frauen – zumindest diejenigen, die sich in Onlineforen äußern – sehr wichtig ist, über Brüste für das andere Geschlecht attraktiv zu sein. Keine entwickelten Brüste zu haben wäre dann gleichbedeutend mit dem Verlust eines wesentlichen Elements auf die Zukunft gerichteter Wünsche und Phantasien: eine für Männer begehrenswerte Frau zu sein.

Zugleich schafft die große Bedeutung der Brüste für weibliche Attraktivität eine starke Verletzbarkeit der jungen Frauen. Viele schildern sexualisierende und beurteilende Blicke, insbesondere der sie umgebenden Männer, zum Beispiel der Klassenkameraden oder auch der Väter, die sie zu Objekten von Bewertungen und des Begehrens machen. Deutlich werden die Kränkungen, die für viele mit entsprechenden Kommentaren verbunden sind, aber auch die Bemühungen einiger junger Frauen, sich selbstbewusst dagegen abzugrenzen, ein eigenes positives Verhältnis zum Körper zu entwickeln und andere junge Frauen entsprechend zu ermutigen.

Die kränkende Wirkung der taxierenden Blicke von außen wird in den folgenden Äußerungen deutlich. Sie betreffen sowohl als zu groß als auch als zu klein erlebte Brüste. Dabei betont eine junge Frau, dass ihren Körper entwertende Bemerkungen sowohl von Klassenkameraden als auch Klassenkameradinnen gemacht werden, einige lassen das Geschlecht der Bewertenden offen, die meisten beziehen sich jedoch auf Kommentare von Männern.

»Mein Problem ist das Gestarre. Obwohl ich keinen Riesenausschnitt habe, glotzen zum Beispiel die Bauarbeiter bei uns im Haus immer wieder und rufen und gaffen. Ich hasse das.«

»Ich habe die größten Brüste in der Klasse. Die Jungs nennen mich immer Busenmonster, das ist nicht schön.«

»Ich habe keine Brust, das ist echt doof, wenn die Jungs einen dann immer nerven und sich lustig darüber machen.«

»Ich bin 15 Jahre und habe keine Oberweite. Ich werde deshalb auch fertig gemacht und das zerrt ziemlich an meinen Nerven. Ich bin total am Verzweifeln.«

Eine 17-jährige junge Frau beschreibt eindrücklich, wie kränkend es für sie ist, durch die Blicke und Kommentare der Anderen auf ihre Brüste reduziert zu werden.

»Ich mag meine Brüste gerne. Aber ich habe das Gefühl, dass meine Außenwelt mir das wegnimmt. Was mich nervt ist, darauf reduziert zu werden. Ein Junge hat meine beste Freundin angeschrieben und gefragt, welche Körbchengröße ich habe. Ein anderer meinte, neben dir will ich gar nicht sitzen, aber neben deinen Möpsen. Andauernd und überall wird mir gesagt wie meine Brüste in einem T-Shirt aussehen, sie werden auch mit Melonen verglichen. Das wird sowohl von Jungs als auch von Mädchen gesagt. Ich fühle mich unsicher. Niemand interessiert sich für mein Gesicht, meinen Charakter oder meine Klugheit. Ich bin die mit den fetten Titten. Ich liebe meinen Körper, alles an ihm, aber ich hasse, dass meine Umwelt mich dazu zwingt, an ihm zu zweifeln.«

Die junge Frau wünscht sich, dass sie als ganze Person wahrgenommen wird, dass auch ihr »Gesicht«, ihr »Charakter« und ihre »Klugheit« von anderen gesehen werden und nicht nur die »fetten Titten«, eine Kennzeichnung ihres Körpers, die ihr den Stolz und die Freude an ihm nimmt: Sie »hat das Gefühl«, dass die »Außenwelt« ihr diese »Liebe« zum Körper »wegnimmt«. Sie kämpft gegen diese Entwertungen ihres Körpers, die von außen an sie herangetragenen ›Zweifel‹ an ihm, zugleich ist sie ›verzweifelt‹ über die Reduzierung ihrer Person auf einen von außen taxierten und sexualisierten Körperteil: »Ich werde lernen damit umzugehen, aber es ist so schwer, nicht zu verzweifeln.«

In einigen Kommentaren wird das Bemühen der jungen Frauen deutlich, die Bewertungen von außen nicht ernst zu nehmen, sie z. B. als Kompliment zu sehen, ihnen damit etwas Positives entgegen zu setzen und so ein gutes Verhältnis zum eigenen Körper zu entwickeln.

»Dass ich große Brüste habe, sieht man auch in weiten Schlabbersachen. Ich gehe lieber selbstbewusst damit um. Ich schäme mich nicht dafür, wieso sollte ich auch. Kommen halt mal Sprüche und Blicke. Aber die nehme ich als Kompliment auf. Mich deswegen zu schämen, wäre bescheuert, weil ich mich damit selbst einschränken würde.«

»Sei froh, dass du so eine Oberweite hast! Es gibt viele Mädels, die uns beneiden. Ich trage gerne körperbetont. Mir macht das Spaß. Die Jungs müssen doch was zu gucken haben. Also ich finde nichts dabei. Genieß doch deine Weiblichkeit!«

In zahlreichen Beiträgen gibt es Empfehlungen zum Kauf geeigneter BHs und für bestimmte Körperformen günstige Kleidung – Strategien, den Körper aktiv zu gestalten und sich so selbst zur Gestalterin einer schwierigen Lebensphase zu machen. Ebenso werden junge Frauen, die an zu kleinen Brüsten leiden, immer wieder – insbesondere von den professionellen Beraterinnen – getröstet mit dem Hinweis, dass die Entwicklungen der Pubertät noch nicht abgeschlossen sind, die Brüste noch wachsen können und Geduld sinnvoll ist: »Kennst du den Spruch ›wenn du am Gras ziehst, wächst es nicht schneller‹. Der Spruch stimmt in vielen Bereichen, vielleicht jetzt gerade auch bei dir.«

In einer eigenen Studie zur Adoleszenz junger Frauen ist deutlich geworden, dass das Wachsen der Brüste auch in der Familie kommentiert und bewertet wird, insbesondere von Vätern und Brüdern. So berichten einige Väter von spöttischen Kommentaren über die Brüste der Tochter, Kommentare, die als Bestandteil einer lockeren, lustigen Kommunikation in der Familie gesehen werden, die die jungen Frauen aber verletzen.

»Dass ich mal geflachst hab, also jetzt hast du nen Kamelhaarpullover. Ja, Kamel, Kamel mit den Höckern« (Flaake 2001: 213).

»So im Kreis der Familie wird denn auch mal geflachst: Jetzt kriegst du nen Busen, jetzt müssen wir dir nen Büstenhalter schenken, ... das ist eigentlich alles so lustig abgelaufen« (ebd.: 210f.).

Eine 16-jährige junge Frau schildert ihr Bemühen, solche Kommentare nicht ernst zu nehmen:

»Das ist eben Verarschung. ... Ich habe es eigentlich ganz gut weggesteckt, obwohl, wenn man in dieser Zeit ist, ... das tat mir dann schon irgendwie, schwer, das auszuhalten« (ebd.: 212).

Trotz des Bemühens, die Kommentare als »Verarschung« abzutun und ›wegzustecken‹, ist die Verletzung durch sie deutlich: Es war »schwer, das auszuhalten«.

Für Väter kann eine mögliche Strategie, mit den durch die Pubertät der Tochter ausgelösten Verunsicherungen – z. B. den anstehenden Trennungsprozessen und dem durch den sich entwickelnden Körper der Tochter ausgelösten eigenen Begehren – umzugehen, darin bestehen, den weiblichen Körper der Tochter zum Objekt zu machen: zum Objekt der eigenen sexualisierenden Blicke und entwertenden Kommentare. Auf die Tochter bezogene erotische Phantasien finden sich darin ebenso wie das Bemühen, sie zu bannen durch Herabsetzung des weiblichen Körpers, eine Strategie, die der Tochter den geschützten Raum nimmt, der zur Verarbeitung der mit den körperlichen Veränderungen der Pubertät verbundenen Verunsicherungen notwendig wäre (vgl. Flaake 2001: 176ff.; Flaake 2003).

Nach den Schilderungen der jungen Frauen scheinen ihre Mütter die körperlichen Entwicklungen nicht familienöffentlich zu bewerten, sie scheinen die Töchter in den beschriebenen, das Wachsen der Brüste ironisch kommentierenden Familiengesprächen aber auch nicht zu schützen, indem sie solchen Gesprächen Einhalt gebieten und damit deutliche Grenzen setzen für die verbalen Übergriffe auf den sich entwickelnden Körper der Tochter (vgl. Flaake 2001: 176ff.).

Viele junge Frauen können ihre erotische Ausstrahlung – auch wenn das Wachsen der Brüste zunächst als problematisch erlebt wurde – im Verlaufe der adoleszenten Aneignungsprozesse zunehmend genießen und spielerisch mit ihr umgehen. Ein positives Verhältnis zu den Brüsten entwickelt sich nicht selten durch den wertschätzenden Blick des anderen Geschlechts und im Laufe von Beziehungen zu Jungen. So berichtet eine 18-jährige junge Frau, dass ihr anfänglich negatives Verhältnis zu den Brüsten sich mit ihrem Interesse an Jungen gewandelt habe:

>»Ich hab gar nicht bemerkt, wie meine Brüste gewachsen sind ..., irgendwann stand ich vor dem Spiegel, dacht so, mein Gott, sind die schon groß, echt so völlig geschockt. Erst hats mich geärgert. Weil ich das irgendwie nicht mochte, dann so unter dem T-Shirt, und dann sah man das ..., aber jetzt, dann langsam dacht ich so, ist doch schön. Also, als das mit den Jungens angefangen hat, da hab ich angefangen, das schön zu finden, so richtig, aber davor ..., da fand ich es nicht so toll« (Flaake 2001: 112).

Aber auch wertschätzende Blicke von Personen des eigenen Geschlechts können eine große Bedeutung für die Entwicklung eines selbstbewussten Verhältnisses zum Körper haben. So berichtet eine 18-jährige junge Frau, die das Wachsen ihrer Brüste »irgendwie nicht mochte«:

>»Meine Tante meinte einmal zu mir: Du hast aber schöne Brüste. Das weiß ich noch ganz genau, da war ich voll stolz. Da war ich 15. Das werde ich nie vergessen, da war ich so stolz« (Flaake 2001: 129; vgl. auch Olbricht 1989: 25f.).

Auch wenn sich im Laufe der Verarbeitung der körperlichen Veränderungen der Pubertät für viele junge Frauen ein selbstbewusstes Verhältnis zum eigenen Körper entwickeln kann, so ist die Sexualisierung von außen doch Bestandteil des Lebensgefühls vieler und schafft Herausforderungen für die weitere Lebensgestaltung. Um zu einem ›eigenen Begehren‹, einem eigenen Wünschen und Wollen zu finden, muss eine innere Wendung von einer Sexualisierung durch andere – zum Beispiel Männer oder auch Werbung und Medien – zu einer Subjektwerdung als sexuelle Person vollzogen werden, eine Entwicklung, wie sie Carolin Emcke für sich mit dem Entdecken und Aneignen auf das eigene Geschlecht gerichteter Wünsche und Phantasien schildert.

4

Körperliche Veränderungen junger Männer – empirische Studien und Beiträge in Online-Beratungsforen[30]

---

30 Für die körperlichen Veränderungen von Jungen in der Pubertät liegen nur wenige empirische Untersuchungen vor. Die erste größere qualitative Studie über Jungen und junge Männer ist die von Reinhard Winter und Gunter Neubauer im Auftrag der Bundeszentrale für gesundheitliche Aufklärung durchgeführte. Themenbereiche sind Sexualaufklärung, Gesundheit und Beratung in der Bundesrepublik Deutschland. Befragt wurden sowohl Expertinnen und Experten sowie ›Schlüsselpersonen‹ als auch Jungen und junge Männer. Das Erleben der körperlichen Veränderungen der Pubertät ist jedoch kaum Thema (Winter/Neubauer 1998).

Wachsen der Barthaare, Stimmbruch, Erektionen und erste Samenergüsse – Erlebensweisen und Bedeutungsfacetten

Das Eigenmächtige, sich der eigenen Kontrolle Entziehende der körperlichen Veränderungen der Pubertät ist auch für Jungen und junge Männer Quelle von Verunsicherungen, Verletzlichkeit und psychischer Labilisierung. Auch Jungen und junge Männer müssen sich ihren genitalen Körper erst aneignen, auch für ihre entsprechenden Verarbeitungsprozesse haben Erfahrungen vor der Pubertät und die sozialen Botschaften, die mit den körperlichen Veränderungen der Pubertät verbunden sind, eine große Bedeutung. Auch für Jungen und junge Männer signalisieren die körperlichen Veränderungen der Pubertät das Ende der Kindheit und damit die näher rückende Trennung von den Eltern, die Zuordnung zu einem und nur einem Geschlecht, dem männlichen, sowie die Möglichkeit der generativen Potenz. Konflikte aus früheren Entwicklungsphasen, die sich z. B. auf die Kontrolle des Körpers beziehen, können ebenso wie bei den jungen Frauen wieder belebt werden, Wünsche, Phantasien und Ängste, die mit Sexualität verknüpft sind, erhalten auch bei ihnen eine neue Bedeutung.

Anders als Mädchen erleben Jungen keine der mit der Pubertät verbundenen körperlichen Veränderungen als deutlichen Einschnitt, der – wie es bei der ersten Regelblutung der Fall ist – als eine Art von »Eintritt« in die Männlichkeit gesehen und von der Umgebung auch so wahrgenommen, kommentiert und dadurch mit sozialen Botschaften versehen wird. Die körperlichen Wand-

---

Auch in anderen Studien zu Jungen und jungen Männern finden sich dazu kaum Ergebnisse. So stützen sich die folgenden Darstellungen wesentlich auf die Ergebnisse einer eigenen qualitativ orientierten Studie (Flaake 2005) und die Beiträge in Online-Beratungsforen.

lungsprozesse von Jungen geschehen eher kontinuierlich. Für andere bemerkbar sind die Veränderungen der Figur und des Aussehens, insbesondere das Wachsen der Barthaare sowie der Stimmbruch. Die direkt auf Sexualität bezogenen Veränderungen – das Wachsen von Penis und Hoden, die Erektionen und ersten Samenergüsse – können, wenn die jungen Männer es wünschen, weitgehend im Verborgenen bleiben.

In einer eigenen Studie (Flaake 2005)[31] wird deutlich, dass sich das Erleben der körperlichen Veränderungen der Pubertät für Jungen und junge Männer in einem Spannungsfeld zwischen Verunsicherung und Stolz bewegt. Bei vielen werden die durch die Eigendynamik der körperlichen Veränderungen ausgelösten Irritationen aufgefangen durch einen positiven Bezug zur erwachsenen Männlichkeit, als deren Indikator die körperlichen Veränderungen wahrgenommen werden. Ein entsprechender Stolz auf das Zur-Frau-Werden findet sich bei jungen Frauen vergleichsweise verhalten; wenn er formuliert wird, äußert er sich oft begleitet von Schamgefühlen, z. B. bei der ersten Regelblutung, oder – wie beim Wachsen der Brüste – in einer Ambivalenzen schaffenden Spannung zwischen sexualisierenden Zuweisungen der sozialen Umgebung und eigenem Erleben (vgl. Teil I, 3). Entsprechend der großen Bedeutung körperlicher Männlichkeit richten sich Ängste und Befürchtungen junger Männer – wie sie insbesondere in Online-Beratungsforen zum Ausdruck kommen – primär auf die Größe und Beschaffenheit des Penis als Symbol männlicher Potenz, aber auch – da die Reaktionen des Penis Begehren direkt zum Ausdruck bringen – auf Befürchtungen, schwul zu sein.

---

31 Die Interviews sind strukturiert worden durch einen Leitfaden, der Anregungen zum Erzählen der mit Körperlichkeit und Sexualität verbundenen Veränderungen, Erfahrungen, Gefühle, Wünsche und Ängste gibt. Insgesamt sind zwölf junge Männer befragt worden. Sie waren zwischen 13 und 20 Jahren alt und besuchten mehrheitlich Realschulen oder Gymnasien bzw. hatten einen höheren Schulabschluss. Bei den meisten wurden zudem die Mütter und Väter befragt (Flaake 2005).

Eine große Bedeutung hat für Jungen und junge Männer der Vergleich mit Gleichaltrigen, zum Beispiel in der Schulklasse. Diejenigen, die sich noch nicht so weit entwickelt sehen wie die Jungen in ihrer Umgebung, leiden darunter, Vergleiche betreffen dabei insbesondere den Penis und das Vorhandensein von Schamhaaren. Ein 20-jähriger junger Mann schildert entsprechende Ängste und seine Freude über die sich dann einstellenden körperlichen Entwicklungen:

»Die Entwicklungen im Intimbereich, die waren für mich wichtig. Beim Handball waren wir mit 14 Jungs unter der Dusche, und da sieht man dann auch den Unterschied, bei sich selber tut sich noch nichts und bei den anderen, ja, die haben schon Haare und das ist dann sehr merkwürdig. Da konnte man mitkriegen, bei denen hat sich was getan und bei mir nicht. Und bis die Zeit kam, dass sich bei mir auch was getan hat, dauerte es ein bisschen, ja, und das habe ich natürlich ersehnt. Ich hatte immer das Gefühl, dass ich körperlich ein bisschen hinterher hänge, auch mit dem Wachsen vom Penis und den Hoden« (Ben, 20 Jahre).

Beim Duschen zeigt sich ein »Unterschied« zwischen den Jungen: zwischen denjenigen, bei denen sich »was getan« hat – Schamhaare, Penis und Hoden gewachsen sind –, und denjenigen, bei denen »sich noch nichts« »getan« hat. »Körperlich ... hinterher« zu ›hängen‹ wird als »merkwürdig«, wohl kränkend erlebt und körperliche Veränderungen deshalb »ersehnt«. Dabei hat der Vater für diesen jungen Mann eine wichtige Funktion im Prozess der körperlichen Entwicklungen:

»Meinem Papa habe ich erzählt, dass ich Schambehaarung bekommen habe. Das fand er gut, weil ich halt ein Mann werde. Das war mir wichtig, weil mein Vater immer derjenige war, den ich als Mann gesehen hab und wo man das auch eindeutig gesehen hat und ich dann selber gemerkt hab bei mir wird das auch so und mein Vater hat mich in dieser Hinsicht immer bestärkt. Er hat mir immer gesagt, das ist ein weiterer Schritt und so geht das weiter. Er war auch derjenige, der mir immer gesagt hat, das kann auch ein bisschen länger dauern, und auf einmal geht das dann ganz schnell. Er hat mich immer bestärkt, dann, wenn was passiert ist, aber auch in den Momenten, wo ich gewartet hab, dass was passiert. Er war immer derjenige, der mich da bestärkt hat« (Ben, 20 Jahre).

Der Vater wird »als Mann gesehen« mit einem »eindeutig« männlichen Körper, der Leitlinie ist für eigene Entwicklungen: »Bei mir wird das auch so.« Zugleich wird der Vater als beruhigender Begleiter seines Sohnes auf dem Weg der körperlichen Veränderungen geschildert: sowohl, wenn »was passiert ist«, also der Körper sich verändert hat und diese Veränderungen wohl zunächst als verwirrend und beängstigend erlebt werden, als auch beim ›Warten‹ darauf, dass der Körper sich verändert, »dass was passiert«. Deutlich wird die Spannung zwischen ›ersehnten‹ Veränderungen und den dennoch durch sie ausgelösten Verunsicherungen: Sie ›passieren‹, entziehen sich also der eigenen Kontrolle. Wichtig war die positive Bestätigung durch den Vater: »Er war immer derjenige, der mich...bestätigt hat.« So ist es für den jungen Mann wichtig, dass er seinem Vater ›erzählen‹ konnte, dass er »Schambehaarung bekommen« und der Vater positiv darauf reagiert habe, er es »gut« fand und mit Männlichkeit verknüpfte: »Weil ich ... ein Mann werde.«

Auch in den übrigen Interviews wird die Bedeutung eines Vergleichs mit Gleichaltrigen für junge Männer deutlich – für diejenigen, die sich nicht so weit entwickelt sehen wie die anderen, eine Quelle von Kränkung und Verunsicherung –, zudem die Bedeutung eines positiven Bezugs zur Männlichkeit, der helfen kann, die mit den körperlichen Veränderungen verbundenen Verunsicherungen aufzufangen. Auch bei anderen Befragten zeigt sich, dass Väter als beruhigende und bestätigende Begleiter eine große Bedeutung im Prozess der körperlichen Wandlungen haben können, und umgekehrt: dass eine geringe Präsenz des Vaters als Mangel erlebt werden kann (vgl. Winter/Neubauer 1998: 198ff.; 206f.).

Das Wachsen von Barthaaren ist ein für die Umwelt deutlich erkennbares Zeichen der körperlichen Veränderungen der Pubertät und für die jungen Männer Symbol ihrer sich entwickelnden Männlichkeit. Entsprechend schildern diejenigen, deren Bart nicht so stark gewachsen ist wie sie es bei Klassenkameraden erlebt haben, ihre Probleme damit: »Das ist blöd, dass mein Bart nicht wächst« (Tim, 16 Jahre);»Da ist bloß son Flaum, das finde ich eklig« (Markus, 20 Jahre);»Ich fand das blöd, dass mein Bart nicht gleichmäßig gewachsen ist« (Niklas, 16 Jahre). Zeigen sich Barthaare, werden sie von den meisten als Zeichen ihrer Männlichkeit begrüßt:

»Wenn man dann in den Spiegel guckt und man sieht das, dann ist das schon was Tolles, dass man zum Mann wird« (Jens, 16 Jahre).

»Das war sehr angenehm, da spiegelt sich ein bisschen die Männlichkeit wider, wenn man den Bartwuchs sieht« (Christian, 20 Jahre).

»Das war ein Zeichen von Männlichkeit. Fand ich gut« (Sven, 17 Jahre).

Dabei sind auch die Reaktionen der Eltern wichtig:

»Meine Mutter fand das gut, hat mir immer gesagt, dass das gut aussieht. Es gefällt ihr. Das war gut und wichtig. Mein Vater fand das auch ganz toll. Er hat mir den ersten Rasierer geschenkt. Das war auf jeden Fall eine schöne Reaktion« (Ben, 20 Jahre).

Auch von einigen anderen wird erwähnt, dass der Vater ihnen einen Rasierer geschenkt hat und sie sich darüber gefreut haben. Dieses Geschenk könnte erlebt worden sein als Initiation, als Einführung in eine positiv besetzte Männlichkeit durch eine nahe Person des gleichen Geschlechts und zugleich Symbol einer unterstützenden Begleitung auf dem weiteren Weg zum Erwachsenwerden.

Andere berichten, dass sie sich von ihrem Vater »alleine gelassen« (Markus, 20 Jahre) gefühlt und sich eine Resonanz auf ihr verändertes Aussehen gewünscht haben, ein Hinweis darauf, dass auch für sie eine bestätigende Reaktion des Vaters, einer Person des gleichen Geschlechts, wichtig gewesen wäre:

»Ich war neidisch, dass andere Väter ihrem Sohn einen Rasierer geschenkt haben« (Markus, 20 Jahre).

»Hätte mir gewünscht, dass er mit Tipps gibt« (Christian, 20 Jahre).

Der Stimmbruch ist für viele zunächst mit Scham und Unsicherheit verbunden: Die Stimme wird »komisch« (Mario, 16 Jahre), ist ein »Schock« (Sven, 17 Jahre), »nicht kontrollierbar« (Manuel, 17 Jahre), andere machen »Witze« (Niklas, 16 Jahre) darüber. Aber das Gefühl, mit dieser Stimmveränderung erwachsen und zum Mann zu werden, kann die anfängliche Erschütterung auffangen:

»Da hatte ich dann ne tiefere Stimme, war männlich« (Jens, 16 Jahre).

»Das ist schön, dass die Stimme tief wird, das finde ich schön, ist man erwachsener« (Tim, 16 Jahre).

Auch bezogen auf diese körperliche Veränderung ist die Reaktion des Vaters wichtig:

»Zuerst wars ein Schock. Aber mein Vater hat gesagt, so langsam wirst du ja ein Mann. Da hab ich mich gefreut, war etwas glücklich« (Sven, 17 Jahre).

Die mit Sexualität verbundenen Veränderungen des Körpers – das Wachsen von Penis und Hoden, die Erektionen und ersten Samenergüsse – werden ebenfalls zunächst als Quelle von Verunsicherungen und Scham, zugleich aber auch als Zeichen einer positiv besetzten Männlichkeit erlebt.

»Der Penis war natürlich mit das Wichtigste. Ich hab mich gefreut, es war gut. Weil man gemerkt hat, man wird älter, man wird männlicher und da hat man schon Glücksgefühle auf jeden Fall« (Christian, 20 Jahre).

Auch bezogen auf diese Veränderung des Körpers sind Vergleiche mit Gleichaltrigen wichtig:

»Bei Männern ist das völlig normal, da holt man ab und zu mal das Lineal raus und misst dann ein bisschen nach. Mit meinem besten Freund habe ich das immer gemacht, das macht glaub ich jeder« (Christian, 20 Jahre).

Das nicht Kontrollierbare von Erektionen, die Eigenmächtigkeit des Penis, ist für junge Männer zunächst Quelle großer Verunsicherung.[32] Sie sind von fast allen Befragten zunächst als peinlich erlebt worden, besonders wenn sie für andere sichtbar wurden.

»Im Sportunterricht ist ne Erektion sehr unangenehm. Ich hatte das Gefühl man kann das nicht so richtig kontrollieren, das ist auf jeden Fall unangenehm« (Ben, 20 Jahre).

»Peinlich, wenn man vorne an der Tafel stand. Denkt man hoffentlich geht das gleich wieder weg« (Niklas, 16 Jahre).

»In manchen Situationen war es peinlich, zum Beispiel in der Schule, wenn man dann aufstehen sollte, oder auch im Schwimmbad, aber dann bin ich nicht rausgekommen aus dem Wasser« (Christian, 20 Jahre).

Bei einigen jungen Männern wird deutlich, dass sie Erektionen auch genossen haben:

»Es war komisch, aber hat voll Spaß gemacht, das hat irgendwie son Kick gegeben. Ich finde es immer noch schön. Das ist eine gute Sache« (Manuel, 17 Jahre).

»Ja, das fand man toll, weil das was Neues war« (Markus, 20 Jahre).

»Eigentlich ist es schön. Nur wenn es in einer unangebrachten Situation ist, dann ist es schon irgendwie nervig« (Sven, 17 Jahre).

Das ›Schöne‹, ›Tolle‹, der mit Erektionen verbundene »Kick« wird in den autobiografisch gefärbten Schilderungen von Benjamin Lebert, damals 16 Jahre alt, ähnlich beschrieben: »Ich bekomme einen Ständer. Er presst sich gegen meine Jeans. Ich fühle mich großartig« (Lebert 2001: 163). Erektionen können jungen Männern – trotz der auch damit verbundenen Verunsicherungen –

---

32 In Anknüpfung an Studien der Psychoanalytikerin Lilian Rotter aus den 1930er Jahren vermutet Andreas Benz als zentrale Erfahrung von Jungen in der Pubertät ein Ohnmachtserlebnis: Die Reaktionen des Penis, seine Erektionen erfolgen unwillentlich und oft ausgelöst durch Frauen, sie werden – wenn sie für andere sichtbar sind – als peinlich und beschämend empfunden und können mit der Phantasie verbunden sein, »dass der Penis, als ... Symbol seiner Männlichkeit, nicht ihm gehört, sondern der Kontrolle eben jener Frauen zu unterstehen scheint, von denen er sich deutlich abgrenzen möchte« (Benz 1989: 169).

ein Gefühl von Macht und Potenz vermitteln, eine ›Großartigkeit‹, die wesentlich an den erigierten Penis gebunden ist. Auch das Erleben der ersten Samenergüsse[33] ist eingebunden in eine Spannung aus Verunsicherungen – zum Beispiel weil sie eigenmächtig aufgetreten sind und durch Flecken auf der Bett- oder Unterwäsche bemerkt werden könnten – und der Freude über die neuen Möglichkeiten des Körpers.[34]

> »Ach du Scheiße, wie krieg ich das wieder weg. Das hab ich gedacht, da war ich gar nicht drauf gefasst Und da hab ich die Unterhose sogar weg- geworfen. Weil ich nicht wollte, dass man das sieht, ich hatte Panik, was ist das denn« (Manuel, 17 Jahre).

> »Das ist ja ne kleine Sauerei« (Markus, 20 Jahre).

Samenergüsse entziehen sich zunächst der eigenen Kontrolle. Die jungen Männer »sind nicht darauf gefasst«, haben »Panik« und fühlen sich überrascht: »Was ist das denn?« Zugleich sind ihre Spuren erkennbar: »Ach du Scheiße, wie krieg ich das wieder weg.« Samenergüsse können zunächst als Verschmut-

---

33 In der BRD erleben Jungen ihre ersten Samenergüsse etwas später als Mädchen ihre erste Regelblutung. Zwar liegt auch bei den Jungen der Schwerpunkt bei den 13- und 14-Jährigen, aber auch in den Altersgrup- pen der 15-, 16- und 17-Jährigen gibt es jeweils etliche, die angeben, noch keinen Samenerguss gehabt zu haben. Dabei geben Jungen mit Mi- grationshintergrund ein früheres Alter bei ihren ersten Samenergüssen an als Jungen ohne Migrationshintergrund. Ein ähnliches Ergebnis zeigt sich für das Alter der Mädchen mit Migrationshintergrund bei ihrer ers- ten Regelblutung (Heßling/Bode 2015a: 90f.).

34 In empirischen Studien wird nicht unterschieden zwischen dem Erleben unwillkürlicher Samenergüsse und dem bei bewusst – z. B. durch Ona- nie – herbeigeführten Samenergüssen. Insgesamt gaben 1994 45 % der Jungen positive Gefühle bei den ersten Samenergüssen an, 30 % konnten sich nicht genau erinnern und 25 % waren überrascht, unsicher oder hatten ein schlechtes Gewissen (Kluge 1998: 45). Jungen, die auf die ers- ten Samenergüsse vorbereitet waren, äußerten häufiger ein positives Er- leben und zeigten sich weniger verunsichert (ebd.: 50).

zung[35], »Sauerei«, erlebt werden. Besonders peinlich ist der Gedanke, dass die Mutter diese Spuren sehen könnte.

> »Es wäre mir furchtbar peinlich gewesen, wenn meine Mutter etwas davon mitbekommen hätte« (Tim, 16 Jahre).

> »Das war einem schon super peinlich, wo man nicht genau wusste, ob die Mutter es gemerkt hat oder nicht. Das ist glaub ich das Schlimmste, was passieren kann« (Christian, 20 Jahre).

Neben diesen Befürchtungen gibt es bei vielen aber auch Freude über die neuen Möglichkeiten des Körpers:

> »Das Gefühl fand ich toll« (Ben, 20 Jahre).

> »Schön, ja, das war gut, war schön auf jeden Fall. Man merkte, da geht ja was« (Christian, 20 Jahre).

> »Das war geil, also das war richtig toll! Ich hatte das überhaupt gar nicht erwartet, ich hatte meinen ersten Samenerguss und das war Klasse« (Ben, 20 Jahre).

In Formulierungen wie »da geht ja was« und »geil« wird die Freude an neuen Möglichkeiten sexueller Lust und sexuellen Genießens deutlich, die trotz Verunsicherungen auch vorhanden ist. In einigen Schilderungen zeigt sich, dass die ersten Samenergüsse mit einer als lustvoll erlebten Selbstbefriedigung verbunden sind:

> »Ich hab meine ersten Samenergüsse dadurch gekriegt, dass ich mich selber befriedigt hab. Das waren tolle Gefühle. Das ist sehr wichtig in der Zeit. Weil man erstmal sich selber kennen lernen muss« (Ben, 20 Jahre).

Selbstbefriedigung wird von den meisten der befragten jungen Männer als »normal« und zu ihrer Entwicklung gehörend beschrieben:

---

35 Die ebenfalls gebräuchliche Bezeichnung »Pollutionen« für Samenergüsse bedeutet Beschmutzung und erinnert an das Verbot von Selbstbefriedigung für junge Männer, das sich erst im Zuge der sexuellen Liberalisierungen der 1960er Jahre gelockert hat.

»Ich fühl mich gut dabei. Ist ganz normal« (Manuel, 17 Jahre).

»Das ist was ganz Normales, das macht jeder« (Jens, 20 Jahre).

»Man hat seinen Körper entdeckt. Das war toll« (Markus, 20 Jahre).

»Das ist unheimlich wichtig. Man muss ja wissen, was man mag« (Christian, 20 Jahre).

Auch in anderen Studien wird deutlich, dass die ersten Samenergüsse für junge Männer eine große Bedeutung haben. So ergab eine Umfrage unter Studenten der Universität Zürich, dass sich viele Männer an positive Gefühle erinnern: »Man ist stolz und glücklich, ein Mann zu sein« (Rhyner 2004: 16). Dabei werden die neuen Erfahrungen durch Selbstbefriedigung hervorgehoben:

»Faszination und Beglückung verstärken sich, wenn Jungen entdecken: Ich kann das selbst herbeiführen. ... Glücks- und Lustgefühle, gekoppelt mit der neuen Erfahrung eines ... Orgasmus, können durch eigenes Zutun herbeigeführt werden – das ist etwas völlig Neues ... im Körpererleben von Jungen« (Rhyner 2004: 16).

Die körperliche Entsprechung zu den ersten Samenergüssen der Jungen ist bei Mädchen die erste Regelblutung – beides verweist auf die Möglichkeit der reproduktiven Potenz. Anders als die erste Regelblutung werden die ersten Samenergüsse jedoch kaum mit der Botschaft »jetzt kannst du Kinder zeugen«, also einer potentiellen Vaterschaft, versehen.[36] Entsprechend werden auch die mit

---

36 Die in gesellschaftlichen Diskursen und Praktiken kaum vorhandene Verknüpfung von Reproduktionsfähigkeit mit dem männlichen Körper zeigt sich auch in aktuellen medizinischen Diskussionen. Internationale Hormonexperten haben Mitte 2016 ein Manifest verabschiedet, in dem sie an Gesundheitsbehörden und die pharmazeutische Industrie appellieren, die Forschungen zur »Pille für den Mann« wieder zu verstärken. Die Wissenschaftler gehen davon aus, dass es ein solches Verhütungsmittel für den Mann eigentlich längst geben könnte. Entsprechende Forschungsansätze habe es seit den 1970er Jahren bereits gegeben. Einige hätten es sogar »bis nahe an die Marktreife« geschafft, so ein Experte:

sexuellen Beziehungen verbundenen Möglichkeiten einer Zeugung bzw. Empfängnis eher als eine Gefahr für junge Frauen denn für die jungen Männer gesehen (vgl. Teil I, 3).[37] Zudem sind zwar beide Formen der körperlichen Veränderungen der Pubertät mit dem Thema »Schmutz« verbunden, es werden jedoch unterschiedliche Gewichtungen und damit auch Verarbeitungsmöglichkeiten deutlich. Bei vielen jungen Männern steht neben dem Erleben einer Verschmutzung durch das Sperma auch das von Lust und neuen sexuellen Erfahrungsmöglichkeiten. Bei jungen Frauen ist die Verknüpfung der Regelblutung mit sexueller Lust verdeckter, ihre gesellschaftlich nahegelegte Verknüpfung mit dem Thema »Hygiene« und damit dem Schmutzaspekt steht für viele junge Frauen im Vordergrund und ›kontaminiert‹ möglicherweise auch ihre lustvollen Potentiale.

Die Verknüpfung der körperlichen Veränderungen der Pubertät mit einem Zum-Mann-Werden, das polar entgegengesetzt zum Weiblichen konstruiert wird, ist nur für die Jungen positiv besetzt, deren geschlechtsbezogene Selbstverortung sich in Einklang mit ihrem so definierten Körper befindet. Für alle diejenigen, die sich bis zur Pubertät nicht eindeutig geschlechtlich zugeordnet oder sich eher als weiblich erlebt haben, stellt diese jetzt

---

»Aber die Industrie hat dieses Forschungsgebiet verlassen.« Als eine Begründung wurden geringe Gewinnerwartungen und eine fehlende Akzeptanz angegeben (Frankfurter Rundschau vom 26.7.2016, S. 28).

37 Die potentielle Zeugungsfähigkeit wird in Aufklärungsgesprächen – die, wenn sie in der Familie stattfinden, meist von den Vätern übernommen werden – eher unter dem Aspekt des Schutzes der Partnerin vor einer Schwangerschaft denn als reproduktive Potenz der jungen Männer thematisiert. Das Bemühen junger Männer, in sexuellen Beziehungen auch an Verhütung zu denken, scheint eher einer von Erwachsenen vermittelten Moral zu entsprechen als dem Bewusstsein der jungen Männer, dass Zeugungsfähigkeit ein zentrales Element ihrer Körperlichkeit ist. Es geht eher um den Schutz der Frau vor den Folgen der eigenen sexuellen Potenz denn ein Bewusstsein von reproduktiver Potenz (Winter/Neubauer 2005: 219 f.).

eindeutige und Anderes ausschließende Zuweisung durch die soziale Umgebung eine einschneidende Begrenzung ihrer Entfaltungsmöglichkeiten und Verletzung ihrer Entwicklungschancen dar.

Bedeutung des Penis – Befürchtungen und Ängste[38]

Entsprechend der großen Bedeutung, die das Wachsen des Penis, die Erektionen und ersten Samenergüsse für viele als Symbol ihrer sich entwickelnden Männlichkeit haben, ist gerade dieser Bereich der adoleszenten Wandlungsprozesse anfällig für Verunsicherungen, Verletzlichkeiten und Ängste bezogen auf Abweichungen von einer vermuteten Norm. Befürchtungen, die junge Männer in Online-Beratungsforen äußern, beziehen sich insbesondere auf die Größe ihres Penis, darauf, dass er »zu klein« sein könnte. Bezugspunkt sind dabei für viele Vergleiche mit anderen Jungen.

»Ich bin fast 14 Jahre alt und habe das Problem, dass mein Penis im Gegensatz zu meinen Freunden sehr klein ist. Meiner ist schlaff 2,5 cm und steif 9 cm. Aber meine Freunde haben alle ungefähr schlaff 6 cm und steif 12. Das ist mir in der Umkleidekabine nach Fußball sehr peinlich. Alle Penisse, die ich sehe, sind meist mindestens doppelt so groß.«

»Ich bin 14 Jahre alt und habe Bedenken, dass mein Penis viel zu klein ist und auch nicht richtig wächst. Mein Penis ist im schlaffen Zustand ca. 6 cm lang und im erregten ungefähr 10,5. Meine Freunde – die sehe ich ja

---

38 Alle Zitate in diesem Kapitel sind dem Online-Beratungsforum www.beratung4kids.de; Bereich Jungs; Jungs und ihre Pubertät, entnommen; letzter Zugang 28.2.17. Auch für die Interpretation dieser Beiträge gilt, dass berücksichtigt werden muss, dass sie wahrscheinlich von jungen Männern aus einem eher privilegierten sozialen Milieu stammen (vgl. Teil I, 2).

in der Umkleidekabine – haben aber einen viel viel größeren und vor allem auch breiteren als ich. Ich schäme mich so. Ist das unnormal?«

»Ich bin 13 Jahre alt und habe ein Problem, nämlich meine Penisgröße. Mein Penis wächst einfach nicht. Er ist 9,5 cm lang und 3 cm dick. Aber meine Freunde haben ungefähr 13 cm lang und 4–5 cm dick. Kann es sein, dass er gar nicht mehr wächst? Was kann ich machen, dass er ein bisschen länger wird?«

Die genauen Messungen und Zahlenangaben in den Schilderungen zeigen, wie stark die Aufmerksamkeit der jungen Männer auf die Größe ihres Penis fokussiert ist und wie bedeutsam diese Größe für sie ist. Ein vermutetes »zu klein« – insbesondere im Vergleich zu anderen Jungen – wird als »Problem«, »sehr peinlich« und Quelle von großer ›Scham‹ erlebt. Befürchtet wird, »dass er gar nicht mehr wächst«, und gewünscht wird die Möglichkeit eigener Einflussnahme: »Was kann ich machen, dass er ein bisschen länger wird?« Dabei deutet sich in einigen Schilderungen an, dass die Penisgröße der Anderen überschätzt und die eigene demgegenüber als »sehr klein« erlebt wird, so wenn in der Wahrnehmung eines jungen Mann »alle Penisse«, die ›er sieht‹, »meist mindestens doppelt so groß« wie der eigene sind, sich nach seinen Zahlenangaben die Größen im ›steifen‹ Zustand jedoch kaum unterscheiden. Es scheint ein Grundgefühl vieler junger Männer in der Adoleszenz zu sein, dass die Anderen einen »viel viel größeren« haben, und der eigene demgegenüber »viel zu klein« ist. Befürchtungen, dass der eigene Penis zu groß sein könnte, werden dagegen kaum geäußert.

In einigen Schilderungen wird deutlich, dass die Größe des Penis auch symbolische Bedeutung hat: Sie ist aufgeladen mit Fantasien von eigener Größe, möglicherweise männlicher Potenz und Großartigkeit. So berichtet ein junger Mann:

»Ich habe eine ganz normale Penisgröße, Länge 16-16,5 cm. Aber ist das normal, dass der Penis so dünn und klein aussieht, obwohl ich eine angemessene Größe habe? Das kommt mir so klein vor, ist das bei euch auch so?«

Obwohl der junge Mann sicher ist, dass er eine »ganz normale Penisgröße« hat, kommt ihm sein Penis dennoch »so dünn und klein« vor, wenn er ihn sieht. Er scheint den Phantasien eigener Größe nicht zu entsprechen, es gibt ein Auseinanderklaffen zwischen diesen Phantasien und der realen Größe des Penis: »Das kommt mir so klein vor.« Phantasien von eigener Größe verknüpfen sich mit dem Penis und laden ihn auf mit Bildern phallischer Potenz, die die reale Größe des Penis übersteigen können, sich aber dennoch an die Größe des Penis binden und diese Größe für die jungen Männer so bedeutsam machen.

Eine andere Facette der Befürchtungen, dass der Penis zu klein ist, bezieht sich auf mögliche Reaktionen und Blicke junger Frauen.[39]

»Ich habe Angst, dass meine Freundin mich wegen der Penisgröße doof ansieht oder auslacht. Und das macht mir Sorgen.«

»Ich bin 16 Jahre alt und habe einen zu kleinen Penis. Er ist halt nur 12 cm lang. Ich weiß zwar, dass mein Penis noch nicht ausgewachsen ist, aber trotzdem finde ich ihn zu klein. Meine Sorge ist, wenn ich irgendwann mit meiner Freundin intimer werde, dass ich sie mit meinem Penis nicht befriedigen kann.«

»Ich bin 13 Jahre alt, und habe einen zu kleinen Penis. Habe nur 8–9 cm wenn er steif ist und das macht mich fertig. Ich habe eine Freundin, und ich habe Angst, dass sie ihn klein findet, und das macht mich langsam depressiv.«

Die jungen Männer befürchten den Spott ihrer ›Freundinnen‹ – sie »lachen« sie aus und sehen sie »doof« an, weil sie den Penis »klein« finden –, aber auch, dass sie die jungen Frauen mit dem

---

39 Im Onlineforum www.erektion.de findet sich eine ausführliche Diskussion unter jungen Männern, wie groß der Penis sein muss, um Frauen zu gefallen. Ausgangspunkt ist die Schilderung eines 17-Jährigen, wie sich junge Frauen in der Sauna über seinen zu kleinen Penis lustig gemacht haben (letzter Zugang 1.3.17).

4 Körperliche Veränderungen junger Männer

»zu kleinen Penis«»nicht befriedigen« können. Das macht »Sorgen«, »Angst«, »langsam depressiv«. Dabei verspricht ein großer Penis den bewundernden Blick von Mädchen:

> »In der Schule meinte ein Mädchen, ich habe einen kleinen Schwanz, weil sie meint, dass sie ihn durch meine Hose beurteilen kann, was ja auch geht. Bei meinem Freund hingegen sieht man einen großen Buckel und bei mir ganz wenig.«

Der junge Mann leidet darunter, dass er in der ›Beurteilung‹ eines Mädchens nur einen »kleinen Schwanz« hat und nicht einen in der Hose wahrnehmbaren »großen Buckel« wie der Freund, möglicherweise für ihn Zeichen von Attraktivität für Frauen.

Neben der Größe des Penis ist – im Beratungsforum weniger häufig genannt – die Beschaffenheit der Samenergüsse eine Quelle von Verunsicherungen und Ängsten. Auch bezogen auf diesen körperlichen Vorgang spielt ein vermutetes Defizit, ein »zu wenig« bzw. »viel zu wenig« eine Rolle: Als besorgniserregend wird die geringe Menge des Spermas erlebt, dabei ist wieder der Vergleich mit Anderen wichtig.

> »Ich bin 13 Jahre alt und es kommt zu wenig Sperma, wenn ich masturbiere, ungefähr ein bis zwei Tropfen, und es kommt nicht mal rausgespritzt. Bei meinem Freund hingegen spritzt es mehr als einen Teelöffel Sperma.«

> »Ich bin 14 Jahre alt und ich denke, dass was mit mir nicht stimmt. Ich masturbiere mehrmals in der Woche und mein Sperma ist viel zu wenig, nur ein paar Tropfen.«

Sperma, das in großer Menge ›rausspritzt‹, ist für diese jungen Männer etwas Positives, davon »viel zu wenig« zu haben, kann mit dem Gefühl verbunden sein, dass etwas »mit mir nicht stimmt«, also abweicht von einer vermuteten Norm, bei der Kraft und Potenz verknüpft sind mit der Menge und Energiegeladenheit des Spermas.

Die übrigen auf den Körper bezogenen Beiträge des Online-Beratungsforums beziehen sich wesentlich auf Fragen zur Beschaffenheit der Hoden und der Vorhaut und machen deutlich, dass für junge Männer Personen – bevorzugt männliche – wichtig sind, mit denen sie Fragen zu ihrer körperlichen Entwicklung besprechen können. Die meisten der geschilderten Probleme werden mit der beruhigenden Feststellung »das ist ganz normal« beantwortet, nur selten wird der Besuch bei einem Urologen empfohlen. Die überwiegende Mehrzahl der Beiträge bezieht sich jedoch auf Fragen nach der Größe des Penis und Befürchtungen, selbst einen zu kleinen zu haben. Deutlich wird der Druck, unter dem junge Männer stehen, einem Bild männlicher Größe und Potenz genügen zu müssen, das sich auch festmacht an ihrer körperlichen Ausstattung und Quelle von auf den Körper bezogenen Gefühlen von Unzulänglichkeit und entsprechender Scham sein kann.

Gesellschaftliche Bedeutungszuschreibungen an den Penis

Die hohe Besetzung des Penis durch junge Männer ist eingebettet in gesellschaftliche Bedeutungszuschreibungen, die dieses Organ symbolisch mit spezifischen – »phallischen«[40] – Qualitäten aufladen: In Gesellschaften mit institutionalisierter Dominanz des Männlichen mit »Machtphantasien, Einfluss und Bedeutung« (Pohl 2004: 229), mit »Größe und Vollkommenheit« (ebd.: 278) – phantasierten Qualitäten, die ihre Nichterfüllbarkeit immer schon in sich tragen und damit auf die Kehrseite der phallischen Aufladung des Penis verweisen. Er ist auch verknüpft mit »Minder-

---

40 In psychoanalytisch orientierten Studien wird unterschieden zwischen dem Penis als »realem Organ des Mannes« und dem »Phallus«, den symbolischen Bedeutungen dieses Organs, die geprägt sind von gesellschaftlichen Männlichkeitsvorstellungen (Laplanche/Pontalis 1982: 386).

wertigkeitsängsten, Verlusterfahrungen und ... Angst zu versagen«
(May, zit. nach Quindeau 2008: 192). Auch wenn gesellschaftliche
Vorstellungen von männlicher Überlegenheit in den vergangenen
Jahrzehnten – in der BRD insbesondere getragen durch das Engagement der zweiten Frauenbewegung seit den 1970er Jahren und
zunehmend auch aufgegriffen von geschlechterkritischen Männern – keine uneingeschränkte Gültigkeit mehr haben, zeigen die
um ihren Penis zentrierten Befürchtungen der jungen Männer
doch, dass Vorstellungen von eigener »Größe« für sie eine zentrale Bedeutung haben. Eine große Rolle spielt dabei der Vergleich
mit anderen jungen Männern, durch den Hierarchien etabliert
werden. »Männlichkeit erfährt ihre Gestalt nicht allein in Relation
zu Weiblichkeit, sondern auch in den sozialen Beziehungen der
Männer untereinander« (Meuser 2005: 313), in denen es gilt, »deren Leistungen und Fähigkeiten ... im Wettbewerb zu überbieten«
(ebd.: 316). Diese »kompetitive Struktur von Männlichkeit« (ebd.:
316) bezieht sich auch auf den Körper. Vorstellungen von eigener
»Größe« – und umgekehrt Scheitern und Versagen – sind in der
Adoleszenz stark an den Penis als Repräsentanten phallischer
Qualitäten gebunden. Männliche Dominanz, der Druck, sich als
überlegen erweisen zu müssen, und die gleichermaßen vorhandenen Versagensängste werden damit in den Körper, in die Fixierung auf den Penis als Symbol von Macht und Potenz, einge-
schrieben. Rolf Pohl weist dabei darauf hin, dass die »Anatomie
... nicht die primäre Quelle der Macht und Hierarchie zwischen
den Geschlechtern (ist), Machtstrukturen aber besetzen und nutzen die Anatomie, um sich in der Konstitution der Geschlechter
durchzusetzen« (Pohl 2004: 247). Im Körper verankert wird eine
Verführung zur Überhöhung des Männlichen und als dessen
Kehrseite die latente Präsenz einer Gefahr zu scheitern.

Die in gesellschaftlichen und kulturellen Geschlechterbildern
verankerte Verknüpfung des Penis mit Macht und Stärke – und
bei nicht erfüllten Ansprüchen mit Scheitern und Versagen –
setzt junge Männer unter Druck, sich stark und überlegen erweisen zu müssen und legt eine spezifische Verarbeitungsform der

mit den körperlichen Veränderungen der Pubertät verbundenen Verunsicherungen nahe: die Betonung von Unabhängigkeit, sexueller Potenz und Stärke, nicht selten auf Kosten eines inneren Bezugs zu eigener Verletzlichkeit, Hilflosigkeit, Angst, Abhängigkeit und Schwäche (vgl. Pohl 2005: 252f.). Wie schwierig für junge Männer – trotz Veränderungen in den Geschlechterbildern in den letzten Jahrzehnten – das Zeigen von allem als schwach, abhängig und leidend Angesehenen auch gegenwärtig noch ist, zeigen die Reaktionen auf die Jugendkultur »Emo«, in der sich junge Männer androgyn und feminin präsentieren (vgl. Teil II, 8). Sie bringen Trauer und Schmerz zum Ausdruck, zeigen sich weich, verletzlich und offen in ihren sexuellen Orientierungen, zum Beispiel durch körperlich-liebevolle und zärtliche Nähe untereinander. Damit werden traditionelle Männlichkeitskonstruktionen bewusst unterlaufen. »Herausragendes Element ist, Emotionen wie Angst und Trauer auf eine Weise zu zeigen, die kulturell bisher eher Mädchen und Frauen vorbehalten geblieben ist« (Schuboth 2013: 95). Insbesondere männliche Gleichaltrige reagieren – in zahlreichen Ländern auch der BRD – aggressiv und zum Teil gewalttätig auf Mitglieder dieser jugendlichen Subkultur, Anfeindungen richten sich »gegen die femininen Anteile der Selbstdarstellungen der Jungen sowie die offene sexuelle Orientierung ..., die hegemoniale Männlichkeitsnormen unterlaufen« (ebd.: 84; vgl. Stauber 2011: 229f.).

Die gesellschaftlich nahegelegte Fixierung der jungen Männer auf den Penis hat auch zur Folge, dass eine Dimension der körperlichen Entwicklungen und des Erlebens ausgeblendet bleibt: die innere Genitalität, wie sie in der Prostata repräsentiert ist. Ilka Quindeau spricht von einer »kulturellen Leerstelle« (Quindeau 2016: 24) bezogen auf die Fokussierung der männlichen Körperlichkeit auf den Penis, die zusammenhängt mit der in gesellschaftlichen Männlichkeitskonstruktionen nahegelegten Abwehr all dessen, was als weiblich konnotiert ist.

Heinrich Deserno zeigt auf der Basis einer psychoanalytischen Fallbeschreibung die Bedeutung, die der Aneignung der inneren

Genitalität – der Prostata als innerer erogener Zone, die unbewusst mit weiblichen Identifizierungen ›angefüllt‹ sein kann[41] – in der Adoleszenz junger Männer zukommt.

>>Auch Männer entwickeln eine Innergenitalität, aus deren konflikthaftem Erleben heraus sie Symptome bilden können, die ihre weibliche Identifizierung unbewusst und konflikthaft ausdrücken; gerade die Adoleszenz ist für die innergenitale Entwicklung von großer Bedeutung, da der ... Adoleszente mit dem Verlust des kindlichen Körpers konfrontiert wird und ... die körperlichen Veränderungen zur Ablösung von den Eltern und zur Entwicklung der eigenen Identität drängen<< (Deserno 2005: 229).

Auch bei diesen Aneignungsprozessen spielen gesellschaftliche Geschlechterverhältnisse und Geschlechterbilder eine Rolle: etwa die in geschlechtsbezogenen Arbeitsteilungen vieler westlicher Gesellschaften immer noch stark verankerte Bindung von emotionaler und körperlicher Nähe – und damit verbunden des Erlebens von Passivität und Abhängigkeit – an die Mutter, d. h. eine Person weiblichen Geschlechts und der Mangel an solchen Erfahrungen mit dem Vater als Vertreter des männlichen Geschlechts (Flaake 2014: 209ff.).

>>Entsprechend schwer kann es in der männlichen Adoleszenz sein, mütterliche und väterliche Identifizierungen zu integrieren und sich den geschlechtsreifen sexuellen Körper sowie die verschiedenen Verbindungen von ›Innen‹ und ›Außen‹ der männlichen Sexualität psychisch anzueignen<< (Deserno 2005: 244; vgl. Flaake 2015).

Die bei vielen jungen Männern wenig ausgeprägte Verknüpfung der ersten Samenergüsse mit Reproduktionsfähigkeit, mit der Möglichkeit, Kinder zeugen zu können, kann als Ergebnis dieser mangelnden Bewusstheit ihrer Innergenitalität gesehen werden.

---

41 Louise Kaplan geht auf der Basis ihrer Erfahrungen als Psychoanalytikerin davon aus, dass viele Jungen »die Hoden als weibliche Organe, wie Brüste oder Eierstöcke« (Kaplan 1991: 51) betrachten. Sie »erinnern den Jungen ... an die Weiblichkeit, Passivität und Schwäche ...«, die er mit (einer) phallisch-narzisstischen Forschheit« (ebd.) zu überspielen versucht.

»Der Entwicklungsschritt von der Phallizität zur Genitalität ... ist ... notwendig, um die reproduktive Dimension der Sexualität mit der phallischen zu verbinden. Wie sich bspw. an der nicht selten nur gering ausgeprägten Bereitschaft zur Verhütung zeigt, fallen diese beiden Dimensionen bei Männern häufig auseinander« (Quindeau 2008: 148).

Die mit der Aneignung ihrer Innergenitalität verbundene Integration als männlich und als weiblich angesehener Identifikationen, die psychische Aneignung »des geschlechtsreifen sexuellen Körpers (mit den)... verschiedenen Verbindungen von ›innen‹ und ›außen‹ der männlichen Sexualität« (Deserno 2005: 244), kann zu einem flexiblen geschlechtlichen Selbsterleben führen, das auch als weiblich definierte, aus Identifikationen mit der Mutter stammende Anteile umfasst.

5

Einschränkung von Entwicklungsmöglichkeiten durch gesellschaftliche
Normalitätserwartungen: Bedeutung
des binär organisierten Systems
der Zweigeschlechtlichkeit und der
sozialen Norm der Heterosexualität

Leiden an der sozialen Ordnung
der Zweigeschlechtlichkeit

Die zentralen körperlichen Veränderungen der Pubertät sind gesellschaftlich unterschiedlichen, einander polar entgegengesetzten und sich ausschließenden Geschlechterpositionen zugeordnet: die erste Regelblutung und das Wachsen der Brüste einem Zur-Frau-Werden, Barthaare, Stimmbruch, Erektionen und die ersten Samenergüsse einem Zum-Mann-Werden. Damit wird für Jugendliche das binär organisierte Geschlechtersystem auf neue und nachhaltigere Weise als bisher wirksam: Sie stehen vor der Anforderung, sich entweder als weiblich oder als männlich zu sehen. Geschaffen wird ein »enormer Eindeutigkeits- bzw. Vereinseitigungsdruck ... in der Pubertät« (Stauber 2012: 62). Das kann besonders für die Jugendlichen problematisch und konflikthaft sein, die sich bis zur Pubertät geschlechtlich nicht eindeutig verorten wollten oder konnten: entweder weil ihr Körper sich – wie es bei der von Carolin Emcke beschriebenen Jugendlichen der Fall war – nicht eindeutig zuordnen lässt, ihr Selbsterleben nicht den geschlechtsbezogenen Definitionen des Körpers entspricht, oder aber weil sich das Selbstgefühl auf beide Geschlechter richtet und sich damit einer eindeutigen Zuordnung entzieht (vgl. die ausführliche Diskussion dieses Themas bei Becker 2018).[42] Wie be-

---

42 Menschen, die sich mit der Geschlechtsrolle, die ihnen – meist bei der Geburt und in der Regel anhand der äußeren Geschlechtsmerkmale – zugewiesen wurde, nur unzureichend oder gar nicht beschrieben fühlen, werden in der Literatur – und auch als Selbstbezeichnung verwendet – mit dem Begriff »Transgender« gefasst. »›Transgender‹ wird zumeist als Oberbegriff verwendet, unter den so unterschiedliche Phänomene subsumiert werden wie Transsexualität, Transvestitismus, Intersexualität, Cross-Dresser, bewusst androgyne Menschen, Bigender, Drag Kings und Drag Queens« (Rauchfleisch 2011: 410; zur Definition der Begriffe vgl. http://www.queerformat.de/fileadmin/user_upload/news/120622_Sexuelle-

drohlich es für Jugendliche ist, wenn sie mit der Pubertät zu einer eindeutigen geschlechtlichen Verortung aufgefordert sind, die ihrem Selbsterleben nicht entspricht, zeigt sich in Beiträgen der Online-Beratungsforen.[43] Dabei schildern sowohl als Jungen als auch als Mädchen Klassifizierte ihre entsprechenden Ängste und Verunsicherungen.[44]

Jugendliche, die dem männlichen Pol der binären Geschlechterordnung zugeordnet sind, sich damit aber unwohl fühlen, beschreiben ihre Probleme so:

»Ich bin 16 Jahre alt. Ich habe schon seit ich ungefähr 14 Jahre alt bin das Verlangen, mich wie ein Mädchen zu benehmen, anzuziehen, zu schminken und mir lange Haare wachsen zu lassen. Zuerst habe ich es für eine Phase gehalten. Doch mein Verlangen danach wurde mit der Zeit immer stärker. Ich möchte nur so aussehen wie ein Mädchen. Gegen meinen Körper habe ich nichts. Ich möchte keine Geschlechtsumwandlung. Ich

---

Vielfalt_Glossar.pdf; letzter Zugang 22.3.17). Keine der Transgender-Formen ist ›therapierbar‹ im Sinne einer Versöhnung mit den biologischen Gegebenheiten (vgl. Rauchfleisch 2011: 411).

43 Die Bedeutung der Pubertät für geschlechtsbezogene Zuweisungen wird anschaulich beschrieben von zwei in Kanada lebenden Transgenderpersonen. Beide fühlten sich – wie auch viele andere mit dieser Orientierung – schon vor der Pubertät in dem ihnen bei der Geburt zugewiesenen Geschlecht – bei den beiden dem weiblichen – nicht wohl, mit der Pubertät steigt jedoch der Druck, sich ganz diesem Geschlecht zugehörig zu fühlen. »Ich hatte angefangen, meinen Körper zu hassen. ... Ich wollte so weit wie möglich weg von dem, was ich jetzt war. ... Ich versuchte meinen Körper davon abzuhalten, eine Frau zu werden« (Spoon/Coyote 2015: 88). Zu Erlebensweisen intergeschlechtlicher Menschen vgl. die Studie von Kaszta/Reutlinger 2018.

44 Alle Zitate in diesem Kapitel sind dem Online-Beratungsforum www.beratung4kids.de entnommen; letzter Zugang 28.2.17. Auch bei diesen Beiträgen muss berücksichtigt werden, dass sie wahrscheinlich von Jugendlichen aus einem eher privilegierten sozialen Milieu stammen (vgl. Teil I, 2). Seit März 2017 gibt es beim Online-Beratungsforum »beratung4kids« neben den Bereichen »Jungen« und »Mädchen« einen eigenen Bereich »Trans*«.

werde auch von jedem und vor allem von meinen Eltern in die Rolle eines Jungen gepresst. Das möchte ich aber nicht.«

»Ich bin 14 Jahre alt und habe schon immer gespürt, dass ich das falsche Geschlecht habe. Seit ich denken kann wäre ich schon immer lieber ein Mädchen gewesen. Ich verkleidete mich auch gerne heimlich und schminke mich, aber ich merke, dass es eher etwas Körperliches ist.«

»Eigentlich bin ich ein Junge, fühle mich aber immer mehr wie ein Mädchen. Ich schminke mich heimlich oder ziehe Mädchensachen an.«

»Ich werde bald elf Jahre alt. Und ich möchte lieber ein Mädchen sein. Ich mag meinen Penis nicht, der nervt und ist eklig. Mich verwirrt das. Ich will Marie heißen und nicht Mark und will Mädchensachen tragen.«

Ähnlich äußern sich Jugendliche, die sich am weiblichen Pol der binären Geschlechterordnung unwohl fühlen:

»Ich fühle mich eigentlich schon immer männlich. Allgemein trage ich auch Jungsklamotten. Ich würde auch gerne einen Penis haben und keine Vagina. Ich sehe mich auch als Jungen an und nicht als Mädchen.«

»Ich bin 13. Ich fühle mich schon lange wie ein Junge. Ziehe mich an wie ein Junge, benehme mich wie ein Junge und stehe auf Mädchen. Ich fühle mich einfach unwohl in meinem Körper.«

»Ich bin ein Mädchen, aber ich will es eigentlich nicht sein. Ich wäre lieber ein Junge. Ich versuche auch so auszusehen. Ich hasse alles Mädchenhafte an mir.«

»Seit ich in die Pubertät gekommen bin, so ungefähr mit zwölf, habe ich mich immer unwohler in meinem Körper gefühlt. Je weiblicher ich aussah, desto schlechter ging es mir, und desto mehr wünschte ich mir, jemand anderes zu sein. Bis ich 14 war, habe ich versucht, mich sehr weiblich zu kleiden, mich zu schminken, lange Haare zu tragen. Weil ich dachte, dass das Gefühl im falschen Körper zu stecken, irgendwann weg geht. Aber das ist es nicht.«

In den Schilderungen kommt das Leiden an den Gestaltungs- und Verhaltensanforderungen, häufig auch an den körperlichen Gegebenheiten des zugewiesenen Geschlechts zum Ausdruck, verbunden mit dem Wunsch, wie das Geschlecht am anderen Pol der binär organisierten Zuordnungen zu leben: sich – von Seiten der als »Jungen« Klassifizierten –»wie ein Mädchen zu benehmen, anzuziehen, zu schminken und ... lange Haare« zu tragen, sich zu ›schminken‹, zu ›verkleiden‹, »Mädchensachen« anzuziehen, und – von Seiten der als »Mädchen« Klassifizierten –»Jungsklamotten« zu tragen, sich ›anzuziehen‹ und zu ›benehmen‹ wie ein ›Junge‹, so »auszusehen« wie ein »Junge«. Bei einigen wird das Bedürfnis deutlich, lieber im Körper des anderen Geschlechts leben zu wollen und den eigenen abzulehnen: Es gibt das Gefühl, ›körperlich‹»das falsche Geschlecht« zu haben, im »falschen Körper zu stecken«, sich ›unwohl‹ im »Körper« zu fühlen, einen »Penis haben« zu wollen »und keine Vagina«, den eigenen »Penis« als ›nervig‹ und »eklig« zu erleben. In einer Schilderung wird betont, dass es nur um das ›Aussehen‹ und Verhaltensanforderungen geht –»in die Rolle eines Jungen gepresst« zu werden – gegenüber dem Körper gibt es jedoch keine Vorbehalte: »Gegen meinen Körper habe ich nichts.«[45]

Der größte Teil der Schilderungen bleibt an die polare Entgegensetzung der Geschlechter gebunden: als »Jungen« Klassifizierte möchten lieber als »Mädchen« leben und umgekehrt. Es gibt aber auch Schilderungen, in denen ein Dazwischen, ein Unentschie-

---

45 Diese von den Jugendlichen beschriebenen Erlebensweisen werden in der medizinisch-psychologischen Literatur unter dem Begriff »Transidentität« oder »Transsexualität« gefasst. »Den Kern ... bilden die Überzeugung, dem Gegengeschlecht anzugehören, und der Wunsch, als Zugehörige des anderen anatomischen Geschlechts zu leben und anerkannt zu werden« (Rauchfleisch 2011: 412). Zur Häufigkeit liegen nur vage Schätzungen vor. »Die Inzidenzrate liegt bei etwa 1:40.000 (bei Frauen 1:30.000–100.000, bei Männern 1:11.900–45.000)« (ebd.: 412). Udo Rauchfleisch weist darauf hin, dass sich bei transidenten Menschen das ganze Spektrum von psychischer Gesundheit bis Krankheit findet. Dabei sind die Ursachen der transidenten Entwicklung unbekannt (ebd.: 412).

densein beschrieben wird: ein »zwischen den beiden Welten« stehen, sich ›weder als Junge‹ noch ›als Mädchen‹ zu ›fühlen‹:

> »Ich werde 16. Ich habe mich noch nie wirklich als Junge gefühlt, aber auch noch nie als Mädchen. Es ist so, als stände ich zwischen den beiden Welten. Ich habe die Frage nach meiner Geschlechtsidentität immer gemieden, aber je älter ich werde, desto mehr erdrückt sie mich. Was bin ich? Gefühlt bin ich weder Junge noch Mädchen.«

In allen Schilderungen – solchen, in denen es primär um geschlechtsbezogene Selbstgestaltungen und Verhaltensweisen geht, denjenigen, in denen der eigene Körper abgelehnt und der des anderen Geschlechts gewünscht wird, und denjenigen, in denen ein »zwischen den beiden Welten«, ein Selbsterleben, das sich der Verortung an einem Pol der binär organisierten Geschlechterordnung entzieht, beschrieben wird – zeigt sich die große psychische Belastung, die mit einem Selbsterleben verbunden ist, dass nicht den Zuweisungen der polarisierten Geschlechterordnung entspricht. Berichtet wird von großer Verzweiflung, dem Gefühl von Ausweg- und Hoffnungslosigkeit, von Depressionen und selbstverletzendem Verhalten.

> »Ich weiß nicht mehr weiter. Das ist ein extremer psychischer Druck. Mir geht es nur gut, wenn ich diese Fragen verdränge, was mir aber nicht lange gelingt.«

> »Ich kann so einfach nicht mehr.«

> »Ich weiß nicht mehr was ich tun soll.«

> »Was soll ich machen?«

> »Ich bin total depressiv geworden, weil ich nicht so sein kann und darf wie ich will. Ich habe auch schon angefangen mich zu ritzen.«

> »Ich brauche dringend eure Hilfe. Ich halte das nicht mehr lange so aus.«

> »Ich weiß nicht was ich machen soll.«

Deutlich wird bei einigen das Gefühl, mit den Problemen alleine zu sein, keinen sozialen Ort für das eigene Erleben zu haben, mit niemandem über das als abweichend Wahrgenommene sprechen zu können.

»Ich traue mich nicht, mit anderen darüber zu sprechen.«

»Ich habe nie jemandem davon erzählt, aus Angst vor meinem Umfeld. Ihr seid die ersten, denen ich es erzähle.«

Dabei spielen auch abwertende und verletzende Kommentare Anderer, z. B. in der Schule, eine Rolle:

»In der Schule wurde ich schon immer ›Schwuchtel‹, ›Transe‹ und ähnliches genannt. Daraus ist großer Selbsthass entstanden.«

Besondere Bedeutung haben die Reaktionen der Eltern. Einige schildern ihre Angst, sich den Eltern zu öffnen, andere berichten von sie verletzenden Äußerungen der Eltern, wenn diese bemerken, dass ihr Kind den geschlechtsbezogenen Normen nicht entspricht: von »Beschimpfungen«, Äußerungen wie »du bist nicht mehr meine Tochter« oder »mein Sohn ist unnormal«[46]:

---

46 Personen, die sich nicht in ihrem bei der Geburt zugewiesenen Geschlecht zu Hause fühlen, sondern sich in ihrer Selbstverortung zum Gegengeschlecht hingezogen fühlen, können für ihre Umwelt verunsichernd sein und entsprechend auf ablehnende oder auch aggressive Reaktionen treffen. Transidente »lösen in ihrem privaten und beruflichen Umfeld wie auch bei Professionellen oft große Irritationen aus, da sie die für unsere Gesellschaft typische Dichotomisierung und Kategorisierung der Geschlechter radikal infrage stellen und zeigen, dass die herkömmliche Trennung zwischen dem biologischen (sex) und dem sozialen Geschlecht (gender) mit der mit dieser Trennung verbundenen Neigung zur ›Ontologisierung‹ und ›Naturalisierung‹ der Zweigeschlechtlichkeit fragwürdig ist« (Rauchfleisch 2011: 413). Jugendliche trifft diese Ablehnung besonders hart, da sie sich in einer Lebensphase befinden, die mit großer psychischer Labilisierung und Verletzlichkeit verbunden ist.

»Mit diesem Schritt (sich männlich zu kleiden, K.F.) kamen von der Seite meiner Mutter immer mehr Beschimpfungen, von wegen du bist nicht mehr meine Tochter. Das macht mich einfach nur fertig.«

»Mit 15 habe ich es meinen Eltern erzählt. Meine Mutter hat gesagt: Mein Sohn ist unnormal. Das hat mich sehr verletzt. Danach haben wir nie wieder darüber gesprochen.«

»Ich weiß einfach nicht, wie ich es meiner Mutter sagen soll. Ich habe solche Angst, dass sie mich dann nicht mehr akzeptiert.«

»Ich habe Angst, meiner Mutter davon zu erzählen, dann ist sie noch mehr enttäuscht von mir.«

Deutlich ist der Wunsch, den Eltern von der eigenen Befindlichkeit erzählen zu können und dabei auf Verständnis zu treffen: der Wunsch, von den Eltern ›so akzeptiert‹ zu werden, wie man ›ist‹ und sich ›fühlt‹, ›unterstützt‹ zu werden, um sich dann »befreiter fühlen« zu können und sich nicht »mehr verstecken« zu müssen:

»Ich würde sehr gern einfach mal mit meinen Eltern über das Thema reden, denn ich glaube, danach würde ich mich auf jeden Fall befreiter fühlen und mich auch nicht mehr verstecken müssen. Ich will einfach, dass meine Eltern mich so akzeptieren wie ich bin und wie ich mich fühle. Ich würde mir wünschen, dass sie mich unterstützen.«

Einige berichten von Situationen, in denen sie sich so gekleidet und verhalten haben, wie sie sich fühlen. Deutlich wird das Befreiende solcher Situationen: »voll wohlgefühlt«, sich »sehr viel besser« gefühlt, »glücklich« gewesen zu sein sind Ausdrucksformen für dieses Befreiende:

»Ich habe mich auch schon mal wie ein Mädchen angezogen und habe mich voll wohlgefühlt.«

»Ich kleide mich nun immer mehr wie ein Kerl und fühle mich damit sehr viel besser. Nicht als Mädchen erkannt zu werden macht mich irgendwie glücklich.«

In einigen Schilderungen deutet sich an, dass das Schwanken zwischen den Polen der Geschlechterdichotomie auch eine Facette adoleszenter Suchbewegungen auf dem Weg der Entwicklung eines eigenen Selbstverständnisses und Selbstbewusstseins sein kann:

> »Ich bin 17 Jahre alt und denke in letzter Zeit darüber nach, ob ich nicht lieber ein Junge wäre. Ich hatte eigentlich nie das Bedürfnis danach, aber ich mag meinen Körper nicht, hätte lieber einen maskulineren, meine Brüste mag ich nicht, ich habe kurze Haare, trage nicht sehr feminine Kleidung und ich mag Männerstimmen total gerne. Ich singe sehr viel und genau dann wünsche ich mir, auch eine tiefere zu haben. Ich weiß nicht, ob ich lieber ein Junge wäre, keine Ahnung. Ich habe einfach keine Ahnung, wer ich als Mensch sein möchte.«

Geschildert wird die Unsicherheit – »keine Ahnung« – über die Richtung der gewünschten eigenen Entwicklung – »wer ich als Mensch sein möchte« –, dazu gehört auch die Frage, ob man in der zugewiesenen Geschlechterposition richtig ist: die Überlegung, »ob ich nicht lieber ein Junge wäre«. Wie in einem inneren Dialog wird das Für und Wider einander gegenüber gestellt: Einerseits gab es »eigentlich nie das Bedürfnis danach«, andererseits gefällt der eigene Körper nicht – »hätte lieber einen maskulineren, meine Brüste mag ich nicht« –, auch das eigene Aussehen ähnelt dem des anderen Geschlechts – »ich habe kurze Haare, trage nicht sehr feminine Kleidung« –, und das andere Geschlecht hat etwas, das attraktiv gefunden wird und nur bei diesem Geschlecht vermutet wird. »Ich mag Männerstimmen total gerne. Ich singe sehr viel und genau dann wünsche ich mir, auch eine tiefere zu haben.« Im Schwanken zwischen den Geschlechterpositionen kommt auch ein Element adoleszenter Größenphantasien und Vorstellungen von unbegrenzten Entwicklungsmöglichkeiten[47] zum Ausdruck: der Wunsch, alles haben und sein zu können, das

---

47 Insbesondere Mario Erdheim hat auf die Bedeutung von Größenphantasien in der Adoleszenz und ihre produktive Kraft hingewiesen (Erdheim
   1982).

andere Geschlecht »genau dann« sein zu wollen, wenn es etwas gibt, das nur dieses Geschlecht zu besitzen scheint, in dieser Schilderung die »tiefere« ›Männerstimme‹.

In einer anderen Schilderung wird das Ringen mit gesellschaftlich vorgegebenen polarisierenden Kategorien deutlich, die das Fließende adoleszenter Suchbewegungen und damit verbundener Entwicklungsspielräume begrenzen.

> »Ich bin 13 Jahre alt. Manchmal verhalte ich mich wie ein Mädchen. Wenn zum Beispiel im Sportunterricht ein Ball auf mein Gesicht zufliegt, quieke ich meistens wie ein Mädchen anstatt den Ball zu fangen. Aber gestern war ich mit zwei Freunden auf der Kirmes, und da hab ich mich anders verhalten. Anstatt rum zu schreien habe ich mit dem Luftgewehr geschossen und war beeindruckt wie viel Spaß das macht. Das passt ja gar nicht zum Verhalten eines Mädchens. Ist jetzt meine Verhaltensweise schwul und warum bin ich manchmal wie ein normaler Junge, auch wenn ich mich meistens wie ein Mädchen verhalte?«

Angelehnt an gesellschaftliche Stereotypisierungen wird das eigene Verhalten manchmal wie das eines »Mädchens« beschrieben – »ich ... quieke ... wie ein Mädchen anstatt den Ball zu fangen« –, dann aber auch wie das eines ›Jungen‹: »Ich ... habe ... mit dem Luftgewehr geschossen und war beeindruckt wie viel Spaß das macht. Das passt ja gar nicht zum Verhalten eines Mädchens.« Es entsteht die Frage nach der Einordnung in gesellschaftliche Kategorien: »Ist jetzt meine Verhaltensweise schwul und warum bin ich manchmal wie ein normaler Junge, auch wenn ich mich meistens wie ein Mädchen verhalte?«[48] Adoleszente Suchbewegungen werden klassifiziert und damit bewertet: »schwul«, »Mädchen« und »normaler Junge« – mit der Kennzeichnung ›normal‹ das

---

48 In diesem Beispiel wird die Problematik sich ständig erweiternder Klassifikationen von Geschlechtern und Sexualitäten deutlich. Rüdiger Lautmann plädiert vor diesem Hintergrund für ein Denken in Alteritäten, der gleichberechtigten Verschiedenheit mit fließenden Übergängen, das die Definition immer neuer abweichender Formen ablösen könnte (Lautmann 2015).

normative Leitbild bezeichnend, das Verhaltensmöglichkeiten, wie in der Schilderung deutlich wird, beschneidet und einengt.

Die Möglichkeit, ihre verwirrenden Gefühle, ihre Ängste und Scham in einem anonymen, aber wertschätzend-unterstützenden Rahmen – wie es ein Online-Beratungsforum darstellt – äußern zu können, ist für Jugendliche sehr wichtig. Viele bedanken sich für die Antworten und schildern ihre Erleichterung zu erfahren, dass sie mit ihrem Erleben nicht alleine sind, dass es viele gibt, die ähnlich fühlen und dass es im Bereich des geschlechtsbezogenen Erlebens kein »normal« und »unnormal« gibt. In den Beratungen werden die Jugendlichen auch ermutigt, ihre kleidungs- oder verhaltensbezogenen Vorlieben auszuprobieren[49], zu erproben, wie sie sich – ohne Blick auf die Umgebung – wohl fühlen, zudem sich Unterstützung bei anderen zu holen, von denen vermutet werden kann, dass sie offen sind für einen flexiblen Umgang mit Geschlechterkategorien.

»Damit bist du nicht alleine! Es gibt viele Menschen, die sich nicht den binären Geschlechtern zuordnen können/wollen. Aus deinem Text geht hervor, dass du gesellschaftlich eine männliche Rolle lebst. Hast du mal versucht, wie es sich für dich anfühlt, feminin gekleidet zu sein? Vielleicht könntest du das mal alleine zuhause vor dem Spiegel versuchen. Ich kann nachvollziehen, dass es sehr wehtut, wenn die Familie nicht hinter einem steht. Das wichtigste ist jedoch, dass du dich mit dir wohl fühlst. Vielleicht schaffst du es ja, dich einem deiner Freunde anzuvertrauen. Wenn sie ebenfalls mit dem Thema Queer zu tun haben, denke ich, dass sie für deine Situation Verständnis haben werden und dich unterstützen, deinen Weg zu finden! Weiterhin werden das Team und ich dich natürlich auch gerne weiter beraten!«

---

49 Udo Rauchfleisch weist aus psychologischer Perspektive darauf hin, dass Transgenderpersonen umso weniger Probleme haben, je selbstbewusster sie auftreten (Rauchfleisch 2011: 411). Insofern können die Ratschläge der Online-Beratungsforen, die zum offensiven Erproben dessen ermutigen, was selbst als passend erlebt wird, für die Jugendlichen eine große Bedeutung auf dem Wege ihrer Selbstfindung haben.

»Es gibt kein normal oder unnormal. Egal ob hetero, homosexuell, Trans... du bleibst ja trotzdem du.«

Wichtig für die Jugendlichen ist auch zu erfahren, dass es soziale Orte gibt, in denen sie mit ihrem Erleben selbstverständlich präsent sein können.[50] So sind in einer Reihe von Städten in der BRD in den vergangenen Jahren soziale Zusammenhänge entstanden, in denen sich Personen, die nicht den gesellschaftlich nahe gelegten Geschlechter- und Begehrenskategorien entsprechen, treffen und austauschen können.[51] Damit wird öffentlich sichtbar, dass es Erlebens- und Lebensweisen jenseits des binär organisier-

---

50 Eine große Bedeutung für die Öffnung bisher polar definierter Geschlechterkategorien hin zu der Vorstellung eines Kontinuums hat die im November 2017 gefällte Entscheidung des Bundesverfassungsgerichts, nach der die aktuelle Regelung zum Geschlechtseintrag in den binären Kategorien ›weiblich‹ und ›männlich‹ verfassungswidrig ist. Bis Ende 2018 soll das Personenstandsgesetz entsprechend geändert werden.

51 So gibt es für Transgenderpersonen zahlreiche Selbsthilfeorganisationen, Internetplattformen, Publikationsforen und regelmäßige regional ausgerichtete Möglichkeiten, sich zu treffen, zum Beispiel in Form von Stammtischen. Unter der Abkürzung LSBTI – sie steht für lesbisch, schwul, bisexuell, transsexuell, intersexuell und wird manchmal noch erweitert um ein weiteres T für transgender oder ein Q für queer – finden sich eine Reihe von Initiativen und sozialen Zusammenhängen für Personen, deren Selbstverständnis und Selbsterleben dem binär organisierten System der Zweigeschlechtlichkeit und der Norm der Heterosexualität nicht entspricht. Speziell auf Jugendliche bezogen bietet das bundesweite »Jugendnetzwerk Lambda e. V.« – ein Verband für lesbische, schwule, bisexuelle, trans*, inter* und queere Jugendliche und junge Erwachsene – Beratungsmöglichkeiten, Freizeit- und Vernetzungsangebote und Schulungen für Professionelle an. Für Sachsen-Anhalt liegen die Ergebnisse eines qualitativen Forschungsprojekts zur Lebenssituation transidenter Kinder und Jugendlicher vor (Schumann/Linde-Kleiner 2014). Zu Angeboten in pädagogischen Räumen vgl. die Beiträge der Fachtagung des Antidiskriminierungsprojekts »Schule der Vielfalt«, http://www.schule-der-vielfalt.de/17-04-Fachaustausch-Doku.pdf sowie die Internetbeiträge dieses Projekts, das zunächst in Nordrhein-Westfalen verankert war und

ten Systems der Zweigeschlechtlichkeit gibt – öffentliche Räume, die dazu beitragen können, dass Jugendliche freier werden in der Ausgestaltung ihres körperbezogenen Erlebens. (Zu Versuchen, außerhalb des Systems der Zweigeschlechtlichkeit zu leben, vgl. die Erfahrungsberichte in Spoon/Coyote 2015).

Das Fließende des Begehrens – Bedeutung der normativen Dominanz von Heterosexualität

Mit der Pubertät wird gesellschaftlich eine heterosexuelle Bezogenheit der Geschlechter aufeinander nahegelegt, die dem Fluktuierenden des Begehrens in dieser Lebensphase nicht Rechnung trägt und auf das eigene Geschlecht gerichtete sexuelle Wünsche und Fantasien für die Jugendlichen schambesetzt machen und entsprechende Erfahrungsmöglichkeiten beschneiden kann (zu einer ausführlichen Darstellung der sexuellen Wünsche und Fantasien von Jugendlichen vgl. Wendt 2019). Solche Prozesse der Strukturierung von Begehrensmustern durch gesellschaftliche und kulturelle Vorgaben werden in Carolin Emckes autobiografisch gefärbten Schilderungen deutlich. Auch wenn Liebesbeziehungen unter Personen gleichen Geschlechts kaum mehr gesellschaftlichen Tabus unterliegen, homosexuell Lebende in der Öffentlichkeit präsent sind und selbstbewusst zu ihrer sexuellen Orientierung und Lebensweise stehen, zeigen empirische Studien mit Jugendlichen in der BRD doch, dass sich Vorbehalte erhalten haben, wenn es um die Möglichkeit eigener homosexueller Erfahrungen geht. Entscheidend ist das Erleben einer Abweichung vom als normal Definierten – denn homosexuell orientierte Jugendliche sind weiterhin

---

scit 2015 als Bundesnetzwerk organisiert ist (http://www.schule-der-vielfalt.de/projekte.htm; letzter Zugang 16.6.2018).

die ›Anderen‹, ihre Lebensweise ist nicht ebenso selbstverständlich wie die heterosexuelle (vgl. z. B. Götsch 2014; Krell/Oldemeier 2016; für junge Männer Hippmann/Aktan 2017). Vorherrschend ist eine »Norm der tolerierenden Heterosexualität« (Götsch 2014: 252), durch die andere sexuelle Orientierungen zwar akzeptiert, Heterosexualität und das heterosexuelle Paar aber weiterhin als das Selbstverständliche gesehen werden.

Insbesondere für junge Männer ist es schambesetzt und bedrohlich, wenn sie erleben, dass sich ihr Begehren auf Personen des gleichen Geschlechts richtet. In Online-Beratungsforen ist die Befürchtung, deshalb »schwul« zu sein, ein zentrales Thema. In zahlreichen Schilderungen scheint sich der Penis durch Erektionen den bewussten Orientierungen der jungen Männer zu widersetzen, z. B. beim Anblick anderer junger Männer beim gemeinsamen Duschen nach dem Sport oder gemeinsamen Übernachten.[52]

> »Ich bin 15 Jahre alt. Einige meiner Kumpels finde ich sehr geil, und wenn ich sie nackt sehe, wird mein Teil oft steif. Ich krieg das nicht unter Kontrolle. In der Umkleide dreh ich mich immer in die Ecke. Ich schäme mich halt. Ich glaub ich bin schwul. Bei uns gibt es einen Weiher, da wird auch nackt gebadet, aber ich will dort nicht ständig mit einem Pfeil rumlaufen, wenn ich mit meinen Kumpels dort bin. Wenn sie mich mit einem Pfeil rumlaufen sehen, schmeißen sie mich doch hochkant raus.«

> »Ich bin zwölf. Ich hab einen Freund und er übernachtet in den Ferien öfters bei mir. Dann laufen wir auch mal im Haus nackt rum. Und wenn ich ihn dann so sehe, schau ich mir manchmal seinen Penis an und oft wird dann meiner steif. Ist das schlimm?«

---

52 Alle Zitate in diesem Kapitel sind dem Online-Beratungsforum www.be ratung4kids.de; Bereich Jungs; Jungs und ihre Pubertät, entnommen (letzter Zugang 28.2.17). Wie bei allen Beiträgen in Online-Beratungsforen muss auch bei diesen Beiträgen berücksichtigt werden, dass sie wahrscheinlich eher von Jugendlichen aus einem privilegierten sozialen Umfeld stammen (vgl. Teil I,2).

»Ich habe ein Problem, ich finde Mädchen ganz toll, aber irgendwie bekomme ich immer nach dem Sport, wenn wir duschen, ne Latte, wenn ich die anderen Jungs nackt sehe, besonders bei einem Freund ist es immer so, dass ich sehr erregt bin. Ich hab mir schon oft die Frage gestellt, ob ich schwul sein könnte. Ist das denn normal oder krankhaft? Was kann ich tun?«

Die spontanen und nicht steuerbaren Reaktionen des Penis – »ich krieg das nicht unter Kontrolle« – werden als stark verunsichernd erlebt, auch wenn »Mädchen ganz toll« gefunden werden. Es wird von ›Scham‹ und der Befürchtung, »schwul« zu sein und »hochkant raus« ›geschmissen‹ zu werden, berichtet, es taucht die Frage auf, ob das »normal«, »schlimm« oder »krankhaft« ist, und der Wunsch nach einem die Situation erleichternden Rat: »Was kann ich tun?«

In zahlreichen Schilderungen geht es um Situationen mit anderen Jungen und jungen Männern, z. B. Situationen gemeinsamer Selbstbefriedigung, die als zugleich erregend und bedrohlich erlebt werden, bedrohlich, weil sie mit der Befürchtung, »schwul« zu sein, und entsprechenden Ängsten verbunden sind.

»Ich will einfach nicht schwul sein und habe panische Angst davor, es doch sein zu können. Das Problem quält mich jetzt seit fast einer Woche und ich brauche dringend Hilfe, sonst werde ich noch verrückt.«

»Jetzt weiß ich nicht, was ich denken soll, ob ich schwul bin. Ich wollte das ja gar nicht.«

»Ich fühle mich irgendwie voll komisch. Ich weiß, dass ich nicht schwul bin. Aber ist das normal, dass man das macht? Irgendwie fühle ich mich jetzt richtig beschissen, angeekelt und verwirrt.«

»Es bedrückt mich sehr stark, ich kann mein Leben mit dem Gedanken, schwul zu werden, nicht gut genießen.«

»Ich habe seitdem immer ein komisches Gefühl im Bauch. Was kann ich dagegen tun? Ich weiß einfach nicht weiter.«

Deutlich wird in den Schilderungen, dass es für junge Männer – trotz einer in öffentlichen Diskussionen feststellbaren Offenheit für unterschiedliche Begehrensweisen – nicht selbstverständlich ist, auf das eigene Geschlecht gerichtete Wünsche und Phantasien zu haben und sie in als lustvoll erlebten Handlungen umzusetzen.[53] Es ist die Rede von »panischer Angst« davor, schwul »sein zu können«, das »Leben« dann nicht mehr »genießen« zu können, der Befürchtung, »verrückt« zu werden, von sich »beschissen, angeekelt und verwirrt« zu fühlen, einem Erleben ›starker Bedrückung‹ und ›Qual‹, »einfach nicht weiter« zu ›wissen‹ und »dringend Hilfe« zu brauchen. Gewünscht wird eine Antwort auf die Frage, ob das »normal« ist, aber auch, »was« man »dagegen« – wohl gegen das Verführerische der Anziehung durch das eigene Geschlecht – »tun« kann. Deutlich wird bei einigen das Bemühen, das zugleich als lustvoll und bedrohlich Erlebte durch den eigenen ›Willen‹ unter Kontrolle zu bekommen bzw. sich zu beruhigen mit dem Verweis auf das dem eigenen ›Willen‹ Zuwiderlaufende der als erregend erlebten Handlungen: »Ich will einfach nicht schwul sein«, »Ich wollte das ja gar nicht«. »Ich weiß, dass ich nicht schwul bin«, versucht ein anderer seine starken Ängste durch sein ›Wissen‹, seine wohl vernunftgeleitete Überzeugung zu beruhigen. Für einige junge Männer ist der Gedanke tröstlich, eventuell »bisexuell« zu sein. »Bin ich wegen dieser Tätigkeiten schwul oder ist das nur bi?«, fragt sich ein junger Mann, für den die Kategorie »bisexuell« – ähnlich wie für andere – weniger bedrohlich ist als die, »schwul« zu sein:[54] Er ist »nur bi«.

---

53 Die negative Haltung junger Männer gegenüber Homosexualität zeigt sich in einer 2002 durchgeführten empirische Studie: »71% der Jungen zwischen 12 und 17 (finden) Lesben und Schwule ›nicht‹ oder ›überhaupt nicht gut‹« (Timmermanns 2007: 48).

54 In einer 2001 erschienenen Untersuchung wird festgestellt, dass »gerade jugendliche männliche Migranten bei der sozialen Konstruktion ihrer Männlichkeit auf Homosexuelle mit besonderer Ignoranz, Ausgrenzung und Gewalt reagieren« (Spindler, zit. nach Hippmann/Aktan 2017: 137).

Die Antworten des Beratungsteams zielen darauf ab, Ängste vor einem möglichen »Schwulsein« zu mildern durch den Hinweis auf das Fließende des Begehrens in der Adoleszenz, aber auch durch eine Enttabuisierung des auf das eigene Geschlecht gerichteten Begehrens. Im Vordergrund steht das Bemühen, den Jugendlichen Vertrauen in ihre Gefühle zu vermitteln und sie zu ermutigen, ein Begehren zu leben, mit dem sie sich wohlfühlen. »Es ist dein Leben. Und nicht das der Anderen und von daher muss im Vordergrund stehen, dass du dich mit deinem Leben wohlfühlst« – so der Rat an einen jungen Mann, der »sehr Angst« hat, »schwul« zu sein, und negative Reaktionen aus seiner Umgebung fürchtet.[55]

Die zitierten Befürchtungen junger Männer, schwul zu sein, wurden geäußert im allgemeinen Bereich »Jungs und ihre Pubertät« des Online-Beratungsforums »beratung4kids«, zudem gibt es in diesem Forum einen Bereich »Jungs lieben Jungs«, in dem es wesentlich um Probleme des »coming outs« geht, um die Art und Weise, wie anderen die eigene sexuelle Orientierung mitgeteilt werden kann. In diesem Bereich wünschen sich junge Männer Unterstützung, die sich ihrer sexuellen Orientierung relativ sicher sind. Junge Frauen äußern ihre Probleme, die sich aus ihrem auf

---

Da keine Aussagen gemacht werden können über den sozialen Hintergrund der Jugendlichen, die sich mit Wünschen nach Unterstützung an das Online-Beratungsforum wenden, muss in diesen Analysen offen bleiben, ob junge Männer mit Migrationshintergrund besondere Befürchtungen haben, möglicherweise »schwul« zu sein. In einer von der Bundeszentrale für gesundheitliche Aufklärung durchgeführten Studie spielt die Herkunft aus Familien mit bzw. ohne Migrationshintergrund keine Rolle für die Häufigkeit gleichgeschlechtlicher Erfahrungen. In der Gruppe der 14- bis 25-Jährigen geben 12 % der jungen Frauen und 9 % der jungen Männer an, in den letzten zwölf Monaten gleichgeschlechtliche Kontakte gehabt zu haben (Heßling/Bode 2015a: 117).

55 Zu aktiven Gestaltungs- und Handlungsstrategien von Jugendlichen, die sich als nicht den heterosexuellen Normen entsprechend sehen, vgl. Kleiner 2016; Krell/Oldemeier 2016.

das eigene Geschlecht gerichteten Begehren ergeben, dagegen kaum im allgemeinen Bereich »Mädchen und ihre Pubertät«, sondern gezielt im Bereich »Mädchen lieben Mädchen«. Möglicherweise werden junge Männer – da sich ihr Begehren durch die willentlich nicht steuerbaren Reaktionen des Penis für sie deutlich sicht- und spürbar äußert – nachdrücklicher mit dem auf das eigene Geschlecht gerichteten Begehren konfrontiert als junge Frauen, deren Begehren sich körperlich nicht so unübersehbar äußert. Von daher sind homosexuelle Wünsche und Fantasien bei jungen Männern – so kann vermutet werden – stärker als bei jungen Frauen allgemeine Themen der Pubertät und werden von daher auch im allgemeinen Bereich des Onlineforums kommuniziert. Auch für junge Frauen ist ein mögliches »Lesbischsein« bedrohlich und mit Ängsten verbunden, für die jungen Männer scheint die Befürchtung, »schwul« zu sein, jedoch eine ihr Heranwachsen prägendere Angst zu sein. Dabei spielen gesellschaftliche Männlichkeitsbilder eine große Rolle. Empirische Studien sprechen dafür, dass »Schwulsein« für junge Männer die Bedeutung von »›Weiblichkeit‹ und ›Passivität‹« (Timmermanns 2007: 48) hat. »Wer vom ›Männlichkeitskodex‹ abweicht, wird ›schwul‹ genannt und verliert den Anspruch, sich Mann nennen zu dürfen« (ebd.). »Sie reden wie Frauen, laufen wie Frauen« – so eine stereotype Sichtweise junger Männer auf Homosexuelle (ebd.). Zahlreiche Studien weisen darauf hin, dass Männlichkeit sozial nicht nur durch Abgrenzung von Frauen, sondern ebenso durch Abgrenzung von entwerteten, weil nicht dem Ideal hegemonialer Muster entsprechender Männlichkeiten konstruiert wird – und zu diesen Entwerteten gehören ›die Schwulen‹ (vgl. z. B. Connell; Meuser, zit. nach Hippmann/Aktan 2017: 134ff.).[56]

---

56 Cornelia Hippmann und Oktay Aktan geht es in ihrer Studie darum, Voraussetzungen und Bedingungen aufzuzeigen, unter denen es »in männlichen Peergroups möglich ist, die Mitschüler, die sich als schwul geoutet haben, in die Schulgemeinschaft zu integrieren« (Hippmann/Aktan 2017: 135). Deutlich wird, dass die Voraussetzungen und Bedingun-

»Gerade weil sich männliche Jugendliche in der Adoleszenz vornehmlich am hegemonialen Ideal und an der damit verbundenen Vorstellung der heterosexuellen Zweigeschlechtlichkeit orientieren, (führt) die Konfrontation mit Schwulen zu einem stetigen Hinterfragen und zur Verunsicherung der eigenen (noch nicht ausgebildeten) männlichen Geschlechtsidentität« (Hippmann/Aktan 2017: 135).[57]

Die Schilderungen junger Frauen im Bereich »Mädchen lieben Mädchen«[58] zeigen, dass ein auf das eigene Geschlecht gerichtetes Begehren auch für sie – trotz Prozessen gesellschaftlicher Öffnung für unterschiedliche Sexualitäten in den vergangenen Jahrzehnten – als Abweichung von einer gesellschaftlichen Normalität und damit als ein geringer bewertetes Anderes erlebt wird. Ein mögliches Lesbischsein ist deshalb gerade in der besonders durch Verunsicherungen gekennzeichneten Phase der Adoleszenz auch für

gen für die Akzeptanz von Schwulen an ein sehr begrenztes soziales Milieu gebunden sind. Akzeptanz zeigt sich in einer Peergroup, deren Mitglieder aus einem bildungsnahen Milieu stammen und ein Gymnasium besuchen, in dem soziale Aufgeschlossenheit und ein kritisch-reflektierendes Denken eine große Bedeutung haben. In Cliquen, deren Mitglieder aus einem bildungsfernen sozialen Milieu stammen und soziale Brennpunktschulen besuchen, wird dagegen eine deutliche Schwulenfeindseligkeit festgestellt (ebd.: 141).

57 Auf der Ebene spielerischer Inszenierungen können sich Jungen durchaus auch den lustvollen Seiten homosexueller Kontakte nähern. So zeigt Anja Tervooren in einer Studie mit 10- bis 13-jährigen Jungen in einer Video AG mit dem Angebot zur freien Inszenierung, dass »die Gruppe der Jungen ... sich ausführlich mit dem Homosexualitätstabu (befasst), (und) zwischen dessen wiederholter Reinszenierung und der Lust an der Übertretung dieses Verbots hin und her (wechselt). In ihrer lustvollen Übertretung, die sie stolz nach außen hin auch vor der Videokamera präsentieren, stärken sie einerseits die Norm, denn sie wissen sehr genau, dass es sich um eine Übertretung handelt und führen andererseits andere Sexualitätsformen als lebbar vor« (Tervooren 2006: 199).

58 Alle Zitate in diesem Kapitel sind entnommen dem Online-Beratungsforum www.beratung4kids.de; Bereich Mädchen; Mädchen lieben Mädchen; letzter Zugang 28.2.17.

sie mit Ängsten verbunden. Diese Ängste beziehen sich jedoch nicht – wie es bei vielen jungen Männern der Fall ist – auf das geschlechtsbezogene Selbsterleben, auf ihr Selbstverständnis als Frau, sondern auf das Gefühl, »nicht normal« zu sein, sich also nicht der Gruppe anderer Heranwachsender selbstverständlich zugehörig fühlen zu können.[59]

> »Ich heiße Anna und bin 13 Jahre alt. Ich war schon mal mit einem Mädchen zusammen. Ich fand es sehr schön. Ich weiß nicht, ob ich nur auf Mädchen stehe oder auf Jungs. Im Schwimmbad schaue ich immer den Mädchen hinterher und nicht den Jungs. Ist das normal?«

> »Ich weiß nicht, ob ich lesbisch bin oder nicht. Vor kurzem haben meine beste Freundin und ich mit Zunge geknutscht und ich fand es toll. Ist das normal? Bin ich lesbisch, weil es mir gefällt? Ich weiß nicht weiter.«

> »Ich bin 14 und ich bin mir nicht sicher, ob ich lesbisch bin oder nicht. Ich habe gemerkt, dass ich eher Mädchen hinterher schaue oder attraktiv finde, Jungen aber gar nicht. Jetzt weiß ich einfach nicht, was ich machen soll. Könnt ihr mir helfen?«

> »Ich bin 19 Jahre alt und mittlerweile mehr als zwei Jahre in meine beste Freundin verliebt. Das hat mich völlig verunsichert, weil ich sowas noch nie vorher für ein Mädchen empfunden habe. Mittlerweile ist es einfach nur noch schlimm und ich weiß nicht, was ich machen soll.«

---

59 Eine Reihe von Studien zeigen, dass Normen unter Gleichaltrigen stark geprägt sind von heterosexuellen Mustern. Für viele junge Frauen hat das ›erste Mal‹, die sexuelle Beziehung zu einem jungen Mann, den Charakter eines Eintritts ins Erwachsensein, einer Initiation ins erwachsene Frauenleben (Götsch 2014: 252f.; vgl. zusammenfassend Flaake 2017; Tervooren 2006: 165f.). In einem solchen Gruppenklima ist es für junge Frauen schwer, zu einem auf das eigene Geschlecht bezogenen Begehren zu stehen und entsprechende Beziehungen mit der gleichen Selbstverständlichkeit zu suchen und zu leben, wie es für heterosexuell Orientierte möglich ist.

»Ich bin 14 Jahre alt. Manchmal stelle ich mir vor, wie es wäre, ein Mädchen zu küssen und ich finde es dann nicht schlimm, sondern auch manchmal attraktiv. Ich bin verwirrt und unsicher. Ich habe auch Angst davor und im Internet schon viel nachgeguckt, was Anzeichen von Homosexualität sind.«

»Ich habe seit einiger Zeit das Gefühl, dass ich auf Mädchen stehe. Mir fällt auf, dass wenn meine Freundinnen über Jungs reden und wie heiß sie sie finden, ich nicht wirklich mitreden kann, weil es mir nicht so geht. Ich kriege bald die Krise, wenn ich nicht mit jemandem darüber reden kann. Ich weiß nur nicht mit wem. Bin total verwirrt. Ich bin mir recht sicher, dass ich lesbisch bin, aber irgendwie will ich es nicht sein.«

»Ich denke oft darüber nach, ob ich vielleicht lesbisch bin. Ich erwische mich plötzlich selbst, wenn ich auf den tiefen Ausschnitt einer Anderen schaue und bekomme Panik, warum ich das jetzt getan hab und was es zu bedeuten hat. Das geht bestimmt schon einen Monat lang und es belastet mich einfach sehr. Es soll weg gehen. Ich will einfach nicht auf Frauen stehen. Ich habe kein Problem, dass es Lesben gibt. Aber ich will es einfach nicht sein. Ich will einfach, dass die Gedanken aufhören.«

Die jungen Frauen schildern ›Verunsicherung‹, ›Verwirrung‹, »Angst« und »Panik«, sie fühlen sich »belastet« und fragen sich, ob ihre Gefühle »normal« sind. In einigen Schilderungen kommt Verzweiflung zum Ausdruck: Die jungen Frauen wissen »nicht weiter«, nicht, was sie »machen« ›sollen‹, es ist »schlimm« für sie und sie wünschen sich ›Hilfe‹. Die Kategorisierung »lesbisch« ist für alle, die sich an das Beratungsforum gewendet haben, problematisch. Die Frage »bin ich lesbisch« ist wohl auch die nach der Zugehörigkeit zu einer eben nicht ›normalen‹ und gesellschaftlich nicht positiv bewerteten sozialen Gruppe. So wehren sich einige heftig gegen ihre auf das eigene Geschlecht bezogenen Gefühle und wünschen sich, dass sie verschwinden: »Es soll weg gehen. Ich will einfach nicht auf Frauen stehen.« Dabei richtet sich die Abwehr möglicherweise weniger auf die Gefühle – einige schildern entsprechende Erfahrungen oder Phantasien als »sehr schön«, »manchmal attraktiv« und »toll« –, sondern auf die damit verbundene gesellschaftliche Klassifikation als »lesbisch«. »Ich habe kein

Problem, dass es Lesben gibt. Aber ich will es einfach nicht sein«, beschreibt eine der jungen Frauen die Diskrepanz zwischen aufgeklärter Akzeptanz und Abwehr, die deutlich macht, dass »Lesben« für sie doch ein »Problem« sind, wenn sie selbst sich dieser wenig positiv bewerteten Gruppe zuordnen soll. Ähnliches könnte der Abwehr einer anderen jungen Frau zugrunde liegen: Sie ist »recht sicher«, dass sie »lesbisch« ist, aber sie wehrt sich gegen dieses ›sichere‹ Gefühl: »Irgendwie will ich es nicht sein.« Dabei spielen auch die Haltungen der Eltern eine Rolle.

»Ich bin 13 Jahre alt und habe seit einem Jahr den Verdacht, auf Frauen stehen zu können. Ich fühle mich zu ihnen mehr hingezogen, bin sogar in eine verliebt. Aber meiner Mutter kann ich das nicht sagen. Wenn ich sie vorsichtig darauf anspreche, sagt sie, sie würde mich doch kennen. Ich wäre doch nicht lesbisch.«

Die junge Frau beschreibt eine Haltung der Mutter, die es ihr unmöglich macht zu erzählen, dass sie »auf Frauen« ›steht‹. Die Mutter scheint ein festgefügtes, ihren eigenen Wünschen entsprechendes Bild von der Tochter zu haben, zu dem das Wissen gehört, dass sie »nicht lesbisch« ist. Das nimmt der Tochter die Möglichkeit, das, was sie selbst als »Verdacht« erlebt, als etwas, das ihr problematisch ist, durch eine akzeptierende Resonanz der Mutter in ein positives Verhältnis zu ihrem eigenen Begehren zu wenden.

In zahlreichen Schilderungen geht es um das Erleben junger Frauen, sich zu beiden Geschlechtern gleichermaßen hingezogen zu fühlen.[60] Darin spiegelt sich das Fließende, nicht auf ein Ge-

---

60 Kristina Hackmann hat auf der Basis der Analyse von Prozessen in einer von ihr begleiteten Gruppe 11- bis 12-jähriger Mädchen die Bandbreite erotischen Begehrens zu Beginn der Pubertät aufgezeigt, die gekennzeichnet ist durch ein Changieren zwischen homo- und heterosexuellen Wünschen und Fantasien (Hackmann 2003: 264ff.). Dieses Changieren bedeutet jedoch nicht, »dass die Mädchen sich losgelöst von der diskursiv wirkenden ›heterosexuellen Matrix‹ bewegen. ... Es verdeutlicht vielmehr, dass die Fantasien von Mädchen zu Beginn der Pubertät facettenreicher sind als die sozialen Angebote zu deren Bearbeitung« (ebd.: 265).

schlecht festgelegte Begehren in der Adoleszenz. Diese Uneindeu-
tigkeit und das nicht Festgelegte wird als verwirrend und verunsichernd erlebt, es gibt den Wunsch nach eindeutigen Zuordnungen.

»Ich bin 16 und weiß nicht so richtig, zu was ich mich hingezogen fühle.
Vor drei Jahren hatte ich einen Freund. Aber dann habe ich gedacht, ich
wäre lesbisch, weil ich oft Lehrerinnen attraktiv fand und mich auch in eine
junge Frau verknallt hatte. Zur Zeit bin ich mir aber nicht wirklich sicher.
Deswegen bin ich etwas verwirrt. Bin ich jetzt hetero, bi oder lesbisch?«

»Ich habe einen Film geschaut, wo zwei Frauen miteinander schliefen und
es hat mich irgendwie erregt und das ist total komisch, denn ich mag
einen Jungen. Aber irgendwie träume ich auch von Mädchen. Mir platzt
bald der Kopf vor Verwirrung.«

»Ich habe zwar einen Freund, aber ich kann nicht sagen, dass ich mich
nicht zu meiner Freundin hingezogen fühle. Es ist so, dass ich sie sexuell
anziehend finde. Heißt das jetzt, dass ich lesbisch oder bi bin? Denn
eigentlich bin ich ja in meinen Freund verliebt.«

»Ich habe mit meiner besten Freundin schon rumgeknutscht und es hat
auch wirklich Spaß gemacht, und ich fand's auch toll. Aber ich weiß jetzt
nicht, ob ich lesbisch bin. Ich hatte auch schon einen Freund und Jungs
finde ich auch total anziehend. Bin ich jetzt bi?«

Einen »Freund« gehabt zu haben, »Jungen« zu ›mögen‹, in den
»Freund verliebt« zu sein und »Jungs« »total anziehend« zu finden wird als unvereinbar erlebt mit den auf Frauen bezogenen
Wünschen und Phantasien: »Lehrerinnen attraktiv« zu finden, in
eine »junge Frau verknallt« gewesen zu sein, »erregt« gewesen zu
sein von einem Film, in dem »zwei Frauen miteinander schliefen«,
von »Mädchen« zu ›träumen‹, die Freundin »sexuell anziehend«
zu finden, »Spaß« gehabt zu haben beim ›Rumknutschen‹ mit der
Freundin und es »toll« gefunden zu haben. Das nicht auf ein Geschlecht Festgelegte des Begehrens verunsichert die jungen Frauen
– fast »platzt der Kopf vor Verwirrung« –, es stellt sich die Frage
nach eindeutigen Kategorisierungen: »hetero, bi oder lesbisch?«
Dabei ist die Kategorisierung als »bisexuell« für die jungen Frauen

– ebenso wie für die jungen Männer – erleichternd, eventuell »lesbisch« sein zu können ist dagegen mit Ängsten verbunden. Ebenso wie bei den Anfragen junger Männer zielen die Antworten des Beratungsteams auch bei den jungen Frauen darauf, das Fließende, nicht eindeutig Festgelegte des Begehrens in der Adoleszenz deutlich zu machen, zudem Ängste vor einem Lesbischsein zu nehmen und auf soziale Kontexte hinzuweisen, in denen sich lesbische junge Frauen mit anderen lesbischen Frauen treffen und austauschen können.

Sowohl bei jungen Frauen als auch jungen Männern haben sich Bemühungen gezeigt, das Unkontrollierbare des adoleszenten Begehrens, seine sich rationalen Erwägungen widersetzende Kraft, in den Griff zu bekommen durch Anstrengungen des Willens, des Verstandes und der Vernunft. Diese Bemühungen zeigen, wie verunsichernd und bisherige psychische Balancen infrage stellend die sich in der Adoleszenz mit neuer Kraft entfaltenden sexuellen Wünsche und Phantasien erlebt werden – insbesondere dann, wenn sie heterosexuellen Mustern zuwiderlaufen und auf die Bedeutung eines auch auf das eigene Geschlecht gerichteten Begehrens verweisen. Jugendliche stehen vor der Anforderung einer »heteronormativen Vereindeutigungsarbeit« (Stauber 2012: 63), die für sie – da sie sich noch in der Phase einer »relativ offenen sexuellen Orientierung« (ebd.) befinden – mit »Stress« (ebd.) verbunden ist. »Diesem Stress ... unterliegen alle – unabhängig von ihrer sexuellen Orientierung, die in dieser Zeit sich ja erst ausbildet« (ebd.).[61]

---

61 Es gibt eine Reihe von Angeboten für den pädagogischen Bereich, um Jugendliche für das Thema der normativen Dominanz von Heterosexualität und das Selbstverständliche von auf das gleiche Geschlecht gerichteten sexuellen Wünschen und Fantasien zu sensibilisieren, vgl. z. B. die entsprechenden Vorschläge des Antidiskriminierungsprojekts »Schule der Vielfalt« unter http://www.schule-der-vielfalt.de/projekte.htm (letzter Zugang 16.6.2018). Unterrichtsmaterialien finden sich unter http://www.schule-der-vielfalt.de/2015-02-04_DOKU-workshop1-unterrichtsmaterial.pdf; (letzter Zugang 16.6.2018).

Teil II

Körpergestaltungen, Körperinszenierungen, Körperpräsentationen – aktive Bewältigungsstrategien im Umgang mit adoleszenten Verunsicherungen: Gesellschaftliche Vorgaben für körperliche Attraktivität und Suche nach eigenen Ausdrucksmöglichkeiten

1

Bedeutung gesellschaftlicher Schönheitsvorstellungen in der Adoleszenz

Für Jugendliche in westlichen Gesellschaften sind Körpergestaltungen, Körperinszenierungen und Körperpräsentationen ein wichtiges Mittel, um mit den Verunsicherungen durch die körperlichen Veränderungen der Pubertät zurechtzukommen. Der Körper ist zentraler Ort und Bühne für die Suche nach einem neuen Selbstverständnis und Selbstbewusstsein, über ihn vollziehen sich wichtige Prozesse der Auseinandersetzung mit gesellschaftlichen Geschlechterbildern, der Abgrenzung von den Eltern und der Suche nach einem eigenen Weg ins Erwachsenenleben. Diese Prozesse sind eingebunden in eine Spannung zwischen gesellschaftlichen

Vorgaben für attraktive Körperlichkeit – die verknüpft sind mit sozialen Geschlechterkonstruktionen – und dem Bemühen der Jugendlichen, durch aktive Bewältigungsstrategien einen für sie passenden Weg ins Erwachsenenleben zu finden. Dabei haben Gleichaltrige – in Freundschaften, Cliquen und jugendkulturellen Szenen – eine große Bedeutung. Sie sind Vermittler in Prozessen des Übergangs von der Kindheit zum Erwachsensein, sie schaffen wichtige soziale Zusammenhänge, in denen Körpergestaltungen, Körperinszenierungen und Körperpräsentationen erprobt, verhandelt und bewertet werden, sie sind ein Feld, in dem Anerkennung für die körperlichen Selbstpräsentationen gesucht wird, in dem aber auch Ausgrenzungen stattfinden (zur Bedeutung der Suche nach Anerkennung in der Übergangssituation zwischen nicht mehr Kind und noch nicht erwachsen sein vgl. King 2015).

Vorstellungen von attraktiver Körperlichkeit sind in hohem Maße abhängig von historisch variierenden gesellschaftlichen und kulturellen Bedingungen (vgl. z. B. Rose 1997).[62] In westlichen Gesellschaften, insbesondere Westeuropa und Nordamerika, dem »Global North« (Villa 2017: 7)[63], sind Schönheitsvorstellungen –

---

62 Ein anschauliches Beispiel für die gesellschaftliche Definition und Bewertung von Aspekten des Körpers gemäß Standards von Schönheit in unterschiedlichen kulturellen Kontexten gibt die Schilderung einer Frau, die die Erfahrungen ihrer Mutter in der DDR und nach der Wende wiedergibt: »Meine Mutter erzählte mir mal, dass Cellulite in der DDR nie ein Thema gewesen wäre. An manchen war sie dran, an anderen nicht. So wie manche Männer Brusthaare haben und andere eben nicht. Erst nach der Wende bekam sie mit, dass ›Orangenhaut‹ als hässlich gilt. Und erst dann schämte sie sich dafür« (zit. aus der Zeitschrift »Barbara«, Mai 2017, S. 78). Scham für bestimmte Aspekte des Körpers und ihre Definition als »hässlich« setzte erst ein durch die Konfrontation mit westdeutschen Schönheitsvorstellungen, durch die bestimmte körperliche Merkmale mit sozialen Bedeutungen versehen werden und damit in den Fokus von Bewertungen und eventuellen Bearbeitungsnotwendigkeiten geraten.

63 Schönheitsvorstellungen sind immer auch eingebunden in die durch Kolonialismus, Imperialismus und Rassismus geprägten hierarchischen Muster von Be- und Entwertungen. »Eine sehr partikulare Ästhetik

etwa seit den 1980er Jahren – eingebunden in Tendenzen zur neoliberalen Verallgemeinerung von Marktmechanismen. Sie folgen »zunehmend der Logik eines unternehmerischen Selbst, das unter dem Gebot der permanenten Selbstverbesserung im Zeichen des Marktes steht« (Bröckling, zit. nach Villa 2008: 249). »Permanente Selbstverbesserung« schließt eine dauernde »Arbeit am Körper« ein, eine »fortdauernde, nie abschließbare Optimierungsarbeit am – körperlichen – Selbst« (ebd.: 250), über die auch Geschlechterdifferenzen reproduziert werden. Der Druck zur »Arbeit am Körper« betrifft zwar zunehmend auch Männer, insbesondere aber Frauen und ist verbunden mit dem Wunsch nach sozialer Anerkennung und Erfolg.

Eine 2016 durchgeführte für die BRD repräsentative Studie[64] zeigt eindrücklich, dass auf den Körper bezogene Attraktivitätsvorstellungen sowohl Idealbilder vom eigenen als auch vom anderen Geschlecht prägen. Danach gefragt, was einen »tollen Mann« bzw.

(wurde) zum Allgemeinen. ... Als Idealtypus ist ›der Mensch‹ weiß, geschlechtlich eindeutig ..., hat glatte blonde/braune Haare und eine sehr spezifische Silhouette. Die ›Anderen‹ sind demgegenüber... als das Besondere, das vom Allgemeinen .... abweicht« (Villa 2017: 11 f.) markiert und gemäß der hegemonialen Norm entwertet. Entsprechende Prozesse hat die in Nigeria geborene und in den USA und Nigeria lebende Autorin Chimamanda Ngozi Adichie in ihrem Roman »Americanah« bezogen auf Aspekte der Figur – schlank oder ›dick‹ – und die Haare – glatt oder ungebändigt kraus – anschaulich und auch auf der Basis eigener Erfahrungen beschrieben. So erlebt sich die Protagonistin des Romans erst in den USA als ›dick‹ und ist konfrontiert mit der Norm, ihre Haare glätten zu sollen, um Entwertungen zu entgehen. Zugleich werden – insbesondere bezogen auf die Haare – Prozesse der Selbstermächtigung, der Entwicklung eines eigenen Selbstbewusstseins beschrieben (Adichie 2014; zur Dominanz des Weißseins in Schönheitsvorstellungen und die Auswirkungen auf ›Nichtweiße‹ vgl. McRobbie 2010: 105ff.).

64 Befragt wurden Kinder und Jugendliche zwischen sechs und 18 Jahren. Die beschriebenen Tendenzen beziehen sich dabei insbesondere auf die Befragten zwischen 13 und 18 Jahren, gelten aber auch schon für die jüngeren Altersgruppen.

117

»tollen Jungen« und eine »tolle Frau« bzw. ein »tolles Mädchen« (Götz u. a. 2017: 29) ausmacht, stehen auf den Körper bezogene Kennzeichnungen im Vordergrund. Diese Idealvorstellungen unterscheiden sich für junge Frauen und Männer und werden jeweils von beiden Geschlechtern geteilt. Als »ideale Eigenschaft« (ebd.) von Mädchen und Frauen steht für die Mehrheit der Befragten – jungen Frauen ebenso wie jungen Männern – »Schönheit« im Vordergrund, andere Facetten der Persönlichkeit wie Intelligenz und Freundlichkeit werden demgegenüber als sekundär angesehen. Als zentrales Merkmal eines »idealen Jungen bzw. Mannes« wird – ebenfalls von beiden Geschlechtern – »Stärke« genannt. Solche Kennzeichnungen finden sich besonders ausgeprägt ab einem Alter von 13 Jahren, also mit der Adoleszenz. In dieser lebensgeschichtlichen Phase verfestigen sich Geschlechterbilder, die für Frauen »Schönheit« und für Männer »Stärke« als zentrale positiv besetzte Kennzeichnungen enthalten. Dabei hat »Schönheit« für junge Männer – wenn es um die Beurteilung von Frauen geht – eine noch größere Bedeutung als für die jungen Frauen selbst.[65] Auch »Stärke« als zentrales Merkmal eines »idealen Mannes« wird von jungen Männern häufiger genannt als von jungen Frauen.[66] Die Idealvorstellungen bezogen auf Mädchen bzw. Frauen variieren dabei mit dem formalen Bildungsgrad der Befragten: je ›höher‹ die Bildungsinstitutionen ist, die die Jugendlichen besuchen, desto weniger dominant ist »Schönheit« und umso häufiger wird »Intelligenz« als attraktive Eigenschaft genannt. Das gilt für beide Geschlechter gleichermaßen.[67] Bei »Stärke« als zentralem Merkmal

---

65 71 % der 14- bis 16-jährigen jungen Männer nennen »Schönheit« als zentrale ideale Eigenschaft von Frauen, 60 % der jungen Frauen teilen diese Einschätzung (Götz u. a. 2017: 30).

66 61 % der 15- bis 16-jährigen jungen Männer und 53 % der jungen Frauen nennen »Stärke« als »ideale Eigenschaft« eines Mannes (Götz u. a. 2017: 31).

67 46 % der Befragten an Gymnasien nennen »Schönheit« als Merkmal einer »idealen Frau«, dagegen 67 % der Befragten an Hauptschulen. Für 44 % der Befragten an Gymnasien ist »Intelligenz« ein Merkmal einer

eines »idealen Mannes« ist eine solche Bildungsabhängigkeit nicht feststellbar, dieses Beurteilungskriterium scheint veränderungsresistenter zu sein als die Bewertung von Frauen über »Schönheit«. Zugleich wird deutlich, dass »Schönheit« zwar von der Mehrheit der Befragten als Kennzeichen einer »idealen Frau« gesehen wird, von einer großen Gruppe – 41 % – der jungen Frauen selbst aber auch »Intelligenz« als wichtig bewertet wird. Allerdings sehen das nur 29 % der jungen Männer so. In diesen Ergebnissen deutet sich eine Differenz zwischen den Geschlechtern an: Während die Mehrheit der jungen Männer an traditionellen Weiblichkeitsbildern festhält, gibt es bei den jungen Frauen deutliche Tendenzen zu Veränderungen in Richtung facettenreicher, nicht nur an körperlicher Attraktivität orientierten Idealvorstellungen.

Gesellschaftliche Vorstellungen von Schönheit und körperlicher Attraktivität werden vor allem durch mediale Präsentationen vermittelt – etwa der Kosmetik- und Modeindustrie[68] mit ihren Models und entsprechende Fernsehformate. Von besonderer Bedeutung für junge Frauen ist dabei die vom Fernsehsender ProSieben ausgestrahlte Sendung »Germany's next Topmodel«, in der körperlich perfekt gestylte und sehr schlanke junge Frauen unter dem kritischen Blick einer Jury und insbesondere des Ex-Models Heidi Klum um eine Karriere als Model konkurrieren und harten Auswahl- und Ausschlusskriterien unterworfen sind. Die Kandidatinnen werden dabei oft bloßgestellt und lächerlich gemacht, Beschämungen und Demütigungen sind ein Bestandteil der Sen-

---

»idealen Frau«, jedoch nur für 32 % der Befragten an Hauptschulen (Götz u. a. 2017: 30).

68 Ein anschauliches Beispiel für das Interesse der Kosmetikindustrie an Jugendlichen als attraktiver Gruppe für den Absatzmarkt findet sich in Brenner 2016. Berichtet wird über eine vom Industrieverband Körperpflege- und Waschmittel e. V. in Auftrag gegebene tiefenpsychologisch orientierte Jugendstudie, die die Analyse der mit der Pubertät verbundenen Verunsicherungen verknüpft mit einer möglichen Ansprechbarkeit für Kosmetikprodukte, die suggerieren, dass durch sie diese Verunsicherungen gemildert werden können (Brenner 2016: 463).

dung. »Germany's next Topmodel« ist insbesondere bei Mädchen und jungen Frauen sehr beliebt, sie machen etwa drei Viertel der Zuschauenden aus. Ungefähr 40 % der 12-bis 22-jährigen Mädchen und jungen Frauen sehen die Sendung zumindest manchmal (Götz u. a. 2015: 64), bei den 16-jährigen liegt dieser Anteil bei 92 % (Götz/Mendel 2015: 56). Die Sendung ist auch Gesprächsthema unter Gleichaltrigen: 75 % der Zuschauenden unterhalten sich am nächsten Tag mit einer Freundin darüber (Götz u. a. 2015: 64). Direkte Einflüsse dieser Sendung – ebenso wie ähnlicher medialer Präsentationen – auf das Verhältnis junger Frauen zu ihrem Körper sind nur schwer feststellbar.[69] Empirische Studien sprechen dafür, dass mediale Körperinszenierungen Orientierungsfolien liefern, mit denen sich Jugendliche auseinandersetzen, dass sie das Verhältnis zum eigenen Körper aber nicht eindimensional und unmittelbar bestimmen.[70] Fernsehformate wie »Germany's next Topmodel« präsentieren ein »Glamourleben ..., (eine) Traumwelt« (Stach 2013: 124), in der der »ideale, schlanke, straffe Körper ... in den Fantasieräumen mit einem aufregenden Leben, mit dem Ausbruch aus Alltäglichkeit, verbunden« (ebd.: 132) ist und perfektes Körperstyling und Körperdisziplinierung im Sinne eines schlanken, durchtrainierten Körpers sozialen Erfolg und Anerkennung versprechen. Zugleich können junge Frauen aber auch un-

---

69 Das regelmäßige Sehen der Sendung »Germany's next Topmodel« scheint jedoch einen spezifischen Blick auf den weiblichen Körper nahe zu legen. In einer inhalts- und wirkungsanalytischen Untersuchung stellt Anna Stach fest, dass das Ansehen der Sendung eine Haltung fördert, in der »die Zuschauenden in die Rolle eines Beurteilers« (Stach 2013: 125) geraten. Die Sendung sozialisiert »unmerklich in einen gnadenlos kritischen oder gar beschämenden Blick auf Frauenkörper« (ebd.: 133).

70 Es gibt keinen direkten Zusammenhang zwischen regelmäßigem Sehen der Sendung »Germany's next Topmodel« und Essstörungen, es kann durch regelmäßiges Sehen der Sendung jedoch »zu einer inhaltlichen Verstärkung eines Defizitgefühls« (Götz/Mendel 2015: 57) kommen, das einer Essstörung, insbesondere der Vorstellung, trotz Normal- oder Untergewicht ›zu dick‹ zu sein, zugrunde liegt (vgl. Teil III, 2).

terscheiden zwischen dem medial präsentierten Ideal, der Gla-
mourwelt, und ihrer eigenen Lebenswelt, die anderen Regeln folgt
und in der anderes wichtig ist als in der medial präsentierten
»Traumwelt«, zum Beispiel Beziehungen zu den Eltern und zu
Gleichaltrigen und Erfolge in der Schule (Friese 2013: 147). Mediale Körperbilder und Körperpraktiken übernehmen kaum »Leit-
bildfunktionen« (Hoffmann 2011: 206), sie geben den jungen
Frauen aber »Anlass, für sich auszuhandeln, was für andere
Frauen und für sie selbst im Bereich des Möglichen liegt, inwieweit sie bestimmten Körperinszenierungen zustimmen und in
welchen Kontexten sie ihren Körper wie darstellen würden«
(ebd.). Dabei spielen auch die Chancen der jungen Frauen auf
eine befriedigende Zukunftsgestaltung eine Rolle: etwa durch eine
qualifizierende Ausbildung und entsprechend gute Aussichten auf
eine spätere Berufstätigkeit. Eine Verführung, sich an der Gla-
mourwelt von Fernsehformaten wie »Germany's next Topmodel«
und den dort präsentierten Strategien der disziplinierenden Arbeit
am Körper als Erfolgsrezept zu orientieren, ist besonders für diejenigen gegeben, für die die Aussichten auf gute reale Lebensbedingungen durch Unsicherheiten geprägt sind.

> »Für die Mädchen mit geringeren Bildungsressourcen und schwierigeren
> sozialen Lagen verbindet sich die Vorstellung von dem idealen Körper ...
> mit existenziellen Wünschen und sozialen Ängsten und mit einer Phanta-
> sie vom Ausbruch. Der ideale Körper ist für sie ... mit Kompetenzen und
> einem Zugang zu einem ihnen verschlossenen, schönen Leben verknüpft,
> das für Mädchen und junge Frauen bildungsnaher Milieus eher erreich-
> bar« (Stach 2013: 132) ist (vgl. Teil II, 6).

Paula-Irene Villa weist hin auf die in der »Arbeit am Körper« an-
gelegte Gleichzeitigkeit von Unterwerfung unter soziale Normen
und »Selbstermächtigung« (Villa 2008: 250), die auch für Jugendliche gilt. Ihre Körpergestaltungen, Körperinszenierungen und Körperpräsentationen bewegen sich in einem Rahmen gesellschaftlich
vorgegebener Muster, enthalten jedoch immer auch Potenziale für
Eigenmächtigkeit und kreative Umgestaltungen – variierend gemäß dem für eigenständige Entfaltungen gegebenen adoleszenten

»Möglichkeitsraum« (King 2002: 28ff.), wie er wesentlich strukturiert ist durch Verortungen im System sozialer Ungleichheiten.
Jugendliche können sich den gesellschaftlich vorgegebenen Körpernormen nicht entziehen, sie können sich aber aktiv mit ihnen
auseinandersetzen und sie gemäß ihrer eigenen Wünsche und
Phantasien be- und umarbeiten, auch im Sinne widerständiger
Muster.

2

Gesellschaftliche Schönheitsvorstellungen und Körpererleben

Für junge Frauen scheinen gesellschaftliche Schönheitsnormen verunsichernder zu sein als für junge Männer. So zeigen empirische Studien – für die BRD ebenso wie für andere westliche Gesellschaften – übereinstimmend, dass mehr junge Frauen als junge Männer unzufrieden mit ihrem Aussehen sind. In einer für Baden-Württemberg repräsentativen Studie mit 14- bis 16-Jährigen gaben lediglich 24 % der jungen Frauen im Vergleich zu 45 % der jungen Männer an, mit dem eigenen Aussehen zufrieden zu sein (Munder 2007: 8). Allerdings relativiert sich der Befund einer großen Unzufriedenheit der jungen Frauen, wenn man auch diejenigen einbezieht, die mit einigen Aspekten ihres Körpers zufrieden, mit anderen dagegen unzufrieden sind: 62 % der jungen Frauen antworten entsprechend. Eindeutig unzufrieden mit ihrem Aussehen sind dagegen nur 14 %. Knapp die Hälfte der jungen Frauen scheint sich überwiegend wohl in ihrem Körper zu fühlen. So äußerten sich in einer 2015 von der Bundeszentrale für gesundheitliche Aufklärung veröffentlichten und für die BRD repräsentativen Studie mit 14- bis 25-Jährigen 47 % der jungen Frauen entsprechend.[71] Bei jungen Männern ist der Anteil derjenigen, die sich wohl in ihrem Körper fühlen deutlich höher: Er liegt bei 72 % (Heßling/Bode 2015a: 85).[72]

Die Kritik der jungen Frauen an ihrem Körper orientiert sich – entsprechend den in der Studie von Götz u. a. (2017) festgestellten normativen Vorstellungen – am Ideal eines schlanken und bezüglich Brust, Beine, Bauch und Po wohlproportionierten Körpers, die der jungen Männer am Bild eines durchtrainierten, muskulösen Körpers. Für junge Frauen steht dabei häufig ihr Gewicht im Zentrum der Kritik: 28 % der 14- bis 25-Jährigen fühlen sich »zu dick« (Heßling/Bode 2015a: 85), bei den 15-Jährigen sind es nach den Ergebnissen der deutschen Stichprobe einer internationalen, im Auftrag der Weltgesundheitsorganisation WHO durchgeführten Studie knapp die Hälfte (HBSC-Studienverbund Deutschland 2015a: 2).[73] Auch dieser Befund relativiert sich jedoch bei diffe-

---

71 Dabei wurden die Kategorien »trifft genau zu« und »trifft ziemlich zu« zusammengefasst (Heßling/Bode 2015a: 85).

72 Reinhard Winter und Gunter Neubauer weisen auf der Basis der Ergebnisse ihrer qualitativ orientierten Studie darauf hin, dass es unter Jungen eine Norm geben könnte, mit dem Körper zufrieden zu sein, und die in Interviews geäußerte Zufriedenheit vor diesem Hintergrund relativiert werden muss (Winter/Neubauer 1998: 227).

73 Eine in zwölf Ländern durchgeführte Studie zeigt die kulturelle Relativität von figurbezogenen Schönheitsvorstellungen. Während bei den Befragten aus westlichen Ländern – z. B. Frankreich, Spanien und Deutschland – ›möglichst dünn‹ als schön galt, fanden die Befragten aus nicht westlichen Ländern – etwa Indien und Ghana – etwas breitere, fülligere Figuren am attraktivsten (zit. nach Psychologie Heute, Juli 2002, S. 57).

renzierter Betrachtung der Ergebnisse: Bei den 14-bis 15-Jährigen fühlen sich lediglich 4 % eindeutig »zu dick«, die übrigen – in dieser Altersgruppe 36 % – »etwas zu dick« (Schär/Weber 2015: 22). Die Hälfte geben an, ihre »Wunschfigur« zu haben (ebd.). Das Erleben, »zu dick« zu sein, ist dabei bei den meisten unabhängig von ihrem realen Körpergewicht: Sie finden sich auch »zu dick«, wenn sie normalgewichtig sind.[74]

Auch wenn junge Männer sich zufriedener mit ihrem Körper als junge Frauen äußern, gibt es doch auch Aspekte, die für sie problematisch sind. Für sie steht die Unzufriedenheit mit ihren Muskeln im Zentrum. In einer Studie, in der 300 Jugendliche zwischen zehn und 13 Jahren befragt wurden, gaben knapp 70 % der männlichen Jugendlichen an, lieber einen muskulöseren Körper haben zu wollen (Mohnke/Warschburger 2011: 298).

Eine im System sozialer Ungleichheiten höher qualifizierende schulische Ausbildung und damit der soziale Hintergrund der Jugendlichen scheint eine das Körpererleben positiv beeinflussende Wirkung haben zu können. Sowohl junge Frauen als auch junge

---

Dabei scheinen Schlankheitsideale in westlichen Gesellschaften eine nur begrenzte Bedeutung für Lebensgestaltungen zu haben. Nach den von 2008-2011 erhobenen Daten des Robert Koch-Instituts haben in Deutschland zwei Drittel der Männer und die Hälfte der Frauen Übergewicht (Frankfurter Rundschau vom 13.6.2017).

74 Maßstab ist dabei der von der Weltgesundheitsorganisation WHO entwickelte Body Mass Index (BMI), bei dem das Normalgewicht aus einer Kombination von Körpergröße und Gewicht berechnet wird. In der internationalen, im Auftrag der Weltgesundheitsorganisation WHO durchgeführten HBSC-Studie zeigt sich, dass sich Mädchen und Jungen in Deutschland verglichen mit denen in anderen Ländern am häufigsten als ›dick‹ einschätzen (Prof. Dr. Petra Kolip, Leiterin des deutschen Teils der Studie »Health Behaviour in School-aged Children (HBSC) in einer Pressemitteilung der Universität Bielefeld vom 15. Mai 2012, im Internet verfügbar unter https://ekvv.uni-bielefeld.de/blog/uniaktuell/entry/deutsche_jugendliche_finden_sich_zu; letzter Zugang 21.5.2018). Zum Körpergewicht von Jugendlichen vgl. Teil III, 2.

Männer an weiterführenden Schulen und im Studium geben in der für Jugendliche in der BRD repräsentativen Studie der Bundeszentrale für gesundheitliche Aufklärung häufiger als die übrigen an, sich im eigenen Körper wohl zu fühlen (Heßling/Bode 2015a: 88). Das Vorhanden- bzw. Nichtvorhandenseins eines familialen Migrationshintergrundes scheint dagegen keine Bedeutung für diesen Aspekt des Körpererlebens zu haben (ebd.).

An Online-Beratungsforen wenden sich überwiegend Jugendliche, die ihren Körper oder Aspekte des Körpers als besonders problematisch erleben. In diesen Schilderungen zeigt sich, wie tiefgreifend das Selbstgefühl in der Adoleszenz beeinträchtigt wird, wenn der Körper oder Aspekte des Körpers abgelehnt werden.[75]

Viele Beiträge junger Frauen beziehen sich auf das Gewicht, das – auch wenn es sich im Bereich des ›Normalen‹ oder eines ›Untergewichts‹ befindet[76] – als »zu viel« und der Körper als »zu fett« erlebt wird.

> »Ich fühle mich zu fett und will abnehmen« (aus der Antwort der Beraterin wird deutlich, dass die Fragerin »untergewichtig« ist).

> »Ich bin zwar schlank, aber ich wiege zu viel. Was kann ich tun? Ich bin 13 Jahre alt« (Gewicht liegt laut Antwort der Beraterin im »normalen Bereich«).

Im Beitrag einer jungen Frau wird deutlich, dass das Wissen über ein Gewicht im ›Normalbereich‹ wenig ausrichten kann gegen das Erleben, »irgendwie dick und fett« zu sein – Bezeichnungen, die

---

75 Die Beiträge sind dem Online-Beratungsforum beratung4kids entnommen (beratung4kids.de/forum, letzter Zugang 10.5.2017). Auch für die Interpretation dieser Beiträge gilt, dass berücksichtigt werden muss, dass sie wahrscheinlich von Jugendlichen aus einem eher privilegierten sozialen Milieu stammen (vgl. Teil I, 2).

76 In den Beratungen ist der Body Mass Index (BMI), bei dem das Normalgewicht aus einer Kombination von Körpergröße und Gewicht berechnet wird, die Grundlage für die Antworten an die Jugendlichen.

die Abwertung spiegeln, die mit dem Bild einer nicht ganz schlanken Person verbunden ist.[77]

> »Ich bin zwölf Jahre alt. Ich weiß, dass ich das Normalgewicht habe, aber ich fühle mich trotzdem irgendwie dick und fett. Was kann ich tun?«

Auch andere Aspekte des Aussehens sind für junge Frauen Quelle von Unzufriedenheit mit ihrem Körper. Eine große Rolle spielen neben dem Gewicht als zu klein erlebte Brüste (vgl. Teil I, 3), zudem die Form der Beine, der Hüften und des Pos. Entsprechende ›Mängel‹ sind oft mit großer Scham verbunden. So wenn eine 14-jährige junge Frau ›Verzweiflung‹ und ›Wut‹ über ihre Beine schildert, die für sie »richtig schlimm« aussehen. Sie möchte sich Anderen gar nicht mehr zeigen, sich »unterm Bett verstecken und nie wieder rausgehen«.

> »Ich bin total verzweifelt und wütend. Mein Hauptproblem sind meine Beine. Ich habe keine schönen Beine und auch Besenreiser. Das sieht richtig schlimm aus. Ich könnte mich unterm Bett verstecken und nie wieder rausgehen.«

Eine andere 14-jährige junge Frau berichtet, dass sie den Blick Anderer auf sich und auch ihren Blick in den Spiegel nicht aushalten kann, weil sie an sich »nichts Schönes« sieht und im Spiegel über ihr Aussehen ›erschrickt‹. »Ganz« sie »selbst« fühlt sie sich, wenn sie das »Thema mit dem Aussehen« ›vergisst‹, dann hat sie »total Spaß«. Deutlich wird, wie fremd dieser jungen Frau ihr Äußeres noch ist, und wie stark es ihrem Erleben von sich selbst widerspricht. Ihre Vermutung, dass ihr »Gesicht« »gar nichts schönes Weibliches« hat, könnte darauf hindeuten, dass ihre Selbstwahrnehmung im Widerspruch steht zu gesellschaftlichen Bildern eines ›schönen‹ ›Weiblichen‹ und diese Diskrepanz eine Quelle ihrer Scham ist.

---

77 Gegen die Abwertung und Diskriminierung von Menschen mit hohem Körpergewicht richtet sich die ›Fat-Acceptance-Bewegung‹. Aus wissenschaftlicher Perspektive wird dem Thema in den ›Fat Studies‹ nachgegangen (vgl. die Beiträge in Rose/Schorb 2017 sowie Teil II, 8).

»Wenn ich mich im Spiegel betrachte sehe ich nichts Schönes. Mein Gesicht hat gar nichts schönes Weibliches. Manchmal mag ich Anderen gar nicht viel erzählen, weil die mich dann angucken. Manchmal vergesse ich das ganze Thema mit dem Aussehen, und dann bin ich ganz ich selbst und hab total Spaß. Diese Zeiten mag ich am liebsten. Wenn ich mich dann wieder im Spiegel sehe, erschrecke ich mich, wie ich aussehe und dann bin ich wieder zurückhaltend, damit es Anderen nicht auffällt.«

Für junge Männer ist es wichtig, einen muskulösen Oberkörper zu haben, um nicht »unmännlich« zu wirken und dadurch »Minderwertigkeitskomplexe« zu bekommen – die Wunschfigur macht sich für viele am »Sixpack«, einer ausgeprägten Bauchmuskulatur fest.

»Ich habe noch keinen richtigen Sixpack und meine Brustmuskulatur geht nicht weiter auseinander, was ich unmännlich finde. Stimmt mit meiner Muskulatur was nicht? Was kann ich tun?«

»Ich bin 16 Jahre alt und wollte euch fragen, wie ich einen Sixpack bekommen kann in ein paar Wochen oder wenigstens einen durchtrainierten Body, damit ich am Strand keine Minderwertigkeitskomplexe bekomme. Was muss man machen, um ein Sixpack zu bekommen?«

Besonders Zeichen von Weiblichkeit am Körper werden als problematisch erlebt.

»Ich habe Brüste, die sehen aus wie Titten. Ich hasse sie, im Freibad guckt mich jeder blöd an. Die sollen weg, koste es was es wolle« (14 Jahre).

Für beide Geschlechter sind Abweichungen von den körperbezogenen Idealbildern besonders dann problematisch, wenn sie zur Quelle von – erfahrenem oder vermutetem – Spott durch Gleichaltrige werden (vgl. Teil II,7). Bei jungen Frauen steht insbesondere ihr Körpergewicht im Zentrum der kritischen und bewertenden Blicke der Anderen, etwa in der Schulklasse. »Zu fett« ist ein Etikett, das in den Schilderungen einiger als entwertende Bezeichnung auftaucht.

Eine junge Frau, die wohl »kein Normalgewicht« hat, berichtet von ›Mobbing‹ seitens der »Klassenkameraden«, deutlich wird dabei ihre Selbstentwertung: Sie bezeichnet sich selbst als »zu fett«,

diese Sichtweise ist in ihr ›Gefühl‹, in ihr eigenes Erleben, eingegangen. »Ich fühle mich zu fett und habe kein Normalgewicht.
Meine Klassenkameraden mobben mich deshalb.« Eine andere
junge Frau wird durch den Spott in ihrer »Klasse« über »Mädchen, die zu dick sind« – sie übernimmt dabei die entwertende
Sichtweise der Anderen –, unter Druck gesetzt, obwohl ihr Gewicht nach Aussagen der Beraterin im »Normalbereich« liegt. Sie
hat »Angst«, dass sie auch zu denen gehören könnte, über die ›gelästert‹ wird. Ihre Körperwahrnehmung ist von dieser Angst geprägt: Sie ›fühlt‹ sich trotz ›Normalgewicht‹ »zu dick« und damit
potentiell als Teil derjenigen, über die ›gelästert‹ wird.

> »Ich fühle mich zu dick. Die Leute in meiner Klasse lästern über die Mäd-
> chen, die zu dick sind. Ich habe Angst, dass ich auch dazu gehöre« (12
> Jahre, das Gewicht liegt laut Antwort der Beraterin im »Normalbereich«).

In einer eigenen Studie werden die für junge Frauen kränkenden
Wirkungen von entwertenden Kommentierungen ihres Körpers in
der Schilderung einer 13-Jährigen deutlich. Die junge Frau beschreibt eine Diskrepanz zwischen ihrem positiven Körpergefühl,
wenn sie mit sich alleine ist, und den sie verletzenden Bemerkungen der Jungen:

> »Ich fühlte mich gerade wunderschön, und dann erzählen die mir das
> immer. Weil ich dick bin, ärgern mich die Jungs immer. Ieh, schon wieder
> die Dicke, guck dir die Dicke in dem Badeanzug an, guck mal die Dicke
> auf Rollern, und da war ich eigentlich schon sehr deprimiert und traurig
> irgendwo, dass die mich nicht in Ruhe lassen können« (Flaake 2001: 116).

Phantasien, »wunderschön« zu sein, vielleicht auch Wünsche, be-
wundert zu werden im »Badeanzug« und auf »Rollern«, werden
zerstört durch den Spott des anderen Geschlechts und führen zu
einem Absturz aus der inneren Welt der adoleszenten Phantasien
von Einzigartigkeit und bewundernder Anerkennung durch andere.
  Auch junge Männer schildern die für sie kränkenden Wirkungen spöttischer Kommentare anderer, auch von »Mädchen«. Fehlende »Muskeln« und mangelnde körperliche Kraft, die dazu füh-

ren, beim »Armdrücken« sogar gegen »Mädchen« zu verlieren, und beim »Sport« von keiner Mannschaft ›gewollt‹ zu werden, werden als Symbole mangelnder Männlichkeit erlebt, eines Zustands als »Milchbubi«, eines noch von der Mutter abhängigen kleinen Jungen, der auch für Mädchen nicht attraktiv ist. Berichtet wird von der »Angst ... ausgelacht« zu werden.

> »Ich bin echt ein richtiger Milchbubi. Ich verliere jedes Armdrücken, egal gegen Junge oder Mädchen. Beim Sport will mich keiner haben, und ich habe das Gefühl, dass Mädchen genau deswegen mich nicht wollen. Ich will wenigstens ein paar Muskeln aufbauen und ein bisschen breiter werden. Ich brauche euren Rat« (15 Jahre).

> »Ich habe keine Muskeln und keinen guten Körperbau. Ich habe daher Angst, dass ich ausgelacht werde. Ich bin mit mir gar nicht zufrieden« (14 Jahre).

Neben fehlenden »Muskeln« spielt in den Beiträgen junger Männer als Quelle von Kränkungen die Größe eine Rolle, die Symbol zu sein scheint für erwachsene und für Mädchen attraktive Männlichkeit. »Klein« zu sein und »kleiner« als »Mädchen« widerspricht traditionellen Bildern heterosexueller Paarbeziehungen, in denen der Mann größer als die Frau zu sein hat, und führt zur Ablehnung durch Mädchen, die anziehend – »gut« – gefunden werden: »Sorry, du bist zu klein für mich.« Das führt dazu, sich »schlecht« zu ›fühlen‹, es »bedrückt« und ist »peinlich«.

> »Ich bin 14 Jahre alt und bin nur 1,62. Alle meine Freunde sind größer als ich und die Mädchen, die ich gut finde, meistens auch. Wenn die anderen mit Sprüchen wie Kleiner oder Zwerg ankommen, fühle ich mich immer schlecht. Und wenn ich dann noch Fünftklässler sehe, die größer sind als ich, geht es mir noch schlechter. Und wenn Mädchen mit Sprüchen ankommen wie Sorry, du bist zu klein für mich, dann bedrückt mich das.«

> »Ich bin überall der Kleinste, einige Fünftklässler sind größer als ich und das ist schon peinlich« (16 Jahre).

Die Bedeutung der Körpergröße hängt möglicherweise auch zusammen mit der großen Bedeutung der Größe des Penis, die in zahlreichen Schilderungen junger Männer deutlich wird (vgl. Teil I, 4) – beides ist Symbol einer potenten und überlegenen Männlichkeit, die Bildern einer »hegemonialen Männlichkeit«, eines Idealbilds von Männlichkeit entspricht, das gekennzeichnet ist durch Unabhängigkeit und Stärke, Aktivität und Dominanz. »Mit ner gewissen Größe gibt einem das doch ne ganz andere Ausstrahlung«, berichtet ein junger Mann in einer eigenen Studie – mit »Ausstrahlung« wohl anspielend auf dieses Idealbild von Männlichkeit, das sich auch im ›Habitus‹[78], der körperlichen Selbstpräsentation, zeigt (vgl. Friebertshäuser/Richter 2010: 25f.).

In einigen Aussagen junger Männer wird deutlich, dass es für sie schwierig sein kann, sich Kränkungen zuzugestehen, die mit spöttischen Kommentaren Anderer verbunden sind, möglicherweise weil solche Gefühle als Ausdruck von Abhängigkeit und Schwäche gesehen werden und damit dem Wunschbild überlegener Männlichkeit widersprechen. So relativiert ein junger Mann in einem Interview den Spott von »Freunden« über seinen wenig muskulösen Bauch – »du dickes Kind« – zunächst als »bloß Spaß«, als »nicht ernst gemeint«, um dann auf Nachfragen der Interviewerin seine Verletzung äußern zu können: »Manchmal bin ich ein bisschen« – er spricht das entsprechende Gefühl nicht aus, schildert aber sein Erleben: »Ach Mann, Scheiße«, um dann – nach einer nochmaligen Relativierung durch »Ich find das nicht so schlimm« – seine Gefühle auszudrücken: Es war »doch ein bisschen verletzend«. Dieser Prozess des Sich-Einlassens auf ein inneres Erleben, das Ausdruck von erfahrener Kränkung ist, war nur möglich durch das verständnisvolle Gegenüber der Interviewerin – ein Hinweis darauf, dass es für junge Männer wichtig sein kann, einen durch empathische Erwachsene abgesicherten Raum zu haben, in dem es ihnen möglich wird, Gefühle auszudrücken, die als Zeichen von Abhängigkeit und Schwäche erlebt werden.

---

78 Mit dem Begriff des »Habitus« werden – basierend auf Pierre Bourdieus Annahmen – »inkorporierte Denk-, Wahrnehmungs-, Bewertungs- und Handlungsmuster« (Friebertshäuser/Richter 2010: 35) bezeichnet.

»Meine Freunde sagen, keine Muskeln am Bauch, du dickes Kind und so. Aber es ist meist bloß Spaß. Nicht ernst gemeint. (Nachfrage der Interviewerin: Ist es dann nicht so, dass es dich dann irgendwie kränkt und du traurig nach Hause gehst?) Manchmal bin ich ein bisschen, ach Mann, Scheiße. (Nachfrage der Interviewerin: Es ist dann schon nicht so toll für dich?) Ich find das nicht so schlimm. Aber ja, doch ein bisschen verletzend« (Daniel, 13 Jahre).

Spöttische Kommentare über ihr Aussehen – sei es von Gleichaltrigen oder Erwachsenen – können für Jugendliche Quelle von Kränkungen und Verunsicherungen sein, umgekehrt haben aber auch positive, wertschätzende Blicke auf ihren Körper eine große Wirkung. Einige junge Frauen und Männer berichten von entsprechenden Situationen, die sie mit Stolz erfüllt und ihr Selbstbewusstsein gestärkt haben. So berichtet eine in einer eigenen Studie befragte 18-jährige junge Frau, die ihre Brüste zunächst ablehnte, von der großen Bedeutung der wertschätzenden Reaktionen einer Tante, durch die sich ihre Ablehnung in »Stolz« verwandelte (Flaake 2001: 129; vgl. Teil I, 3). Ein junger Mann, ebenfalls in einer eigenen Studie, berichtet, dass positive Kommentare von Freundinnen und Freunden über seinen Körper für ihn »gut und wichtig« waren und sein »Selbstbewusstsein« gestärkt haben.

»Von meinen Freundinnen und überhaupt so im Freundeskreis kam eigentlich immer Positives. Das war sehr gut und wichtig. Da hab ich mich immer wohl gefühlt. Und das gab mir auch Selbstbewusstsein« (Ben, 20 Jahre).

Für Jugendliche, die – insbesondere über Erfahrungen in der Familie schon vor der Pubertät – ein Fundament für ein von den Bewertungen anderer relativ unabhängiges Selbstbewusstsein entwickeln konnten, ist es leichter, sich gegenüber gesellschaftlichen Vorgaben für körperliche Attraktivität abzugrenzen und das eigene Aussehen nicht kritisch daran zu messen. So stehen junge Frauen und Männer – mit und ohne Migrationshintergrund – ihrem Körper umso positiver gegenüber, je mehr sie sich in ihrem Elternhaus ernst genommen fühlen (Wermann/Matthiesen 2013:

222). Umgekehrt macht ein fragiles Selbstbewusstsein anfällig für einen gemäß gesellschaftlichen Schönheitsvorstellungen defizitorientierten Blick auf den eigenen Körper. Das wird deutlich am Beispiel einer jungen Frau, deren Lebensgeschichte vom Fehlen positiver Beziehungserfahrungen in der Kindheit und ein damit verknüpftes fragiles Selbstbewusstsein geprägt ist. Sie beschreibt für sich eine starke Abhängigkeit von den Kommentaren Anderer über ihren Körper, die sich zunächst auf ihr »Dicksein« beziehen. »Es ist immer son Defizit ... Du bist halt nicht vollwertig« (Terhart 2014: 250), kennzeichnet sie ihr Erleben, dass sie dazu veranlasste, Diäten zu machen. Aber auch diese Bemühungen tragen nicht dazu bei, dass die Personen in ihrer Umgebung sie jetzt akzeptieren.

>	»Für mich war dann wirklich schrecklich dieses Erlebnis, dann gesagt zu bekommen, jetzt bist du hässlich. ... Wo ich gesagt hab, ich kann ja nie genügen, egal was ich mache, jetzt bin ich schon so schlank wie ihr mich haben wollt und auf einmal bin ich hässlich, was soll ich denn jetzt machen« (ebd.: 254).

Deutlich wird das Erleben der jungen Frau, den Ansprüchen Anderer an eine attraktive Körperlichkeit nie genügen zu können, gleichgültig, wie sehr sie sich darum bemüht. »Dick« zu sein wird als »Defizit« gesehen, als Zeichen dafür, »nicht vollwertig« zu sein, aber auch schlank zu sein bringt keine Erleichterung, denn jetzt erscheint sie Anderen als »hässlich«. Es zeigt sich eine starke Orientierung an den Bewertungen Anderer – daran, »wie ihr mich haben wollt« – und das Fehlen eigener Bezugspunkte, die als Orientierung dienen könnten, wohl ein Ergebnis ihrer durch wenig stabile Beziehungserfahrungen geprägten Kindheit. Vorherrschend ist bei dieser jungen Frau Hilflosigkeit sowohl im Verhalten gegenüber Anderen als auch bezogen auf eigene Verhaltensmöglichkeiten: »Was soll ich denn jetzt machen?«

3

Körperliche Attraktivität in gesellschaftlichen Weiblichkeits- und Männlichkeitskonstruktionen

Für beide Geschlechter können die körperlichen Veränderungen der Pubertät und der Vergleich des eigenen Körpers mit gesellschaftlichen Schönheitsvorstellungen Quelle von Verunsicherungen sein. Dennoch gibt es einen Unterschied zwischen der Situation junger Frauen und junger Männer. Obwohl Aktivität und Eigenständigkeit mittlerweile selbstverständliche Elemente eines positiv besetzten Bildes junger Frauen sind (vgl. Flaake/Fleßner 2005; Fleßner 2000; 2002; Stauber 1999), haben Vorstellungen von Schönheit und attraktiver Körperlichkeit noch immer eine große Bedeutung, sie sind besonders in der Adoleszenz weiterhin zentrales Merkmal einer positiv besetzten Weiblichkeit. Männlichkeit ist dagegen nicht nur über eine attraktive Körperlichkeit definiert, sondern ebenso über bestimmte Fähigkeiten, Fertigkeiten und Qualifikationen, etwa sportlicher, technischer oder intellektueller Art. Sachbezogene Kompetenzen und Erfolge sind dagegen nicht Elemente der gesellschaftlichen Definition einer positiv bewerteten Weiblichkeit, im besten Falle widersprechen sie ihr nicht. Damit sind Bedingungen gegeben, durch die das Selbstbewusstsein junger Frauen fragil werden kann. Ein Kern des Selbstverständnisses – ihre ihnen gesellschaftlich zugewiesene Weiblichkeit – ist stark gebunden an vorgegebene Ideale von Schönheit und Attraktivität, eigene sachbezogene Leistungen und Erfolge können nicht beitragen zur Stärkung dieser Seite der Persönlichkeit. Schönheitsideale gibt es zwar für junge Männer ebenso wie für junge Frauen, »aber Frauen werden stärker *als Körper* bewertet als Männer. ... Für Männer ist es kein Hindernis, wenn sie den Schönheitsnormen nicht entsprechen, für Frauen muss es nicht unbedingt eines sein, aber sie werden definitiv immer *auch* danach bewertet wie sie aussehen« (Stokowski 2016: 78; Kursivierung durch die Autorin) – so die prägnante Kennzeichnung einer jungen Feministin, die sich auch auf eigene Erfahrungen als Journalistin und freie Autorin bezieht.[79]

---

79 Ein anschauliches Beispiel für die Bewertung von Frauen über ihren Körper – im beschriebenen Fall im als aufgeklärt geltenden universitären Wissenschaftsmilieu – findet sich in einem Text der Sozialwissenschaftlerin Sarah Speck. »Ich (bin) auf einer soziologischen Tagung. Abends sitzen wir in einer Kneipe. Ich werde auf eine Situation angesprochen, in der ich öffentlich despektierlich behandelt wurde. Ein älterer Professor blickt mich herausfordernd an und sagt: ›Warum lassen Sie sich das gefallen? Haben Sie keine Persönlichkeit? Sie haben da übrigens einen Fleck auf der Brust‹. ... Mir wird in meinem professionellen Kontext deutlich gemacht, dass mein Körper als *weiblicher Körper* in Augenschein genommen wird« (http://www. logbuch-suhrkamp.de/sarah-speck/latente-beharrlichkeiten/; letzter Zugang 1.7.17). Die Geschichtswissenschaftlerin Ute Frevert weist auf der Basis ihrer historischen Studie darauf hin, »dass Frauen anders gedemütigt werden als Männer – an und mit ihrem Körper« (Frankfurter Rundschau Nr. 20 vom 24. Januar 2018, S. 21).

Diese Unterschiede in der Situation junger Frauen und Männer spiegeln sich wider in ihrer Haltung zur eigenen Attraktivität. Auf die Frage »Findest du dich attraktiv?« antwortet knapp die Hälfte der befragten jungen Männer mit »ja«, jedoch nur 15 % der jungen Frauen (Wermann/Matthiesen 2013: 218). Bei ihnen ist das Gefühl, attraktiv zu sein – anders als bei jungen Männern – stark abhängig von ihrer Arbeit am Körper, davon, ob sie sich »aufgestylt haben, ob sie die richtige Kleidung gewählt haben« und »welche Resonanz sie von anderen bekommen« (ebd.: 218). »Mädchen fühlen sich selten attraktiv, ohne dass sie etwas dafür getan hätten« (ebd.: 213) – so ein Resümee der Studie.[80] Offen bleibt, wie groß dabei die Bedeutung des – imaginierten oder realen – Blicks des anderen Geschlechts ist. In Studien der 1980er und 1990er Jahre wurde wiederkehrend festgestellt, dass das Selbstbewusstsein junger Frauen stark abhängig ist vom Gefühl, vom anderen Geschlecht begehrt zu werden (vgl. z. B. Flaake 1990). Seit den 1990er Jahren hat sich bei jungen Frauen ein deutlich selbstbewussteres Verhältnis zum anderen Geschlecht entwickelt. Für die Orientierungen vieler ist der Wunsch nach Eigenständigkeit und Unabhängigkeit von männlichen Beurteilungen kennzeichnend. Leitbild ist das des »coolen Mädchens« (Kirchhoff/Zander 2018: 96; vgl. auch Flaake/Fleßner 2005; Wallner 2012).[81] Angela McRobbie weist jedoch darauf hin, dass für das

---

80 Die auf der Internetplattform YouTube präsentierten »Make-up-Tutorials«, die von zahlreichen jungen Frauen besucht werden, zeigen das Bedürfnis nach Gestaltung des Aussehens gemäß Bildern von Schönheit und Weiblichkeit, die den herrschenden Vorstellungen entsprechen. Zugleich wird das Aufwändige der Arbeit am Körper deutlich, das mit dem Bemühen junger Frauen verbunden ist, diesen Vorstellungen zu genügen. Zu einem noch laufenden Forschungsprojekt im Rahmen des Cornelia Goethe Centrums an der Universität Frankfurt zu dieser Thematik vgl. Franz 2016.

81 Dass es unterhalb der Ebene des Betonens einer Unabhängigkeit von männlichen Beurteilungen dennoch auch Orientierungen daran gibt, zeigt eine Studie mit 13- bis 15-jährigen Schülerinnen, in der deutlich

Selbstbewusstsein junger Frauen zwar die Bewertungen der Männer bezogen auf ihren Körper an Bedeutung verloren haben, stattdessen jedoch neue, Ungleichheiten im Geschlechterverhältnis reproduzierende gesellschaftliche Bedingungen an Relevanz gewonnen haben: das Mode- und Schönheitssystem.[82]

»Jetzt, da sie (die junge Frau) ihre eigenen Entscheidungen treffen kann, scheint es, als ob das angstbesetzte Terrain der männlichen Bestätigung hinter dem neuen Horizont selbstauferlegter kultureller Weiblichkeitsnormen verschwindet. ... (Es entsteht) ein Regime der Selbstkontrolle, an dessen strengen Kriterien Frauen sich immer und ständig messen müssen« (McRobbie 2010: 98f.).[83]

So scheinen Schönheitsnormen für Frauen an Bedeutung gewonnen zu haben, als sich ihre politischen, rechtlichen und finanziellen Möglichkeiten erweiterten.

---

wird, dass die jungen Frauen bei der Beurteilung von in der Werbung präsentierten Frauenkörpern auch aus der männlichen Perspektive argumentieren. Es ist der »männliche Blick...«, den die Jugendliche übernimmt, um die weiblichen Attribute zu benennen, die ein Mann als potentieller Partner attraktiv finden würde« (Friese 2013: 148). Von dem medial präsentierten gesellschaftlichen Leitbild eines attraktiven Frauenkörpers »wird angenommen, dass es auch dem Bild entspricht, welches sich Männer von einer idealen Partnerin machen« (ebd.: 149). Zugleich können die jungen Frauen aber »die Unnatürlichkeit der (medialen K. F.) Inszenierungen erkennen und auch kritisch betrachten« (ebd.: 153). Das begründet möglicherweise auch einen kritischen Blick auf die vermuteten Perspektiven der (jungen) Männer.

82 Die Spannung zwischen geforderter Eigenständigkeit junger Frauen und Abhängigkeit von Schönheitsvorstellungen wird deutlich in der medial vermittelten Doppelbotschaft: »Sei wie du bist, aber beachte folgende Diät- und Schminktipps!« (Schmincke 2011: 149). Das ist das Fazit einer Studie über körperbezogene Aussagen in der Mädchenzeitschrift Bravo Girl.

83 Angela McRobbie weist darauf hin, dass ›Weißsein‹ als zentrale »kulturelle Dominante im Feld des Mode-und Schönheitssystems« (McRobbie 2010: 105) fungiert und darin eine Form der »Rekolonialisierung« (ebd.) zu sehen ist.

»In dem Maß, wie es den Frauen gelang, sich vom Kinder-Küche-Kirche-Weiblichkeitswahn frei zu machen, übernahm der Schönheitsmythos dessen Funktion als Instrument sozialer Kontrolle« (Naomi Wolf, zit. nach Stokowski 2016: 79).

Dieser »Schönheitsmythos« ist jedoch nicht bei allen jungen Frauen gleichermaßen wirksam. Es gibt zwischen gesellschaftlichen Bildern körperlicher Attraktivität und den Orientierungs- und Verhaltensmustern junger Frauen vermittelnde Bedingungen. Dazu gehören Zukunftsperspektiven, bei denen sich sozialer Erfolg und Anerkennung über andere als körperbezogene Qualitäten herstellen. Zentrale Bedeutung haben dabei der schulische bzw. formale Bildungshintergrund sowie ein schon vor der Pubertät erworbenes Fundament für ein von äußeren Bestätigungen relativ unabhängiges Selbstbewusstsein.

Die vielfältigen Körpergestaltungen, Körperinszenierungen und Körperpräsentationen von jungen Frauen und Männern zeigen, dass gesellschaftliche Vorgaben einen Rahmen bilden, mit dem Jugendliche sich auseinandersetzen müssen, dass es zugleich jedoch Spielräume für die Entwicklung eigener Darstellungsweisen gibt, die lustvoll und kreativ genutzt werden können. Körpergestaltungen, Körperinszenierungen und Körperpräsentationen sind auch Ausdruck der Suche von Jugendlichen nach einem eigenen Weg zwischen gesellschaftlichen Vorgaben und eigenen Bedürfnissen, Wünschen und Interessen, ein Experimentieren mit neuen Formen des Selbstausdrucks und der Selbstdarstellung in einer von Umbrüchen und der Notwendigkeit von Neuorientierungen geprägten lebensgeschichtlichen Phase.

4

Körpergestaltungen – Veränderungen an den Körpergrenzen

Bei Jugendlichen in westlichen Kulturen gibt es ein breites Spektrum praktizierter Körpergestaltungen. Seit den 1990er Jahren haben dabei Gestaltungsweisen an Bedeutung gewonnen, in denen Körpergrenzen überschritten und in die Körperhülle, die Haut eingreifende Techniken angewandt werden. Feststellbar ist eine »Ausweitung der Gestaltungsimperative« (Schmincke 2011: 151). Die am stärksten in den Körper eingreifende und ihn verändernde Variante sind Schönheitsoperationen, die zunehmend auch den Genitalbereich betreffen. Solche Eingriffe in den Körper sind unter Jugendlichen in der BRD selten: 2,4 % bzw. 4,5 % der 14- bis 24-Jährigen bzw. 25- bis 34-Jährigen haben sich, nach den Ergebnissen einer repräsentativen Studie einer ›kosmetischen Dermatologie‹, zu der auch Laserbehandlungen, also wenig invasive Techniken, gehören, unterzogen, davon mehrheitlich junge Frauen (Hinz u. a. 2006: 9; vgl. auch Trunk 2018).[84] Ein Teil der jungen Frauen kann sich jedoch vorstellen, sich einer Schönheitsoperation zu unterziehen. Nach den Ergebnissen einer repräsentativen Untersuchung der Bundeszentrale für gesundheitliche Aufklärung geben 20 % der 14- bis 25-Jährigen ohne und 25 % derjenigen mit Migrationshintergrund an, eine solche Operation machen zu lassen, wenn sie die Möglichkeit dazu hätten (Heßling/Bode 2015a: 87). Es gibt aber auch eine große Gruppe junger Frauen, die operative Maßnahmen strikt ablehnt: Jede zweite junge Frau ohne und etwas weniger der jungen Frauen mit Migrationshintergrund äußern eine solche dezidierte Ablehnung (ebd.). Dabei hat sich in den vergangenen zehn Jahren wenig verändert am Verhältnis junger Frauen zu Schönheitsoperationen (ebd.: 89). Für diesen Zeitraum ist in der BRD keine erhöhte Bereitschaft feststellbar, sich einer solchen Form der invasiven Körpermodifikation zu unterziehen. In der Gruppe der jungen Männer ist die Zustimmung zu Schönheitsoperationen deutlich geringer: 4 % der jungen Männer ohne und 5 % derjenigen mit Migrationshintergrund geben an,

---

84 Eine Statistik zur Altersstruktur derjenigen, die sich in Deutschland einer Schönheitsoperation unterzogen haben, stellt für 2015 bei den 18 bis 30-Jährigen deutlich höheren Zahlen fest. Danach haben sich bei den bis zu 17-Jährigen 0,4 % einer Schönheitsoperation unterzogen, bei den 18 bis 30-Jährigen jedoch 24,6 % (https://de.statista.com/statistik/daten/studie/172654/umfrage/altersstruktur-bei-schoenheitsoperationen-2010/; letzter Zugang 27.5.2018). Das Durchschnittsalter derjenigen, die sich 2015 einer Schönheitsoperation in Deutschland unterzogen haben, liegt bei den Männern bei 44,4 Jahren, bei den Frauen bei 42,2 Jahren (https://de.statista.com/statistik/daten/studie/241330/umfrage/durchschnittsalter-von-patienten-von-schoenheitsoperationen-nach-geschlecht/; letzter Zugang 27.5.2018). Möglicherweise sind Schönheitsoperationen ein Mittel der Körpermodifikation, das erst im Erwachsenenalter an Bedeutung gewinnt. Die häufigste Schönheitsoperation bei Frauen ist die einer Brustvergrößerung.

sich einer Schönheitsoperation unterziehen zu wollen, wenn sie die Möglichkeit dazu hätten (ebd.: 87).

Tattoos und Piercings sind ebenfalls zu verstehen als eine Form der invasiven Körpermodifikation, wenn auch nicht so tiefgreifend wie Schönheitsoperationen. Körpergrenzen werden bearbeitet und verändert, oft sind diese Modifikationen mit Schmerzen verbunden. Dabei sind Tattoos unter den 16- bis 29-Jährigen nach einer repräsentativen Studie des Instituts für Demoskopie Allensbach verbreiteter als Piercings. Knapp ein Viertel dieser Altersgruppe hat ein Tattoo, jedoch nur 15 % ein Piercing (Institut für Demoskopie Allensbach 2014: 1f.). Mehr junge Frauen als Männer tragen ein Tattoo oder Piercing (30% vs. 18% bei Tatoos, 24,9% vs. 10,7% bei Piercings[85]), dabei spielt der Bildungshintergrund eine Rolle: Diejenigen mit einem höheren Bildungsabschluss sind seltener tätowiert bzw. gepierct als diejenigen mit einem niedrigeren Bildungsabschluss.[86]

Aus psychoanalytisch-sozialpsychologischer Perspektive können Tattoos und Piercings verstanden werden als Versuche, die mit den körperlichen Veränderungen der Pubertät verbundenen Verunsicherungen und die anstehenden Trennungserfahrungen

---

85 Die auf Piercings bezogenen Daten beziehen sich auf eine für die BRD repräsentative Studie mit 12- bis 40-Jährigen, die Schulen besuchen oder studieren (Appel u. a. 2015: 506).

86 Nach den für die BRD repräsentativen Ergebnissen der Studie des Instituts für Demoskopie Allensbach ist »von den 16- bis 29-Jährigen mit einfacher Schulbildung, also höchstens Hauptschulabschluss, jeder dritte tätowiert, von denjenigen mit mittlerer Reife 29 %. Dagegen haben nur 14 % der (Fach-)Abiturienten ein Tattoo. Unterschiede gibt es auch zwischen West- und Ostdeutschland. 41 % der ostdeutschen 16- bis 29-Jährigen haben ein Tattoo, in Westdeutschland sind es mit 20 % nur knapp halb so viele« (Institut für Demoskopie Allensbach 2014: 2). Eine ebenfalls für die BRD repräsentative Studie kommt für Piercings zu ähnlichen Ergebnissen: »Gymnasiasten bzw. Studierende sind seltener gepierct als Schüler, die maximal einen Realschulabschluss haben oder anstreben (14,8 % vs. 36,8 %)« (Appel u. a. 2015: 506).

dieser Zeit auf eine Weise zu bearbeiten, durch die die Kontrolle über den Körper und die eigene Lebenssituation wieder hergestellt werden kann. Zugleich wird der Schmerz, der mit den zentralen Ereignissen dieser Lebensphase verbunden ist, nach außen getragen und inszeniert durch die schmerzhafte Veränderung der Körperoberfläche. Der Schmerz über die Trennung von den Eltern und von der Kindheit wird ausagiert in einer Handlung, die mit Schmerzen verbunden ist und zugleich eine Abgrenzung von der Elterngeneration und eine Verortung in der Peergroup, die ähnliche Symbole verwendet, signalisiert. Tattoos und Piercings können »verbinden wie abtrennen. Verbinden ... mit einer Gruppe, ... Trennen, in dem eine bewusste Abgrenzung von den Erwachsenen stattfindet, vielleicht auch eine bewusste Provokation der Eltern« (Bammann 2011: 181).[87] Innerpsychisch können sie den Charakter einer »Rettungsstrategie« (Rohr 2017: 73) haben, um »das aus den Fugen geratene adoleszente Körperbild und Körperselbst mitsamt seiner beängstigenden Triebhaftigkeit ... erneut zu fokussieren und ein diffus gewordenes Körpererleben zumindest zeitweise zu konsolidieren« (ebd.). Unbewusst geht es dann darum, »das Gefühl von Kontrollverlust und Dekompensation durch die freiwillige und bewusst herbeigeführte Verletzung von Körpergrenzen und Körperhülle zu relativieren und damit die Integration neuer Körpergrenzen und Körpererfahrungen zu erleichtern« (ebd.; vgl. auch King 2011a: 86).[88]

---

87 Am Beispiel des Bauchnabelpiercings einer jungen Frau zeigt Elisabeth Rohr die Bedeutung, die dieser Form der Körpermodifikation – die fast ausschließlich bei Frauen zu finden ist – im Zusammenhang mit den Themen Bindung und Trennung in der Mutter-Tochter-Beziehung zukommen kann (Rohr 2017: 75). Der Bauchnabel ist bei 15–34-jährigen Frauen der Bereich, der am häufigsten gepierct wird (Brähler 2009: 11).

88 Elisabeth Rohr weist darauf hin, dass Piercings und Tattoos »eine kreative und vom Anspruch her auch protektive Form psychosozialer Kompromissbildung in der Adoleszenz« (Rohr 2017: 76) sein, sie potenziell aber auch problematische Folgen haben können. Indem inneres Erleben äußerlich inszeniert und über die Haut bearbeitet wird, kann die Mög-

Eine andere Form der Körpergestaltung, die für die Mehrzahl der Jugendlichen eine Selbstverständlichkeit geworden ist und sich nur auf die Oberfläche des Körpers bezieht, ist die Entfernung der Körperbehaarung. Insbesondere für junge Frauen ist es selbstverständlich geworden, sich die Haare an Beinen und Achseln zu entfernen. Bei jungen Männern ist die Situation weniger eindeutig. Die Entfernung von Achselhaaren und Haaren auf dem Rücken befürworten auch sie, »Brust-und Bauchhaare allerdings polarisieren die jungen Männer. ... Beinhaare werden ... so gut wie nie rasiert, da dies als ›schwul‹ oder unmännlich gilt« (Mainka/Matthiesen 2013: 227). Brustbehaarung wird von einigen als männlich empfunden, von einigen jedoch als ungepflegt, sodass sie entfernt wird. Für junge Männer »ist es schwer, eine individuelle Balance zwischen zu wenigen Haaren und zu vielen Haaren, sprich zwischen ›unmännlich‹ oder ›schwul‹ sowie ›ungepflegt‹ oder ›eklig‹ zu finden. Für junge Frauen ist die Norm viel klarer definiert und die Grenze zu Zu-wenig-Haar kaum zu überschreiten« (ebd.: 232). Möglicherweise deutet sich hier eine Veränderung körperbezogener Männlichkeitsbilder an. Brustbehaarung kann mit der Assoziation körperlicher Kraft und Stärke verbunden sein, Attribute von Männlichkeit, die möglicherweise an Bedeutung verlieren. Erhalten hat sich jedoch die Abgrenzung gegenüber all dem, was als ›schwul‹ und damit als ›weiblich‹ und ›unmännlich‹ empfunden wird.

Seit den 1990er Jahren hat sich für Jugendliche beiderlei Geschlechts die Entfernung der Schambehaarung zur Norm und damit zur Selbstverständlichkeit bei der Körpergestaltung entwickelt.[89] Mit der damit verbundenen Sichtbarkeit insbesondere der

---

lichkeit bestehen, dass die zugrunde liegenden Probleme einer weiteren psychischen Verarbeitung und Reflexion nicht mehr zugänglich sind, sondern »durch das Piercing und Tattoo transformiert und als körperliche Symbole auf die Haut gebannt werden und sich damit einer diskursiven Auseinandersetzung widersetzen« (ebd.: 74).

89 Ada Borkenhagen sieht die Verbreitung der Intimrasur im Zusammenhang mit der Thematisierung oraler Sexualpraktiken durch die Medien.

weiblichen Genitalien wird auch dieser Bereich geöffnet für gesellschaftliche Schönheitsvorstellungen.

»Es ist die ›neue‹ Sichtbarkeit der äußeren weiblichen Genitalien, die dazu führt, dass sich auch für diesen Bereich Schönheitsnormen herausbilden: Erstmals entwickelt sich eine allgemeingültige… verbindliche Intimästhetik« (Borkenhagen/Brähler zit. nach Schmincke 2011: 151).

In einer 2009–2011 durchgeführten Studie mit 16- bis 19-Jährigen gaben 94 % der jungen Frauen und 81 % der jungen Männer an, sich die Schambehaarung ganz oder teilweise zu entfernen. Das gilt für Jugendliche aller Bildungs- und Gesellschaftsschichten gleichermaßen und ist unabhängig vom Vorhanden- oder Nichtvorhandensein eines Migrationshintergrundes (Mainka/Matthiesen 2013: 224). Bei den Begründungen dominiert der Hygieneaspekt, bei jungen Frauen häufig bezogen auf Urin und das Blut der Menstruation, die sich in den Haaren sammeln und die Sauberkeit beeinträchtigen könnten. Auch orale Sexualpraktiken spielen eine Rolle. So betonen einige – und mehr junge Frauen als Männer –, dass sie Schamhaare dabei als störend empfinden. Ein Teil der jungen Frauen rasiert die Schamhaare nicht nur, sondern gestaltet sie, zum Beispiel durch Muster oder schmale Streifen.

Bezogen auf junge Frauen hat die Verbreitung der Intimrasur in den vergangenen Jahrzehnten unterschiedliche Facetten. So kann die Entfernung der Schamhaare gesehen werden als Wiedererschaffung eines vorpubertären Körpers und dementsprechend einer »Infantilisierung der weiblichen Sexualität« (Brähler/Borkenhagen, zit. nach Schmincke 2011: 151) Vorschub leisten. Es ist aber auch möglich, die Intimrasur als »Akt der Befreiung« (Schmincke 2011: 151) zu interpretieren, denn durch die stärkere

---

»In den 1990er Jahren kamen in den Populärmedien – besonders den Frauenzeitschriften – erstmals Berichte über Oralsex bei Frauen auf. Gleichsam als Voraussetzung für diese im Trend liegende Sexualpraktik wird die weibliche Teil- bzw. Vollintimrasur von den Medien propagiert« (Borkenhagen 2011: 20).

Sichtbarkeit der Genitalien haben junge Frauen bessere Möglichkeiten, sich diesen sonst eher verborgenen Bereich anzueignen.

»Die Entfernung der Schamhaare kann ... ein positives Körperverhältnis fördern, zum einen weil sich die Jugendlichen mit ihren Genitalien beschäftigen müssen. Zum anderen wird durch die Entfernung der Schamhaare die Anatomie sichtbarer. ... Dies kann ein positiver Faktor sein, der Tabuisierung und dem Verschweigen des weiblichen Genitales und weiblicher Sexualität entgegenzuwirken« (Borkenhagen 2011: 23).

Diese eine selbstbewusste Aneignung des sexuellen Körpers fördernde Qualität der Intimrasur kann jedoch gebremst werden durch die mit ihr verbundene Ausweitung der »Gestaltungsimperative« (Schmincke 2011: 151) auf den Genitalbereich, die zur Entwicklung der kosmetischen Genitalchirurgie beigetragen hat und über die sich traditionelle Geschlechterverhältnisse reproduzieren können.

»Es existiert von nun an eine ästhetische Norm, wie Frau ›da unten‹ auszusehen hat. ... Während das männliche Genitale möglichst groß und prominent sein soll, gilt das weibliche als schön, wenn es im Gegensatz dazu möglichst klein und unscheinbar erscheint. Die inneren Schamlippen sollen kürzer als die äußeren sein und von den äußeren vollständig umschlossen werden, so dass das innere Genitale verdeckt ist. ... Damit ist die neue weibliche Genitalästhetik weiterhin an den traditionellen Vorstellungen männlicher und weiblicher Sexualität orientiert, bei der Männlichkeit durch Sichtbarkeit des äußeren Genitales und die Größe desselben, Weiblichkeit dagegen durch Verborgenheit (des inneren Genitales) und Abwesenheit symbolisiert wird. ... Denn trotz der ›neuen‹ Sichtbarkeit der weiblichen Genitalien dürfen diese nur offensiv zur Schau gestellt werden, sofern sie der neuen weiblichen Intimästhetik von Verborgenheit und Jugendlichkeit entsprechen« (Borkenhagen 2011: 21).

Bisher scheint die Bereitschaft von Frauen in der BRD, eine Schamlippenverkleinerung in Erwägung zu ziehen, gering zu sein, genaue Daten dazu liegen allerdings nicht vor. Das gilt auch für die Anzahl der durchgeführten Operationen – da sie privat bezahlt werden, werden sie nicht systematisch erfasst. Piercings im Genitalbereich sind ebenfalls selten. In einer 2009 durchgeführten repräsentativen Studie der Universität Leipzig gaben 0,4 % der 14- bis 34-jährigen Frauen an, im Genitalbereich gepierct zu sein (Brähler 2009: 11).

5

Körpergestaltungen zwischen normativen Vorgaben und der Suche nach eigenen Ausdrucksmöglichkeiten – das Stylen

Fast allen Jugendlichen ist eine Präsentation ihrer äußeren Erscheinung wichtig, mit der sie sich in ihrem sozialen Umfeld wohl fühlen. Verbreitet sind ›Stylen‹ und die Arbeit an der Figur, zum Beispiel durch Diäten, Sport oder Krafttraining. ›Stylen‹, auf die Oberfläche des Körpers gerichtete Aktivitäten, beziehen sich vor allem auf die Haare, das Schminken und die Kleidung – die »richtigen Klamotten«, wie es eine junge Frau in einer Studie formuliert (Wermann/Matthiesen 2013: 221). Die Kennzeichnung »richtig« deutet hin auf die Bedeutung normativer Vorgaben für Körpergestaltungen. Diese Normen können in unterschiedlichen sozialen Milieus und jugendkulturellen Kontexten variieren. Was als »richtig« erlebt wird, hängt stark ab von den als wichtig erachteten Gleichaltrigen in der sozialen Umgebung: den Freund*innen[90], der Clique und dem Bezug zu bestimmten jugendkulturellen ›Szenen‹. Gesellschaftliche Schönheitsnormen und Angebote des Modesystems spielen dabei als Orientierungsfolie eine Rolle, aber auch Wünsche nach Individualität, danach, sich auf eigene Weise zu präsentieren und damit zu experimentieren.

Viele Jugendliche – aufgrund der größeren Bedeutsamkeit gesellschaftlicher Schönheitsvorstellungen für sie insbesondere junge Frauen – suchen eine Balance zwischen sozialen Normen für körperliche Attraktivität und der Entwicklung eigener Ausdrucksformen. Die Suche nach einer solchen Balance wird im Text einer 16-jährigen jungen Frau deutlich, der in der – sich im Sinne der Herausgeberin als für Frauen emanzipatorisch verstehenden – Zeitschrift »Barbara«[91] erschienen ist.

> »Das zweitschönste der Welt (nach der Liebe, K. F.) ist Style! Klingt oberflächlich macht aber Spaß! ... Leider bin ich noch an die Konventionen in der Schule gebunden. Ich würde meine roséfarbene Fellweste gern öfter tragen, doch ich möchte nicht als überstylter Yeti das Klassenzimmer betreten. Trotzdem hab ich keinen Bock, immer mit Nike-Sneakern, Röhrenjeans und Abercrombie & Fitch-Pullis rumzulaufen. In der Schule halten sich viele gern daran fest. Bevor sie etwas Falsches anziehen, gehen sie lieber mit der Masse. Jungs müssen übrigens nur ein normales Shirt, ein paar ordentliche Sneaker und eine passende Hose tragen. Wenn sie sonst gut aussehen, reicht das. Überstylte Jungs kommen bei uns nämlich nicht so gut an. Zum guten Style gehört auch eine gute Figur. In meinem Umkreis hat Fitness bei

---

90 Durch das * soll deutlich werden, dass alle Personen gemeint sind, auch jene, die sich nicht in die binäre Frau-Mann-Kategorisierung einordnen wollen oder können, etwa Transgenderpersonen (vgl. Teil I, 5).

91 »Barbara« wirbt damit, »kein normales Frauenmagazin« sein und »ohne Diät, workout und To-Do-Listen« zu erscheinen (www.Barbara.de; letzter Zugang 22.7.2017).

Mädchen wie bei Jungs einen hohen Stellenwert. ... Finde ich aber allemal besser, als sich runterzuhungern. Auch ich wollte diesen sportlichen Lifestyle, also fing ich mit Fitnesstraining und gesunder Ernährung an. ... Was mich richtig nervt sind absurde Schönheitsideale« (Rosalie, 16 Jahre, zit. aus der Zeitschrift »Barbara«, Mai 2017, S. 62).

Die junge Frau, Rosalie, betont, dass ›Stylen‹ ihr »Spaß« macht – wie der überwiegenden Mehrheit der in der für die BRD repräsentativen Studie der Bundeszentrale für gesundheitliche Aufklärung befragten jungen Frauen: 71 % geben an, sich »gerne« zu »stylen« (Heßling/Bode 2015a: 85). Deutlich wird in Rosalies Schilderungen das Bemühen, eine Balance zu finden zwischen den »Konventionen«, den Normen in der Schulklasse und dem Wunsch nach eigenwilliger Kleidung: Ihre »roséfarbene Fellweste« trägt sie nicht in der Schule, weil sie dort als ›überstylt‹ gelten würde. Zugleich grenzt sie sich ab von denen in der Klasse, die sich wie die »Masse« kleiden, weil sie Angst haben, etwas »Falsches« anzuziehen, die also nicht experimentierfreudig und an individuellem Ausdruck interessiert sind. Bei der Bestimmung dessen, was die »Masse« ausmacht, spielen Markennamen eine Rolle. Genannt werden »Nike« und »Abercrombie & Fitch«. Abercrombie & Fitch steht für eine Marke, die zunächst teuer und unter Jugendlichen sehr beliebt war – die Presse spricht von einem »gigantischen Hype«, einer »Kultmarke« –, die jedoch »inzwischen out« und auch in Billigläden zu finden ist (www.fr.de vom 23.11.13: »Hollister & Abercrombie: Der letzte Schrei, er ist vorbei«; letzter Zugang 23.6.2017). Offen bleibt, ob sich Rosalie nur gegenüber Klassenkameradinnen abgrenzt, die in ihrer Kleidung nicht kreativ und individuell sind, oder auch gegenüber denjenigen aus sozialen Milieus, die sich zwar bemühen, bei aktuellen Modetrends mitzuhalten, sich aber nur die Billigvariante leisten können. Kleidung fungiert dann als Mittel der sozialen Abgrenzung, der Markierung des eigenen überlegenen sozialen Status (vgl. Bourdieu 1982). Auch die Betonung der eigenen Kreativität kann diese Funktion haben. Mitglieder aus privilegierten sozialen Milieus können sich eher als andere die Souveränität erlauben, sich über kleidungsbezogene Statussymbole hinwegzusetzen. Ihre Unabhängigkeit von diesen Symbolen zeigt, dass sie sozial gesehen ›oben‹ bleiben, ganz gleich wie sie sich anziehen. Für »Jungs« gelten nach Rosalie andere Normen für Attraktivität. Sie müssen sich nicht ›stylen‹ – ein »normales Shirt«, »ordentliche Sneaker« und eine »passende Hose« reichen –, im Gegenteil: »überstylte Jungs« kommen nicht »gut an«. Allerdings sollten sie »gut aussehen«.[92] Für beide Geschlechter gilt jedoch die Norm, eine »gute Figur« haben zu müssen. »Fitness« ist deshalb für »Mädchen« und »Jungs« wichtig. »Fitnesstraining« und »gesunde Ernährung« tragen für Rosalie dazu bei. Gemäß der für die BRD repräsentativen Studie der Bundeszentrale für gesundheitliche Aufklärung ist körperliche Fitness für beide Geschlechter wichtig, für junge Männer jedoch noch wichtiger als für junge Frauen: 74 % der jungen Männer achten darauf, »körperlich fit zu bleiben«, für 65 % der jungen Frauen ist das wichtig (Heßling/Bode 2015a: 85).[93] Dabei sind auch Diäten als Mittel der Körpergestaltung – von Rosalie als »runterhungern« abgelehnt – für einige junge Frauen bedeutsam. In einer für die BRD repräsentativen Studie geben 21,8 % der 11- bis 15-jährigen Mädchen an, derzeit eine Diät zu machen, um abzunehmen (HBSC-Studienverbund Deutschland 2015a: 1).[94]

---

92 In der für die BRD repräsentativen Studie der Bundeszentrale für gesundheitliche Aufklärung geben deutlich weniger junge Männer als junge Frauen an, sich »gerne« zu »stylen«: 54 % vs. 71 % (Heßling/Bode 2015a: 85).

93 In der für die BRD repräsentativen Studie der Bundeszentrale für gesundheitliche Aufklärung zeigen sich bei jungen Männern je nach Herkunft unterschiedliche Haltungen zu Fitness und Stylen. »Beides ist den Jungen/jungen Männern aus Elternhäusern mit Migrationshintergrund wichtiger als den Jungen/jungen Männern deutscher Herkunft« (Heßling/Bode 2015a: 86). Bei jungen Frauen finden sich entsprechende Differenzen nicht.

94 Bei den Jungen ist der Anteil derjenigen, die eine Diät machen, um abzunehmen, deutlich geringer: Er beträgt 11,9 % (HBSC-Studienverbund Deutschland 2015a: 1).

Rosalie steht für eine junge Frau, die sich im Einklang mit der gesellschaftlichen Anforderung zur ›Arbeit am Körper‹ befindet. Sie folgt dieser Anforderung lustvoll, aber reflektiert: »absurde Schönheitsideale« sowie Diäten, die zum »runterhungern« führen, lehnt sie ab. Dabei ist sie bemüht, innerhalb des vorgegebenen Rahmens einen eigenen Stil zu entwickeln. Es lassen sich keine Aussagen machen über die zahlenmäßige Verbreitung einer solchen Orientierung junger Frauen in der BRD. Vorfindbar ist ein Spektrum, an dessen einem Pol sich junge Frauen bewusst von herrschenden Schönheitsvorstellungen abgrenzen und an dessen anderem Pol sich junge Frauen befinden, die sich bemühen, diesen Vorstellungen möglichst umfassend gerecht zu werden.

In einer qualitativ orientierten, jedoch nicht repräsentativen Studie[95] wird festgestellt, dass es nur wenigen jungen Frauen gelingt, sich dem Druck zur körperlichen Selbstoptimierung zu entziehen (Wermann/Matthiesen 2013: 221). Diesen jungen Frauen ist es möglich, Gelassenheit gegenüber wahrgenommenen Differenzen zwischen eigenem Körper und dem als optimal empfundenen zu entwickeln. Das wird in den folgenden Aussagen deutlich (zit. aus Wermann/Matthiesen 2013: 221):

»Ich bin nicht perfekt. ... Aber das ist nicht so schlimm. Man kann aus jedem Makel einen Vorteil ziehen« (Ayse, 18 Jahre).

»Ich hab ein paar Rundungen und das ist in Ordnung. Und wenn mich jemand so nicht mag, dann hat er Pech« (Marianne, 17 Jahre).

»Es gibt hier und da irgendwas, das ich verbessern könnte, muss jetzt aber nicht sein« (Gülhanim, 18 Jahre).

Als hilfreich erwies sich für einige der Befragten der Bezug zu Schönheitsvorstellungen in anderen Kulturen, zu denen es auch eine Verbindung gab. So wird eine Gymnasiastin mit türkischem

---

95 Befragt wurden 160 junge Frauen und Männer. Damit ist die Studie zwar nicht repräsentativ, die Anzahl der Befragten jedoch groß genug, um Tendenzen aufzuzeigen (Wermann/Matthiesen 2013: 211).

Migrationshintergrund zitiert, die Schlankheitsideale für sich relativieren kann, indem sie auf in der Türkei vorherrschende fülligere Körperformen verweist (ebd.: 219).

In Rosalies Schilderungen wird deutlich, dass das Geschlecht eine große Bedeutung für Körperpräsentationen hat – für die jungen Frauen gelten andere Vorstellungen von attraktiver Körperlichkeit als für junge Männer –, und soziale Milieuunterschiede die Ausgestaltung der Anforderung an eine ›Arbeit am Körper‹ prägen. So unterscheiden sich Körpergestaltungen, Körperinszenierungen und Körperpräsentationen von Jugendlichen gemäß einer Vielzahl von sozialen Differenzlinien: insbesondere dem Geschlecht, dem schulischen bzw. formalen Bildungshintergrund, dem sozialen Herkunftsmilieu, dem ethnischen bzw. migrationsbezogenen Familienhintergrund, zudem – quer zu diesen Differenzlinien verlaufend – gemäß Unterschieden, die durch die Zugehörigkeit zu einer bestimmten jugendkulturellen Szene geprägt sind. Diese Differenzen entfalten sich vor dem Hintergrund gesellschaftlicher Bilder von Schönheit und Attraktivität, diese Bilder können von Jugendlichen jedoch unterschiedlich ausgestaltet werden: Sie können sich bemühen, ihnen möglichst umfassend zu genügen, sie können sie gemäß eigenen Interessen, Wünschen und Bedürfnissen umarbeiten und sie können versuchen, sich von ihnen abzugrenzen und alternativen Vorstellungen folgen.

6

Gesellschaftliche und kulturelle Einbindung von Körpergestaltungen – Bedeutung sozialer Milieus und migrationsbedingter familialer Herkunftskontexte

Körpergestaltungen im System sozialer Ungleichheiten – Bedeutung des erreichten oder erreichbaren schulischen Bildungsabschlusses

Pierre Bourdieu hat in seinen Analysen über die »feinen Unterschiede« (Bourdieu 1982) anschaulich beschrieben, wie sich soziale Ungleichheitsstrukturen über inkorporierte – in den Körper eingeschriebene, dem einzelnen selbstverständlich gewordene und damit nicht mehr bewusste – Denk-, Wahrnehmungs-, Bewertungs- und Handlungsmuster reproduzieren. Zu Elementen dieser inkorporierten Muster, dieses »Habitus« (ebd.), gehören auch Präferenzen für bestimmte Körpergestaltungen und -präsentationen. Sie sind geprägt durch Prozesse des Heranwachsens in bestimmten sozialen Milieus, enthalten mit diesem Milieu verbundene Wünsche, Fantasien und Orientierungen und legen zugleich Bindungen an dieses Milieu nahe.

> »Ästhetische Praktiken und Präferenzen tragen zur Reproduktion sozialer Ungleichheiten bei. Zum einen, weil diese gebunden sind an die soziale Position des Akteurs. ... Klassenspezifische Handlungs-, Wahrnehmungs- und Bewertungsschemata werden früh in der Herkunftsfamilie und ... in der Schule wie mit den Peers inkorporiert, und diese habituellen Schemata strukturieren das weitere Handeln. ... Den vestimentären Praktiken (wird) ... eine ungleiche Wertigkeit zugeschrieben. Die Art der Selbst-Präsentation ... verspricht Anerkennung – oder verwehrt diese« (König 2011: 167f.).

In einer Ende der 1980er Jahre durchgeführten Studie hat Cornelia Helfferich die Wünsche und Fantasien aufgezeigt, die für Jugendliche aus benachteiligten sozialen Milieus – zum Beispiel Jugendliche ohne Schul- oder mit Hauptschulabschluss und entsprechend eingeschränkten beruflichen Perspektiven – mit bestimmten Körpergestaltungen und -präsentationen verbunden sein können. Junge Frauen und Männer versuchen, ihre begrenzten sozialen Chancen über den Körper zu kompensieren. Es handelt sich dabei um »imaginäre Lösungen« (Helfferich 1994: 9), denn sie verbleiben auf der Ebene der Fantasien und ändern nichts an den realen Lebensbedingungen. Widersprüche und Konflikte, mit denen die jungen Frauen und Männer konfrontiert sind, können auf der Ebene der kulturellen Körperpraktiken nicht gelöst werden.

Für junge Frauen hat dabei ein auf Schönheit und Attraktivität beruhendes Bild von Weiblichkeit besondere Bedeutung. Für sie ist die »Herrichtung und Zurschaustellung des Körpers« (Helfferich 1994: 125) von besonderer Relevanz.

> »Angesichts der wahrgenommenen Chancenstrukturen scheint die Investition in den Körper vielversprechender als die in eine Ausbildung; Attraktivität ist identitätsstiftender als die Arbeitsplätze, die angeboten werden. Der Körper ist Kapital ... als Köder, und seine Herrichtung über Diät, Mode, Make-Up ist eine Chance. Der Sinn für's Ästhetische ... hat einen direkten Bezug zu dem anderweit verstellten Zugang zu gesellschaftlicher Macht« (ebd.: 129).

In dieser Studie haben Männer eine große Bedeutung für die fantasierten Zukunftsvorstellungen der jungen Frauen. Für sie – so ein Ergebnis der Untersuchung – richten junge Frauen sich her, über sie »imaginieren (sie) einen Zugang zu gesellschaftlicher Macht« (ebd.: 130). Seit den 1990er Jahren haben Männer als Garanten einer als positiv vorgestellten Zukunft für junge Frauen an Bedeutung verloren. Zu unsicher geworden sind auch ihre beruflichen Perspektiven, so dass eine lebenslange Absicherung durch sie nicht mehr als gewährleistet angesehen werden kann. Zudem sind Unabhängigkeit und Selbstständigkeit auch für junge Frauen aus wenig privilegierten sozialen Milieus zu wichtigen Orientierungen für ihr Leben geworden. Erhalten haben sich jedoch bei einem Teil der jungen Frauen Fantasien, über Schönheit und körperliche Attraktivität zu sozialem Ansehen und Bedeutsamkeit zu gelangen. Solche Fantasien können derzeit an Versprechungen in bestimmten Fernsehformaten – z. B. »Germany's next Topmodel« und »Deutschland sucht den Superstar« – anknüpfen, so an die Botschaft: Wenn dein Körper den Idealen von Schlankheit und Wohlgeformtheit entspricht und dir eine entsprechende Selbstpräsentation gelingt, kannst du eine Karriere als Model oder Star in der Unterhaltungsindustrie vor dir haben. Die damit verbundenen Wünsche nach sozialer Anerkennung und öffentlicher Bewunderung sind für die meisten jedoch unerfüllbar, sie verbleiben auf der Ebene des ›Imaginären‹.

»Die imaginäre Lösung der ›Schönheit‹ ist fiktiv: Sie entsteht aus einem Mangel und einer Angst, die per se auch durch noch so große Schönheit nicht behoben werden können. Das macht den Wunsch nach Schönheit so unersättlich: dass die abverlangten Strategien der Körperpräsentation und -inszenierung ihr Ziel niemals erreichen können« (ebd.: 129).

Auch junge Männer aus benachteiligten sozialen Milieus entwickeln über ihre Körperpräsentationen und -gestaltungen eine »imaginäre Lösung« für die mit ihrer sozialen Situation verbundenen Probleme: Für sie ist ein Körper wichtig, der Kraft und Härte signalisiert. »Der Körper ist Kapital ... als ... Kraftpaket, der Zugang zu gesellschaftlicher Macht wird imaginiert über Kraft und Potenz« (ebd.: 130).

Eine ähnliche Bedeutung des Körpers – kompensatorische Funktionen zu haben angesichts nur begrenzter sozialer Chancen – zeigt sich in einer 2010 durchgeführten Studie mit Hauptschüler*innen. »Die Phantasie einer möglichen alternativen Karriere auf der Basis körperbezogener Kompetenzen« (Friebertshäuser/ Richter 2010: 27) spielt bei einigen von ihnen eine große Rolle. Das wird insbesondere gezeigt am Beispiel tänzerischer Körperinszenierungen, der Entwicklung komplexer Choreographien, deren Einübung Training und Disziplin erfordern und die verbunden sind mit einer sorgfältigen Körperdarstellung durch Kleidung, Kosmetik und Accessoires, mit denen junge Frauen und Männer an der untersuchten Schule – in jeweils getrennten Präsentationen – auf eine Alternativkarriere hoffen. So zeigt eine Gruppe junger Frauen sich mit einer an popkulturelle mediale Formate angelehnten Inszenierung, in der die erotischen Potenzen des weiblichen Körpers betont werden. Bei den jungen Männern dominieren körperliche Kraft und Disziplin betonende Präsentationen, etwa in an Rap orientierten Darstellungen. Diesen Jugendlichen erscheint der Körper als »einzige Quelle von sozialer Macht« (ebd.: 42). Das »Körperkapital fungiert ... als eine Kompensation für mangelndes kulturelles Kapital. ... Die Entwicklung von Körperkapital ... scheint ... eine lohnenswerte Alternative zur Investition in eine Bildung zu sein, die auf dem Arbeitsmarkt keinerlei attraktive Angebote eröffnet. Körperkapital verspricht Erfolge und Aufstiegschancen« (ebd.: 42 f.). Dabei nähren die Medien die Hoffnung auf solche Alternativkarrieren jenseits des klassischen Weges über die Bildungsinstitutionen. »Künstler (der Musik-, Tanz- und Medienbranche) sowie erfolgreiche Spitzensportler werden ... zu Hoffnungsträgern jenes Teils der Jugend, dem nur wenige Möglichkeiten zur Partizipation an gesellschaftlichen Wohlstandsgütern bleiben« (ebd.: 44). Nur sehr wenigen gelingt jedoch der Aufstieg in entsprechende Bereiche, zudem ist diese Form des ›Körperkapitals‹ an Jugendlichkeit gebunden: »Die Tragik der Ressource Körperkapital liegt ... in ihrer Vergänglichkeit« (ebd.: 46), es handelt sich um eine »Aufstiegschance mit Verfallsdatum« (ebd.: 49).

Eine andere Facette der Körperpraktiken Jugendlicher in sozial benachteiligten Milieus findet sich in einer Studie, die in einem ›sozialen Brennpunkt‹ durchgeführt wurde. Es zeigen sich ähnliche Muster wie in den anderen Studien: Von den Jugendlichen werden »intensive Investitionen in den Körper vorgenommen« (Witte 2011: 287), die die Tendenz haben, die »soziale Lage zu reproduzieren« (ebd.). Nimmt man aber die Selbstbeschreibungen der Jugendlichen ernst, werden auch Potenziale der so entwickelten Körperpraktiken deutlich. Sie werden erlebt als »Ressourcen der Lebensbewältigung« (ebd.: 288). Der Körper »wird zum Lieferanten für Kompetenzgefühle und zu einem Instrument der Selbstvergewisserung und Selbstbehauptung. ... Die Sicht ›von innen‹ weist die Bewohner des ›Brennpunkts‹ nicht als Opfer marginalisierter Lebensverhältnisse aus, sondern als selbstbewusste Akteure, die ihre eingeschränkten Ressourcen zu nutzen versuchen und auf ihre Weise (Körper-) Kapital akkumulieren« (ebd.).

Soziale Milieus legen Präferenzen für bestimmte Formen der Körpergestaltung und -präsentation nahe, zugleich gibt es jedoch Spielräume, die z. B. gegeben sind durch die Erwartung an Jugendliche, einen ›eigenen Stil‹, einen ›eigenen Geschmack‹ zu entwickeln. Diesen Aspekt betont eine Studie von Alexandra König.

> »Der ... Geschmack (ist) klassenspezifisch strukturiert, ästhetische Präferenzen und Praktiken (tragen) zur Perpetuierung sozialer Ungleichheit bei. ... Die Reproduktion der Klassenstruktur geschieht jedoch in individualisierter Weise, d. h. innerhalb ihres strukturierten Möglichkeitsraumes stellen die Akteure einen Selbst-Bezug her, ... eine Arbeit an sich, die mit Sorge, oder aber mit Freude, Genuss und eben auch Gewinn verbunden sein kann« (König 2011: 169f.).

Bedeutung eines familialen Migrationshintergrundes

Einige Studien geben Hinweise auf die Bedeutung eines familialen Migrationshintergrundes[96] für Körpergestaltungen, Körperinszenierungen und Körperpräsentationen Jugendlicher. Dabei spielen Zuschreibungsprozesse in sozialen Interaktionen ebenso eine Rol-

---

96 Die Kategorie ›familialer Migrationshintergrund‹ ist sehr pauschal und muss in Untersuchungen weiter differenziert werden. Es gibt eine große Brandbandbreite von Migrationsbiografien und eine Vielzahl unterschiedlicher Migrationskulturen und sozialer Milieus, in denen Migration eine Rolle spielt. Wichtig ist es, »nicht von vornherein die unterschiedlichen in Deutschland lebenden ethnischen Gruppierungen zu einer Gruppe zusammenzufassen, sondern auch deren Verschiedenheit abzubilden und zu verstehen« (Liebsch 2012b: 73). Katharina Liebsch weist für empirische Untersuchungen auf die Notwendigkeit hin, die Bedeutung der familiären Herkunftskultur nicht zu überhöhen, zugleich aber die sozialisatorische Bedeutung der familiären Migration nicht zu vernachlässigen (ebd.: 75).

le wie der Wunsch von Jugendlichen, über bestimmte Körperpräsentationen einen Bezug zum kulturellen familialen Herkunftsmilieu herzustellen und auf diese Weise eine Balance zu finden zwischen dem Leben in der aktuellen Gesellschaft und dem der
familialen Herkunftskultur. Ein solcher doppelter Bezug kann zur
Quelle eines eigenen Selbstverständnisses und damit Selbstbewusstseins werden. Es wurde schon berichtet über eine junge
Frau mit türkischem Familienhintergrund, der das weniger an
Schlankheit orientierte Körperideal in der Türkei als Abgrenzung
diente zu den Körpernormen in ihrem bundesrepublikanischen
Umfeld (Wermann/Matthiesen 2013: 219). In einer anderen schon
zitierten Studie lässt ein junger Mann in seine Tanzpräsentation
Elemente seines migrationsgeprägten familialen Herkunftsmilieus
einfließen und entwickelt so einen eigenen Stil, der für ihn zur
Quelle von Selbstbewusstsein wird (Friebertshäuser/Richter 2010:
34).

Eine Studie über Männlichkeit, Ethnizität und Jugend im Feld
der Schule zeigt auf der Basis teilnehmender Beobachtungen und
biografischer Interviews für Hauptschüler ähnliche Muster, wie
sie auch in anderen Untersuchungen für junge Männer aus sozial
benachteiligten sozialen Milieus festgestellt wurden. Zugleich wird
jedoch die Verbindung der sozialen Differenzlinien Geschlecht
und soziale Position, wie sie wesentlich strukturiert ist durch das
formale Bildungsniveau, mit der sozialen Kategorie ›Ethnizität‹
deutlich. Auch für diese Gruppe junger Männer gilt, dass die Präsentation einer körperbetonten, an der Demonstration von Kraft
und Stärke ausgerichteten und zum Teil gewaltorientierten Männlichkeit als Reaktion auf die Erfahrung zu verstehen ist, perspekti-
visch aus privilegierteren sozialen Positionen ausgeschlossen zu
sein. »Die Demonstration von Hypermaskulinität (kann) auch
eine Reaktion auf den Ausschluss aus hegemonialen Männlich-
keitspraxen sein, die im Kampfsport eingeübte Möglichkeit zur
Gewaltausübung fungiert dann als Ausdruck einer marginalisierten aber protestierenden Männlichkeit« (Huxel 2014: 134). Die soziale Kategorie ›Ethnizität‹ hat in den Präsentationen der jungen

Männer sowohl als Selbst- wie auch Fremdzuschreibung Bedeutung, auf diesen Ebenen erweist sie sich als »beharrlich und wirkmächtig« (ebd.: 231).

> »Die deutliche Betonung ethnischer Zugehörigkeit (durch die jungen Männer, K. F.) kann eine strategische, vielleicht sogar ›politische‹ Positionierung darstellen … Eine Überbetonung ethnischer Zugehörigkeit, auch und gerade dann, wenn sie nah am diskursiv produzierten Klischee ist, kann als Reaktion auf Exklusion und als Versuch gelesen werden, sich gerade da überdeutlich und überbetont zu positionieren, wo eine Positionierung überhaupt noch möglich ist« (ebd.: 231).

Solche auf die Bedeutung der sozialen Kategorie ›Ethnizität‹ verweisenden Männlichkeitspräsentationen sind zudem eingebettet in komplexere Zusammenhänge: Sie erscheinen »auch als Bekenntnis oder Ablehnung familiärer Zugehörigkeit und damit als Reaktion auf individuelle familiäre Dynamiken, wie auch als Bestandteil der Präsentation sozialräumlicher Stadtteilzugehörigkeit« (ebd.: 230). Mit der Zuschreibung des ›ethnisch Anderen‹, die die jungen Männer erleben, ist zugleich die Aberkennung von Zugehörigkeit verbunden. »Als ›ethnisch Andere‹ sind die Jungen nicht der deutschen Mehrheitsgesellschaft zugehörig« (ebd.: 231). Eine gesellschaftlich akzeptierte und hoch bewertete Männlichkeit, eine »hegemoniale Männlichkeit ist für die Jungen aufgrund ihrer marginalisierten gesellschaftlichen Position als ›Ausländer‹ und Hauptschüler schwer erreichbar. Vor diesem Hintergrund können die Präsentationen gewalttätiger und delinquenter Männlichkeit als Reaktion auf Exklusion und fehlende Möglichkeiten, sich in verschiedenen Kontexten – schulischen, beruflichen oder privaten – angemessen platzieren zu können, gelesen werden. Sie stellen so ein Gegenmodell mit begrenzter Reichweite zur für die Jungen ohnehin nicht zu erreichenden hegemonialen Männlichkeit dar. Da die Marginalisierung der Jungen mit ihrer Positionierung als ›Migrationsandere‹ verknüpft ist, ist die Präsentation einer gewaltorientierten, körperbetonten Männlichkeit als Reaktion auf die Exklusion von hegemonialen Konstruktionsmodi die Präsentation einer ethnisierten Positionierung« (ebd.: 229).

Körper haben eine große Bedeutung in Zuschreibungsprozessen gemäß vermuteter ethnischer, nationaler bzw. kultureller Herkunft. Sie eignen sich – weil sie für alle sichtbar sind – besonders für Klassifikationen gemäß der Unterteilung in »›Einheimische‹ und ›Migrationsandere‹« (Mecheril, zit. nach Terhart 2014: 12). Mit solchen Zuschreibungen sind Jugendliche mit einer familialen Migrationsgeschichte oft konfrontiert. Erfahrungen von Ein- und Ausgrenzungen, von Zugehörigkeit und Nichtzugehörigkeit vermitteln sich wesentlich auch über die Definition ihres Aussehens. Eine Studie von Henrike Terhart zu Körperinszenierungen junger Frauen im Kontext von Migration[97] zeigt, dass junge Frauen sehr unterschiedlich mit dieser Situation umgehen. Alle berichten über Erfahrungen mit »Kollektivzuordnungen« (Terhart 2014: 397) ihres Aussehens gemäß kulturellen Stereotypen, zugleich werden diese Zuordnungen von den Frauen aber auch infrage gestellt und bearbeitet. Einige schildern ein selbstbestimmtes Verhältnis zur Körperlichkeit und betonen ihre Individualität bei der Gestaltung ihres Körpers und ihres Aussehens. Andere beziehen sich in ihren Selbstbeschreibungen auf Elemente nationaler, ethnischer bzw. kultureller Körperpräsentationen, die mit ihrer Herkunftsgesellschaft zusammenhängen, unterschiedlich ist dabei die jeweilige Gewichtung von Elementen der Herkunftskultur und denen der bundesrepublikanischen Mehrheitsgesellschaft. Auch bei einigen dieser jungen Frauen wird das Bemühen deutlich, eine Verbindung zu schaffen zwischen beidem: körperbezogenen Vorstellungen aus der familialen Herkunftskultur, wie sie oft in den Ansprüchen von Eltern und Verwandten zum Ausdruck kommen, und denen in sozialen Kontexten außerhalb der Familie, zum Beispiel unter Gleichaltrigen. Das wird deutlich am Beispiel einer jungen Frau, die zunächst – beginnend mit ihrer Pubertät – eine starke

---

97 In die Untersuchung einbezogen waren zwölf junge Frauen, deren Eltern aus unterschiedlichen Ländern stammten. Als Forschungsmethoden dienten biografischer Interviews sowie Fotografien, durch die die jungen Frauen sich selbst porträtierten (Terhart 2014: 112ff.).

soziale Kontrolle ihrer Körperpräsentationen durch Personen aus der Herkunftsgesellschaft ihrer Eltern – neben Verwandten auch Bekannte und Personen aus der Nachbarschaft – schildert und dann Entwicklungen beschreibt, durch die es ihr schließlich möglich wurde, sich einen Freiraum für Körpergestaltungen gemäß »westlichen Modetrends und Marken« (ebd.: 363) zu erkämpfen. Zugleich ist es ihr jedoch wichtig, dass sie eine Balance gefunden hat zwischen Körpergestaltungen, die an westlichen Mustern orientiert sind, und solchen, die durch die Eltern repräsentiert werden: »Spaghettiträger« und sexuelle Kontakte vermeidet sie (ebd.: 364). Durch dieses Zugeständnis können auch die Eltern die Körperpräsentationen ihrer Tochter tolerieren. So sind Körper nicht nur ein »Medium der Zuschreibung und Klassifizierung von Menschen, sondern auch ein Instrument, das eingesetzt werden kann, um diesen Zuschreibungen entgegenzutreten« (ebd.: 13), und das eigene Gestaltungsmöglichkeiten eröffnet.

Es werden aber auch Kränkungen deutlich, die für Jugendliche mit familialer Migrationsgeschichte mit der sich insbesondere über ihren Körper, ihr Aussehen vermittelnden Definition als Andere, als nicht selbstverständlich dazu Gehörende, verbunden sein können. Die jungen Frauen in der Studie von Henrike Terhart berichten erst auf Nachfragen davon, sie möchten nicht als Opfer erscheinen und übergehen diesen Aspekt ihrer Situation in Deutschland deshalb in den spontanen Erzählungen zunächst (ebd.: 405f.). Ihre Schilderungen sprechen dann aber dafür, dass es unter Gleichaltrigen, aber ebenso von Seiten Erwachsener, etwa Lehrkräften (vgl. z. B. Weber 2003), immer wieder Signale gibt, die sie auf ihr Anderssein hinweisen, Prozesse, die in angloamerikanischen Studien als ›othering‹ bezeichnet werden und meist mit einer Entwertung des ›Anderen‹ verbunden sind, einer Geringerbewertung verglichen mit dem für die Mehrheitsgesellschaft als kennzeichnend Angesehenen.[98] Insbesondere junge Frauen, die

---

98 Besonders betroffen von der Definition als ›Andere‹ sind Menschen mit dunkler Hautfarbe. Sie werden fast automatisch als ›Fremde‹ klassifiziert

mit ihrer Pubertät ein Kopftuch tragen, sind von solchen Prozessen der Definition als Andere und entsprechenden Entwertungen betroffen. Obwohl das Tragen eines Kopftuchs sehr unterschiedliche Gründe und auch den Charakter einer selbstbestimmten Handlung haben kann, wird es doch in der Mehrheitsgesellschaft überwiegend als »rückständig und von außen auferlegt« (Terhart 2014: 108) verstanden.

»Das Kopftuchtragen sollte daher ... auch in seinem Individualisierungspotenzial erkannt werden. ... Insbesondere im Hinblick auf die Befunde, dass das Tragen eines Kopftuchs in Deutschland die Wahrscheinlichkeit erhöht, Diskriminierungen ausgesetzt zu sein, wird ein Kopftuch zu einer bewussten Entscheidung« (ebd.: 108).[99]

und mit entsprechenden Vorurteilen belegt, auch wenn sie in Deutschland geboren und aufgewachsen sind. »Der schwarze Körper wird in der weißen Mehrheitsgesellschaft als abweichend wahrgenommen und zieht deshalb die Aufmerksamkeit auf sich. Er hat nicht die Chance, unauffällig zu sein, sich neutral zu verhalten oder sich zurückzuziehen« (Marz 2011: 266). In Deutschland stammt ein großer Teil der von solchen Klassifikationen Betroffenen aus afroamerikanisch-deutschen Beziehungen nach dem Zweiten Weltkrieg. Die »Initiative Schwarzer Menschen in Deutschland (ISD)« hat sich zum Ziel gesetzt, mit der Hautfarbe verbundene Diskriminierungen öffentlich zu machen und ihnen entgegen zu wirken. Aus wissenschaftlicher Perspektive beleuchtet die ›Kritische Weißseinsforschung‹ Machtverhältnisse, die über die Hautfarbe hergestellt werden. Im Zentrum stehen dabei nicht die als ›anders‹ Definierten, sondern jene Prozesse, über die sich eine Überlegenheit als ›weiße‹ Person vermittelt. ›Weißsein‹, d. h. die Zugehörigkeit zur Dominanzgesellschaft, wird in dieser Forschungsrichtung in ihrer gesellschaftlichen Konstruiertheit sicht- und damit analysierbar gemacht (vgl. z. B. Walgenbach 2002; Wollrad 2005).

99 In den Schilderungen einer jungen Frau, die sich mit Ende 20 dazu entschieden hat, ein Kopftuch zu tragen, werden durch die veränderten Reaktionen ihrer Umgebung auf sie die mit dem Tragen eines Kopftuchs verbundenen stereotypen Interpretationen besonders deutlich. Sie berichtet von der Erfahrung, durch das Kopftuch in den Augen Anderer zu einem unterdrückten Menschen geworden zu sein (Terhart 2014: 367).

In den Schilderungen einer kanadischen Wissenschaftlerin, die in einer muslimischen Familie aufgewachsen ist, wird deutlich, wie kränkend es für junge Frauen sein kann, wenn sie mit dem Tragen des Kopftuchs als kulturellem Symbol ihres Zur-Frau-Werdens zugleich Entwertungen und Diskriminierungen ausgesetzt sind.

»Wearing the hijab was a personal choice of mine and not one that was enforced upon me by my parents as the alienated picture is typically painted. Freedom of choice is an imperative principle in the household I was brought up in. I was 13 years old when I first wore my hijab, and it was one of the harshest things to endure as a kid, because of the marginalization I received from people and society at large. I was subjugated to spiteful words and had to fight back with diplomatic approaches. I had to learn how to be Canadian and Muslim and balance the integration of both worlds into my life. When exposed to demeaning comments like ›towelhead, terrorist etc.‹, or accused of carrying bombs in my backpack, society by definition ostracized my self-identification. Society forbade and stripped me away from enjoying pleasures and privileges of being a kid« (Kanso 2016: 24).

Die Autorin beschreibt die Reaktionen auf ihr Kopftuch, das sie mit 13 Jahren auf der Basis einer eigenen Entscheidung zu tragen begann, als eine der härtesten Erfahrungen in ihrer Kindheit. Spöttische und erniedrigende Kommentare aus ihrer Umgebung zerstören ihr Selbstbewusstsein und verhindern, dass sie ihre neue Situation als junge Frau genießen kann. Zerstört wird auch der positive Bezug zur Mutter, der Stolz auf sie als Frau mit einem schönen Kopftuch und der Wunsch, so hübsch auszusehen wie sie:

»I grew up watching my mom wrap her beautiful silk hijab around her hair every time we left the house. ... I knew that when I came of age, I wanted to wear it and look pretty, just like my mother« (ebd.).

Die Autorin beschreibt zudem eine Herausforderung, vor der viele stehen, die sich nicht eindeutig nur in der Mehrheitsgesellschaft verorten wollen: eine Balance herstellen zu müssen zwischen Normen und Werten der sie aktuell umgebenden Gesellschaft und denen der Herkunftskultur.

Die Wirkung der sozialen Kategorie ›Ethnizität‹ kann je nach sozialem Kontext unterschiedlich sein. So zeigt eine in Vancouver/ Kanada durchgeführte Studie zu High School Erfahrungen Jugendlicher mit afrikanischem Familienhintergrund[100] die Bedeutung einer zahlenmäßigen Minoritätenposition – die Jugendlichen waren in ihren jeweiligen Schulklassen die einzigen mit dunkler Hautfarbe – sowie deren nach Geschlecht variierende Auswirkungen auf Körpergestaltungen, Körperinszenierungen und Körperpräsentationen. Zuschreibungen an die jungen Männer speisten sich aus der großen Beliebtheit der Hiphop Kultur unter Jugendlichen, wie sie insbesondere von schwarzen Protagonisten vertreten und durch Musikkanäle wie MTV verbreitet werden.[101] Den jungen Männern mit afrikanischem Familienhintergrund wurde von ihren ›weißen‹ Mitschüler*innen die Rolle des ›cool Black guy‹ angesonnen, zu der perfekte Körperbeherrschung und Körperpräsentationen im Stil des Hiphop gehören. Dieser Erwartung kamen viele der Befragten nach, weil damit eine große Beliebtheit in der Schulklasse bei Mitschülern ebenso wie bei Mitschülerinnen – verbunden war.

> »The majority of men ... found it difficult to resist performing this ›cool Black guy‹, listening to commercial rap music and mimicking the dress, speech, and attitudes represented there. In many respects it was easier ›to give what the people expect‹ rather than ›disappoint‹ their peers« (Creese 2015: 210).

Die Kehrseite dieser Anpassung ist jedoch, dass andere als die im ›cool Black guy‹ enthaltenen Eigenschaften keinen Raum haben. »So you can be good at sports, good at dancing ... but ... you cant't be serious. You can't be critical« (ebd.: 211) – so die Schilderung

---

100 Befragt wurden 16 Männer und 19 Frauen im jugendlichen Erwachsenenalter zu ihren Erinnerungen an die High School Zeit. Es waren junge Erwachsene, deren Eltern aus afrikanischen Ländern nach Kanada eingewandert waren (Creese 2015).
101 Zur Verknüpfung der Faktoren sozialer Status, Migrationserfahrungen und Jugendkultur in der Musik vgl. Aslan 2008.

eines der Befragten. Ihre dunkle Hautfarbe verlieh den jungen Männern einen Status als Repräsentanten einer hochbewerteten Richtung der Pop-Kultur, der für Angehörige der Mehrheitsgesellschaft wegen der zahlenmäßigen Singularität der ›Schwarzen‹ nicht bedrohlich und dementsprechend positiv bewertet wurde, der die Akzeptanz anderer, dem nicht entsprechender Verhaltensweisen jedoch ausschloss.

Für die jungen Frauen mit dunkler Hautfarbe war die Situation eine andere. Bei ihnen war ihr ›Schwarzsein‹ nicht mit Gratifikationen verbunden, im Gegenteil: Die jungen Frauen wurden gemessen an ›weißen‹ westlichen Schönheitsidealen – »images of thin, tall, blond« (ebd.: 214) – und dementsprechend von ihren Klassenkamerad*innen abgewertet und diskriminiert. Einige der jungen Frauen versuchten, sich an westliche Schönheitsideale anzupassen, indem sie ihre Haare glätteten. Das änderte jedoch wenig an ihrem Außenseiterinnenstatus, der – anders als bei den jungen Männern – gerade durch ihre Minderheitenposition befördert wurde:

»Fewer Black people did not translate into an easier time for girls. In fact fewer translated into a more difficult time, with fewer women who looked like them to counter the White normative gaze of the beauty industry« (ebd.: 217).

7

Prozesse der Anerkennung und Abwertung von Körperpräsentationen in Peergroups – Dynamiken in Face-to-Face- und virtuellen Interaktionen[102]

---

[102] Eine spezielle Form jugendlicher Peergroup-Zusammenhänge stellen »Szenen« bzw. Jugendkulturen dar. Sie sind gekennzeichnet durch eine »stilistische Einheit aus Musik, Körperinszenierung ... und ›Lebensart‹, welche zentrale Überzeugungen, Einstellungen und Werte der Szene in ästhetisierter Weise zum Ausdruck bringt« (Liebsch 2012c: 101). Seit den späten 1970er und frühen 1980er Jahren gibt es eine Vielzahl von Jugendkulturen, ihre Inhalte und Ausdrucksformen verändern sich ständig. Etwa 20–25 % jeder Generation schließen sich Jugendkulturen an

Alltagsweltliche Erfahrungsräume – schulische und Freundschaftsbeziehungen

Körpergestaltungen und Körperpräsentationen Jugendlicher finden immer auch mit Blick auf die Resonanz im sozialen Umfeld, insbesondere bei Gleichaltrigen, statt. Sie sind Teil adoleszenter Suchbewegungen, für die Rückmeldungen von Anderen wichtig sind. Insbesondere die Peergroup fungiert als Resonanzraum, in dem sich Eigenes in Interaktion mit Anderen herausbilden kann. »Körperinszenierungen ... (sind) in Anerkennungspraxen von Peers in den unterschiedlichen Sozialräumen eingebunden« (Bütow u. a. 2013: 11; zur Bedeutung von Peergroups in adoleszenten Entwicklungsprozessen vgl. Göppel 2005: 158ff.; King 2002: 201ff.; Schubert 2012). Mit der Bedeutungszunahme virtueller Kommunikationen in sozialen Netzwerken hat sich dieser Resonanzraum

(Farin 2006: 23). Die überwiegende Mehrzahl der Jugendkulturen ist männlich dominiert, etwa die Skater, Hooligans, Skinheads, Punks, Hip-hop- oder Techno-Fans (ebd.; Liebsch 2012c: 99). Das ritualisierte Ausleben von Aggressionen und mit dem Risiko körperlicher Verletzung verbundene Aktivitäten gehören in einigen dieser Jugendkulturen, den »Abenteuer- und Risikokulturen« (Liebsch 2012c: 99), zu den gemeinschaftsstiftenden Elementen, die wesentlich auch der Inszenierung von Männlichkeit dienen. Die einzige in Europa existierende große Jugendkultur, in der Mädchen und junge Frauen ausgeglichen repräsentiert sind, ist die »Gothic«-Szene (Farin 2006: 23). Sie definiert sich über das gemeinsame Interesse an Themen, die sich mit dem Menschsein und dem Lebenssinn befassen (Liebsch 2012c: 100). Präsentiert wird ein androgynes Körperbild (Farin 2006: 23). Ebenfalls von jungen Frauen und Männern gleichermaßen getragen wird die Jugendkultur ›Emo‹, die sich zu Beginn des 21. Jahrhunderts herausgebildet hat. Sie zeichnet sich insbesondere aus durch die androgynen und an als feminin definierten Elementen orientierten Selbstpräsentationen der jungen Männer (Schuboth 2013; Stauber 2011: 229ff.; vgl. Teil II, 8). Wesentliches Kommunikationsmedium sind Internetforen (Schuboth 2013).

für Jugendliche deutlich erweitert. Nicht nur Face-to-Face-Kommunikationen mit anderen Jugendlichen – zum Beispiel in Schulklassen, Cliquen, Freundschaftsbeziehungen – spielen eine Rolle, sondern auch Interaktionen über Internetplattformen wie Whats-App, Instagram und Snapchat, durch die auch fotografische Selbstportraits, ›Selfies‹, einer virtuellen community präsentiert und Reaktionen darauf unmittelbar registriert werden können. Weiterhin finden wichtige Prozesse der Anerkennung oder Abwertung adoleszenter Körperinszenierungen und -präsentationen aber auch in Face-to-Face-Beziehungen statt.

Besonders gemischtgeschlechtliche Schulklassen sind ein Feld, in dem Körperpräsentationen und -inszenierungen bewertet werden. Nach empirischen Studien entfalten sich häufig Dynamiken, durch die es Jungen sind, die den Körper ihrer Klassenkameradinnen durch sexualisierende und zugleich entwertende Bemerkungen kommentieren. So stellen Georg Breidenstein und Helga Kelle in ihrer Studie zum Geschlechteralltag in einer in ein schulisches Reformklima eingebundenen Klasse bei den 10- bis 12-Jährigen einen »geradezu obsessiv wirkenden Gebrauch von Vokabeln und Metaphern aus dem Bereich des Sexuellen« (Breidenstein/Kelle 1998: 155) fest, der geschlechtlich deutlich unterschieden ausgestaltet ist. Es »verteilen sich die Rollen von Subjekt und Objekt ... eindeutig auf die Geschlechter: Überwiegend sind es Jungen, die Mädchen kommentieren. Die Kommentare beziehen sich meist auf körperliche Merkmale oder Details der Kleidung von Mädchen« (ebd.: 165; vgl. auch Schön 1999: 255ff.).[103] Einige dieser Kommentare und mit ihnen verbundener Verhaltensweisen haben

103 Die den Körper von Mädchen zugleich sexualisierenden und entwertenden Kommentare der Jungen können verstanden werden als Ausdruck adoleszenter Probleme. Die in der Pubertät mit neuer Heftigkeit sich Ausdruck verschaffenden sexuellen Wünsche und Erregungen verunsichern Jungen zunächst und können als bedrohlich erlebt werden. Dabei versuchen sie jedoch, sich zu stabilisieren auf Kosten des anderen Geschlechts, durch Herabsetzen des weiblichen Körpers und der Sexualität (vgl. Flaake 2002).

169

den Charakter sexualisierter Gewalt. In einer 2016 in Hessen an repräsentativ ausgewählten allgemeinbildenden Schulen durchgeführten Befragung zu entsprechenden Erfahrungen 14- bis 16-Jähriger[104] zeigte sich, dass die Schule ein zentraler Ort für solche Übergriffe ist und Mädchen solche Erfahrungen häufiger machen als Jungen (55 % vs. 40 %; George 2018: 7). Zudem berichten 30 % der Mädchen, schon einmal gegen ihren Willen »in sexueller Form am Körper berührt« (George 2018: 7) worden zu sein. Dabei geht nicht-körperliche sexualisierte Gewalt überwiegend von männlichen Mitschülern aus.[105] Diese Befunde gelten für Jugendliche an allen Schultypen gleichermaßen, zudem gibt es kaum Differenzen gemäß der Zugehörigkeit zu einer sozialen Schicht und dem Vorhandensein bzw. Nichtvorhandensein eines familialen Migrationshintergrunds.[106]

---

104 Die Studie bezieht sich dabei auf eine Definition von sexualisierter Gewalt, die die Soziologin Carol Hagemann-White formuliert hat, und in der »jede Verletzung der körperlichen und seelischen Integrität einer Person, welche mit der Geschlechtlichkeit des Opfers oder Täters zusammenhängt« (George 2018: 6), als sexualisierte Gewalt bezeichnet wird. Ein Kurzbericht der Studie, die von Sabine Maschke und Ludwig Stecher durchgeführt wurde, findet sich im Netz unter https://kultusministerium.hessen.de/presse/pressemitteilung/speak-studie-hauptrisiko-sind-gleichaltrige (letzter Zugang 24.1.18).

105 Bei körperlicher sexualisierter Gewalt werden ›Fremde‹ am häufigsten als Täter genannt, Mitschüler von 16 % der Befragten. Als Orte, an denen körperliche sexualisierte Gewalt ausgeübt wird, werden insbesondere der öffentliche Raum sowie Wohnungen und Partys angegeben (49 % und 44 %; George 2018: 7). Als einer der wichtigsten Befunde der Studie wird hervorgehoben: »Das Hauptrisiko für sexualisierte Gewalt sind andere Jugendliche, d. h. Gleichaltrige« (ebd.). Anregungen für eine Bearbeitung des Themas im schulischen Unterricht finden sich zum Beispiel bei Maschke/Stecher 2018 und unter https://kultusministerium.hessen.de/sites/default/files/media/hkm/handreichung_zum_umgang_mit_sexuellen_uebergriffen.pdf (letzter Zugang 25.6.2018).

106 In einer für die BRD repräsentativen Untersuchung der Bundeszentrale für gesundheitliche Aufklärung mit Jugendlichen im Alter zwischen 14

Solche oft sexualisierten Inszenierungen männlicher Überlegenheit treffen bei Mädchen- und Freundinnengruppen nicht selten auf defensive Abwehrstrategien – wie ›ignorieren‹, sich ›nicht darum kümmern‹ – oder eine Haltung eigener Überlegenheit angesichts der ›Unreife‹ der Jungen. Dennoch gehen die Kommentare oder Übergriffe der Jungen nicht spurlos an jungen Frauen vorbei, sie können subtile Verletzungen hinterlassen und sind Elemente einer Einübung in Geschlechterverhältnisse, in denen Jungen und Männern die potenzielle Macht zu verletzen zugestanden wird (Flaake 2002).

Innerhalb der Gruppe der Jungen finden ebenfalls auf den Körper bezogene Kommentierungen und Bewertungen statt. Die zentrale Kennzeichnung, die zur Entwertung anderer Jungen und zur Etablierung von Hierarchien unter den Jungen dient, ist verdichtet in dem verbreiteten Schimpfwort ›schwul‹, das beliebig mit Inhalten gefüllt wird, sich z. B. auf die Kleidung, die Haare, den Klang der Stimme oder das Verhalten beziehen kann, immer aber auf als ›mädchenhaft‹ Angesehenes verweist.[107] Kernelement adoleszen-

und 25 Jahren geben 20 % der jungen Frauen an, schon einmal sexuelle Gewalterfahrungen gemacht zu haben, zum Beispiel gegen ihren Willen zu sexuellen Handlungen oder Zärtlichkeiten gezwungen worden zu sein. Lediglich 4 % der befragten jungen Männer berichten von solchen Erfahrungen. Diese Ergebnisse sind unabhängig vom Bildungshintergrund der Jugendlichen. Eine Rolle spielt in dieser Studie jedoch ein vorhandener bzw. nicht vorhandener Migrationshintergrund: Junge Frauen mit Migrationshintergrund sind von sexueller Gewalt etwas häufiger betroffen als junge Frauen ohne Migrationshintergrund. Homosexuell oder bisexuell orientierte junge Männer sind von sexueller Gewalt ebenso häufig betroffen wie junge Frauen: Von ihnen berichtet ebenfalls jeder Fünfte von Übergriffen (Heßling/Bode 2015b: 19 f.).

107 In der 2016 in Hessen an repräsentativ ausgewählten allgemeinbildenden Schulen durchgeführten Befragung zu Erfahrungen 14 bis 16-jähriger Jugendlicher mit sexualisierter Gewalt gaben 26 % der Jungen an, dass sie schon einmal »auf eine negative Art als ›schwul‹ bezeichnet« (George 2018: 6) worden sind.

ter Männlichkeitsinszenierungen ist die Abgrenzung von und Entwertung des Weiblichen und all dessen, was als weiblich konnotiert ist – das schließt auch die Verachtung für bestimmte als weiblich definierte Körperinszenierungen und Körperpräsentationen bei Jungen ein.[108] In einer ethnographisch orientierten Studie mit 13- bis 16-jährigen Schüler*innen an einem Gymnasium wird am Beispiel der »Haarpraktiken« (Faulstich-Wieland u. a. 2004: 111) von Jungen das Zusammenspiel von als weiblich Definiertem und sozialer Ausgrenzung deutlich. Einige Jungen werden wegen ihrer »etwas längeren« (ebd.: 112) Haare von ihren Klassenkameraden gehänselt. Es finden Prozesse einer »symbolischen Verweiblichung« (ebd.: 112) statt: Die betroffenen Jungen werden über ihre als weiblich klassifizierte Frisur zum »Nicht- Mann« (ebd.) erklärt und über diesen Aspekt der Körpergestaltung von ihren Mitschülern ausgegrenzt. Die Mädchen in der Klasse teilen dabei die entwertende Haltung ihrer Klassenkameraden gegenüber den als ›Nicht- Mann‹, als ›mädchenhaft‹ und ›weiblich‹ Definierten. Für Jungen, die solche Ausgrenzungen erfahren, sind die damit verbundenen Kränkungen und Verletzungen nur schwer artikulierbar, denn auf diese Weise würden sie sich erneut als ›zu weich‹ und damit ›mädchenhaft‹ und ›schwul‹ zeigen (vgl. Kindlon/ Thompson 2000).

Den Jungen, die souverän mit den Ausgrenzungsbemühungen durch ihre Mitschüler*innen umgehen können, ist es möglich, ihr von der Norm abweichendes Aussehen als Chance zu nutzen, um sich als »Vorreiter« (Faulstich-Wieland u. a. 2004: 118) für neue Haargestaltungen zu präsentieren – sie zeigen »Stolz und ... Selbstbewusstsein« (ebd.: 117), die verhindern, dass ihre »Hand-

---

108 Nicht männlich ist all das, was weiblich ist, und männlich all das, was nicht weiblich ist – darin besteht der Kern jugendlicher Männlichkeitsinszenierungen, der zugleich deutlich macht, dass Männlichkeit in der Adoleszenz ein fragiles Gebilde ist, das durch als weiblich Konnotiertes bedroht werden kann (Budde/Faulstich-Wieland 2005: 41; vgl. Huxel 2014: 125ff.; 148ff.; 229).

lungspraxen ... mit Geschlecht in Verbindung gebracht werden. ... (Ihr) Junge-Sein wird nicht in Frage gestellt« (ebd.: 117). Möglicherweise ist die Basis für diesen »Stolz« und das »Selbstbewusstsein« in früheren insbesondere an die Familie gebundenen Erfahrungen gelegt worden. Auch der Bezug zu alternativen, als progressiv definierten Lebensformen und entsprechende Freundschaftskreise können solche selbstbewussten Haltungen unterstützen.

Nicht alle Jungen beteiligen sich an Männlichkeitsinszenierungen, in denen alles als ›weiblich‹ und damit ›nicht-männlich‹ Klassifizierte ausgegrenzt wird, diese Inszenierungen haben aber innerhalb der Gruppe der Jungen einen stark normierenden Charakter und schaffen einen Druck, durch den sich Alle mit den dort vorherrschenden Männlichkeitsbildern auseinandersetzen und dazu positionieren müssen. Abgrenzungen können besonders für Jungen mit geringem Selbstbewusstsein und fehlender Unterstützung durch soziale Kontexte mit flexibleren Geschlechterbildern – z. B. in der Familie oder in Freundschaftsbeziehungen – schwierig sein.

Auch für Mädchen hat die gleichgeschlechtliche Peergroup in der Schulklasse eine große Bedeutung für die Bewertung von Körpergestaltungen und -inszenierungen. Ebenso wie bei den Jungen und jungen Männern ist sie ein »zentrales Feld, in dem soziale Definitionen des ›Normalen‹, des ›Richtigen‹ und des ›Attraktiven‹ vermittelt werden« (Faulstich-Wieland 1999: 99). Anders als in den Peergroups der Jungen spielt in Mädchengruppen jedoch die Abwertung und der Ausschluss all dessen, was als gegengeschlechtlich konnotiert ist, kaum eine Rolle. Insofern wird – anders als in Jungengruppen – keine Überlegenheit gegenüber dem anderen Geschlecht eingeübt, nicht selten jedoch Hierarchien untereinander etabliert. Durch Abgrenzung von negativ besetzten Mädchenfiguren – wie der ›Schlampe‹, der ›Intrigantin‹ oder dem ›typischen Mädchen‹ – werden Vorstellungen von angemessenem weiblichen Verhalten entworfen und als Norm gesetzt, die auch Körperpräsentationen und -inszenierungen betreffen (Breitenbach

2000: 308). »Haarpraktiken« unter Mädchen in der Schule dienen wesentlich der geschlechtlichen Unterscheidung – es werden lange Haare im Gegensatz zu den kurzen der Jungen getragen – sowie der »Vergewisserung von Gemeinsamkeiten unter Mädchen« (Faulstich-Wieland u. a. 2004: 120), zu der auch das gemeinsame Experimentieren mit Frisuren – »eine permanente Aktualisierung, ein Spielen mit den Haaren und ein Ausprobieren immer neuer Formen« (ebd.) – gehört. In diesen Prozessen spielen auch Marginalisierungen und Ausgrenzungen von Mädchen eine Rolle, die den gemeinsamen Standards nicht entsprechen.

Eine Studie mit Schüler*innen der siebten Klasse an Hauptschulen und Gymnasien kommt zu dem Ergebnis, dass die Körperbilder der Mädchen »durch die Abwertung des Weiblichen ähnlich an einer Aufwertung von Männlichkeit orientiert (sind), wie dies bei den Jungen zu beobachten ist« (Kirchhoff/Zander 2018: 96.). Während die Jungen »ein eher allgemeines Bild von Weiblichkeit zur Ausgrenzung und Abwertung eines Mitschülers« (ebd.) nutzen, grenzen die Mädchen sich von Schülerinnen ab, die ein »für sie zu extremes Bild von Weiblichkeit, das auf eine Überbetonung des Äußeren zielt« (ebd.), verkörpern, ein Bild, das in dem Begriff der »Tussi« (ebd.) zusammengefasst ist. Das Leitbild der Mädchen ist dagegen das des »coolen Mädchens« (ebd.), dem sich »offensichtliche Bemühungen um die erwünschte Wahrnehmung ihrer Geschlechtlichkeit« (ebd.) – wie es der »Tussi« unterstellt wird – verbieten. Diese Ergebnisse deuten darauf hin, dass sich junge Frauen zunehmend am Bild des ›starken Mädchens‹ orientieren und Wert auf die Betonung ihrer Unabhängigkeit und ihres Selbstbewusstseins legen (vgl. Teil II, 3).

Ähnlich wie bei den Jungen gibt es auch Mädchen, die sich selbstbewusst mit ihrem den Normen in der Gruppe nicht entsprechenden Aussehen – zum Beispiel bunt gefärbten Haaren und Piercings – präsentieren. Eine solche Haltung wird auch für sie erleichtert durch den Bezug zu alternativen, als progressiv geltenden Lebensformen und entsprechenden Freundschaftskreisen, zudem durch ein schon vor der Pubertät erworbenes Fundament für ein von den Bewertungen Anderer relativ unabhängiges Selbstbewusstsein.

Die beschriebenen Muster der kritischen Kommentierung von Körperinszenierungen und Körperpräsentationen in Peergroups, insbesondere koedukative Schulklassen, können verstanden werden als Ergebnis von Gruppendynamiken, in denen das Bemühen von Jugendlichen vorherrscht, sich gemäß als sozial attraktiv angesehenen Geschlechterbildern zu präsentieren. In Freundschaftsbeziehungen können sich andere Formen der Resonanz entfalten, in denen auch Anerkennung und Wertschätzung eine größere Bedeutung haben. So zeigt eine Studie zur Adoleszenz junger Männer, dass es Jungen durch Freundschaften mit anderen Jungen und insbesondere mit Mädchen, durch ›beste Freunde‹ und ›beste Freundinnen‹, möglich werden kann, sich dem Druck gleichgeschlechtlicher Peergroups zu entziehen, entsprechende Ausgrenzungen zu verarbeiten und anderen Seiten als denen, die in Gruppenzusammenhängen hoch bewertet werden, Raum zu geben. Die jungen Männer wurden insbesondere – noch stärker als in gleichgeschlechtlichen Freundschaften – »durch ihre ›besten Freundinnen‹ in ihrem ... Anders-Sein anerkannt, wertgeschätzt und bestätigt. ... Die Mädchen boten emotionale Unterstützung und waren so eine wichtige Ressource bei der Bewältigung und Verarbeitung der Ausgrenzung durch die anderen Jungen« (Herschelmann 2009: 193; vgl. auch Seiffge-Krenke/Seiffge 2005).

Virtuelle Resonanzräume – Körperpräsentationen in digitalen Medien

Studien zeigen, dass die Mitglieder der virtuellen communities in den sozialen Medien im Wesentlichen denen der Peergroups entsprechen. »Die Peergroup in sozialen Netzwerken (ist) zumeist

175

weitgehend kongruent ... mit derjenigen in den realweltlichen Kontexten, jedoch nur eine Teilmenge der gesamten FreundInnen im betreffenden sozialen Netzwerk« (Schär 2013: 109). Die für Face-to-Face-Interaktionen in Peergroups kennzeichnenden Muster – Wünsche nach Anerkennung der Körpergestaltungen und -inszenierungen durch Gleichaltrige, das Bemühen um möglichst attraktive Selbstpräsentationen, in denen auch vorherrschende Geschlechterbilder verhandelt werden, Dynamiken, in denen Bewertungen vorgenommen, Zugehörigkeiten hergestellt und Ausgrenzungen etabliert werden – gelten in zugespitzter Form auch für Kommunikationen unter Jugendlichen in sozialen Medien. Sie erweitern die Chancen, sich zu präsentieren und mit anderen zu vergleichen, sie schaffen durch Bildbearbeitungsprogramme neue Möglichkeiten der – zumindest virtuellen – Körperoptimierung, sie ermöglichen direkte Rückmeldungen über die eigenen Körperpräsentationen, entsprechend sind sie auch mit der Gefahr von Abwertungen, Diskriminierungen und sexualisierten Übergriffen verbunden. Zugleich können sich durch die Spezifika von Kommunikationen in sozialen Netzwerken adoleszenzspezifische Problemlagen verschärfen.

Fotografische Selbstpräsentationen in sozialen Netzwerken, das ›Posten‹ von ›Selfies‹, ist bei jungen Frauen verbreiteter als bei jungen Männern.[109] Besonders für junge Frauen ist es wichtig, ihre körperliche Attraktivität medial in Szene zu setzen und – möglichst positive – Rückmeldungen zu erhalten. Da Smartphones bei den meisten dauerhaft in Betrieb sind, ist die virtuelle community der Anderen für Jugendliche immer präsent. »Permanently online, permanently connected« (King 2016: 87), so lässt

---

109 In der BRD geben 67 % der Mädchen und 49 % der Jungen im Alter ab 13 Jahren an, dass sie ›Selfies‹ im Netz posten (Bauer Media Group 2016, zit. nach Brenner 2016: 465). Dabei wird WhatsApp am häufigsten genutzt: 94 % der 12- bis 19-Jährigen nutzen diesen Kommunikationsdienst mindestens mehrmals pro Woche, Instagram kommt auf 57 %, Snapchat auf 49 % (Poitzmann 2018: 10).

sich die Logik der Kommunikation in sozialen Netzwerken prägnant zusammenfassen.[110] Es gibt kaum Phasen des nicht Eingebundenseins in die virtuelle Peergroup und damit kaum Zeiten des ganz für sich Seins. Dadurch verstärkt sich die Bindung an Bewertungen anderer. Es bleibt aber eine Ungewissheit. Reaktionen auf eigene Präsentationen können unmittelbar erfolgen, müssen es aber nicht. Der oder die andere kann auch anderweitig beschäftigt sein und deshalb nicht reagieren, eine fehlende Reaktion kann aber auch Ablehnung bedeuten. Das Warten auf Resonanz spielt dann eine große Rolle.»›Are you there?‹ is the typical call, as we enter the vague and uncertain space of the net, appealing to an echo, ... the call of the always-present-yet-never-unequivocally-there-other of digital communication« (King 2016: 88). Die Ungewissheit darüber, ob und wie der oder die Andere präsent ist, kann die Bindung an und die Abhängigkeit von den Reaktionen anderer verstärken.[111]

---

110 Vera King weist auf die Spezifika der Kommunikation in sozialen Medien hin:»There is a permanent connection to physically distant people, whose perpetual medial presence is a virtual precondition of the connection, ... like a person lurking in the background, who may or may not be watching« (King 2016: 87). Zugleich kann der Unterschied zwischen Online und Offline,»das Verhältnis von Außen und Innen über die ständige, auch leiblich spürbare Verbundenheit mit dem digitalen Werkzeug« (King 2018: 652) verschwimmen.»Fragmentierte Aufmerksamkeit« (ebd.: 656) kann die Folge sein, d. h. die Tendenz, in Face-to-Face-Kommunikationen innerlich nicht ganz und ungeteilt präsent, sondern immer bereit zu sein, schnell wieder zur Online-Kommunikation zu wechseln.

111 Für Eltern-Kind-Interaktionen wird in bindungstheoretischen Ansätzen ein ähnliches Muster beschrieben: Kinder, deren Eltern nicht zuverlässig und in ihren Reaktionen vorhersehbar präsent sind, z. B. weil ihr Verhalten für das Kind nicht nachvollziehbar zwischen liebevoll und abweisend wechselt, sind oft besonders abhängig von den Eltern. Sie befinden sich in einer dauernden inneren Warteposition, mit der sie das Verhalten der Eltern beobachten (vgl. Grossmann 2004).

Gradmesser für Akzeptanz oder Ablehnung der Selbstdarstellungen ist die Anzahl zustimmender Reaktionen, der ›Likes‹. Sie haben den Charakter eines permanent abrufbaren Rankings, sind direkter Gradmesser für Anerkennung und für alle sichtbar. Negative Kommentierungen und die Abwesenheit von ›Likes‹, eine fehlende Reaktion, werden als kränkend erlebt und schaffen einen Druck, sich besser, stärker ›Like‹-gerecht zu präsentieren. Dabei bietet das Internet besondere Möglichkeiten zur Perfektionierung des eigenen Aussehens. Zahlreiche Programme ermöglichen eine technische Bearbeitung der ›Selfies‹, die auf diese Weise einer gewünschten Selbstdarstellung entsprechend verändert werden können. »Instagram, Facebook und Snapchat geben mir die Möglichkeit, das zu sein, was ich sein will« (Rosalie, zit. aus der Zeitschrift »Barbara«, Mai 2017, S.62; vgl. Teil II, 5) – so formuliert eine 16-jährige junge Frau ihre Vorstellung, sich in sozialen Netzwerken unbegrenzt gemäß den eigenen Wünschen selbst gestalten zu können und sich damit – gemäß adoleszenten Größenfantasien – in grenzenlosen Weiten zu präsentieren: »Und es der Welt zu zeigen« (ebd.). In diesen Prozessen der den eigenen Wünschen entsprechend gestalteten Präsentationen in den sozialen Medien kann für junge Frauen eine Diskrepanz entstehen zwischen medial gezeigter als attraktiv empfundener Selbstdarstellung und eigenem Selbstgefühl – denn die Jugendlichen sind sich der Künstlichkeit ihrer Präsentationen im Internet, ihres Charakters als Konstruktion, bewusst. Das wird in der Äußerung einer jungen Frau in einer Studie von Vera King deutlich: »If you show your real face, you'll lose 10000 followers« (King 2016: 99). Diese Kluft zwischen inszenierter Selbstdarstellung für Andere und dem eigenen Selbstgefühl, die »ständige, tägliche Einübung in Wirklichkeitsverbiegung« (King 2018: 655), kann die Verunsicherungen der lebensgeschichtlichen Phase der Adoleszenz verstärken. Die »stete Manipulation« (ebd.) hält die für die Adoleszenz spezifische Unsicherheit über das eigene Aussehen mit aufrecht, »die Vermutung, dass man so, wie man wirklich aussieht, abgelehnt würde« (ebd.).

Selbstdarstellungen von Jugendlichen in sozialen Netzwerken orientieren sich dabei an traditionellen Geschlechterbildern. Zwar gibt es auch ein Spielen mit Geschlechterbildern und das Versenden durch Bildbearbeitungsprogramme verfremdeter und witzig gestalteter Fotos[112], wenn es um ernst gemeinte Präsentationen geht, haben jedoch traditionelle Geschlechterbilder große Bedeutung. So zeigt eine Studie mit 16-Jährigen, dass ihre fotografischen Selbstdarstellungen im Netz dem »Bild des starken Mannes und der schwachen Frau« (Schär 2013: 107) entsprechen. Mit den auch vorhandenen, den traditionellen Geschlechterbildern nicht entsprechenden Seiten – bei jungen Frauen das gezeigte Selbstbewusstsein, bei jungen Männern das Nachdenkliche und Empfindsame – werden Geschlechterkonstruktionen nicht »dekonstruiert oder subversiv unterlaufen« (ebd.: 108), denn diese Elemente sind eingebunden in Muster traditioneller Geschlechterbilder: Bei jungen Frauen in das Bild der »erotischen Verführerin« (ebd.), bei jungen Männern in eine generelle Distanziertheit und Unnahbarkeit. So werden »im Internet peergroupspezifische Prozesse des Aus- und Verhandelns sowie Vergewisserns virulent, die der Aneignung eines weiblichen bzw. männlichen Habitus zuträglich sind« (ebd.:109). Dabei spielt die »Inszenierung von geschlechtstypischen Praktiken ... sowie (die) gemeinsame Abwertung von als ›unmännlich‹ bzw. ›unweiblich‹ geltenden Praktiken« (ebd.: 110) eine große Rolle.[113]

---

112 ›Masken-Apps‹ ermöglichen das Erstellen von Porträtbildern und Selfies, auf denen die sich präsentierende Person auf als witzig empfundene Weise verfremdet. Brillen, Bärte und Hasenohren können problemlos in das eigene Bild eingefügt werden, es ist möglich, das eigene Gesicht sehr viel älter zu machen, es mit dem des Sitznachbarn zu vertauschen oder statt der eigenen Nase die eines Tieres einzusetzen.

113 Nach einer Studie der Bauer Media Group wurden 23 % der befragten 11- bis 17-jährigen Mädchen und 16 % der Jungen schon einmal wegen ihrer Fotos und ihres Aussehens darauf gemobbt (zit. nach Brenner 2016: 466). Eine Studie, in der verschiedene Daten zur Verbreitung von Cybermobbing zusammengefasst werden, zeigt, dass etwa 16 % der Ju-

Besonders anfällig für Übergriffe – die meist den Charakter sexualisierter Gewalt haben[114] – machen in den sozialen Netzen öffentlich gemachte Nacktfotos oder Videos, eine Praktik, die als ›Sexting‹, eine Verbindung von Texten und Sex, bezeichnet wird. Unter Jugendlichen im deutschsprachigen Raum scheint diese Praktik derzeit jedoch wenig verbreitet zu sein. Nach einer österreichischen Studie aus dem Jahr 2015 gaben lediglich 16 % der Jugendlichen an, »schon einmal freizügige Aufnahmen von sich selbst erstellt und diese dann meist auch versandt zu haben« (Poitzmann 2018: 10).[115] Solche Fotos haben zumeist zunächst eine Bedeutung in Liebesbeziehungen unter Jugendlichen und werden nur innerhalb dieser Beziehung versandt. Es besteht jedoch die Gefahr, dass solche Fotos weitergegeben werden, ohne dass es ein Einverständnis der Betroffenen darüber gibt – z. B. als Rache nach einer gescheiterten Beziehung. Solches ›Cybermobbing‹ dient dazu, die abgebildete Person zu diffamieren, sie zu be-

gendlichen Täter und 15 % Opfer sind. Cybermobbing scheint an Schulen weniger stark verbreitet zu sein als direkte Mobbingformen (Festl 2017: 23).

114 In einer 2016 in Hessen an repräsentativ ausgewählten allgemeinbildenden Schulen durchgeführten Befragung von 14- bis 16-Jährigen gaben 32,7 % der jungen Frauen, jedoch nur 8,7 % der jungen Männer an, im Internet, zum Beispiel in Facebook, Instagram oder Snapchat sexuell angemacht oder belästigt worden zu sein (George 2018: 6).

115 Ein Drittel der Befragten hat selbst schon Fotos oder Videos erhalten, auf denen die oder der Abgebildete fast nackt oder nackt zu sehen ist. In einer EU-weiten Studie gaben 15 % der 11- bis 16-Jährigen in den untersuchten europäischen Ländern an, von Gleichaltrigen »Nachrichten oder Bilder mit sexuellem Inhalt« erhalten zu haben (www.schauhin.info/informieren/medien/chatten/wissenswertes/; letzter Zugang 31. 1. 2018). In den USA scheint die Praktik des ›Sexting‹ verbreiteter zu sein. Einer Untersuchung der Drexel University in Philadelphia zufolge haben mehr als 50 % der befragten Studierenden Erfahrungen mit ›Sexting‹. Allerdings geben nur 28 % der Befragten an, selbst schon einmal entsprechende Fotos versandt zu haben (http://drexel.edu/now/archive/2014/june/sexting-study/; letzter Zugang 31.1.2018).

schämen und zu demütigen und kann das Selbstbewusstsein und Selbstbild der Betroffenen nachhaltig beeinträchtigen (vgl. Poitzmann 2018).

So entsprechen die mit Peergroup-Interaktionen in sozialen Medien verbundenen Wünsche der Jugendlichen nach Anerkennung ihrer Körperpräsentationen denen in Face-to-Face-Beziehungen. Ebenso sind die Chancen auf Bestätigungen und die Gefahr von Kränkungen und Ausgrenzungen durch Gleichaltrige in beiden Kontexten gegeben. Soziale Medien schaffen jedoch insbesondere für junge Frauen eine Verführung, ihr Äußeres immer perfekter zu inszenieren und sich damit immer mehr vom eigenen Selbst-Gefühl zu entfernen. Wettbewerbs- und Marktlogiken greifen verstärkt in das Leben der Jugendlichen ein. »This logic of optimization and the figure of the entrepreneurial self were implemented in the youth' digital self-presentation practices« (King 2016: 97). Zugleich kann die innere Bindung an die Reaktionen Anderer, die Abhängigkeit von ihrer Resonanz auf die eigenen Körperpräsentationen durch die potentiell permanente, aber nie ganz gewisse Präsenz der virtuellen Peergroup zunehmen, wenn soziale Medien eine große Bedeutung im Leben der Jugendlichen haben.[116] Insofern erweist sich das Leitbild des »coolen Mäd-

---

116 Die Ergebnisse der 2015 durchgeführten, für die BRD repräsentativen 17. Shell Jugendstudie, die sich auf die Altersgruppe der 12 bis 25-Jährigen bezieht, zeigen, dass soziale Medien nicht für alle Jugendlichen gleichermaßen von Bedeutung sind. Eine starke Abhängigkeit von sozialen Medien zeigt sich lediglich bei ungefähr einem Drittel: Sie haben den Eindruck,»dass einem bei einem Verlust des Smartphones plötzlich das halbe Leben fehlen würde« (Shell Deutschland Holding 2016: 128). 53 % der Befragten stimmen dieser Aussage jedoch nicht oder gar nicht zu (ebd.). Dabei spielt der soziale Hintergrund der Jugendlichen eine Rolle. So wäre es für 60 % der Jugendlichen aus der »unteren Schicht« (ebd.) ein großes Problem, wenn sie kein Smartphone mehr hätten, aus »der oberen Schicht« (ebd.) äußern sich jedoch nur 26 % entsprechend. Dass es ihnen »Spaß macht, im Internet Kontakte zu knüpfen und zu pflegen, bekundet fast die Hälfte (48 %) der Jugendlichen aus der unteren

chens« (Kirchhoff/Zander 2018: 96), an dem sich viele orientieren, als fragil. Das darin betonte Selbstbewusstsein und die Unabhängigkeit insbesondere von männlichen Bewertungen kann kollidieren mit dem Wunsch, bei Selbstpräsentationen in den sozialen Medien auf eine möglichst große positive Resonanz zu treffen. Das betrifft insbesondere diejenigen, bei denen die Verunsicherungen der Pubertät auf Erfahrungen vor dieser Lebensphase treffen, die ihnen kein Fundament für ein von den Bewertungen anderer unabhängiges Selbstbewusstsein ermöglicht haben.

Schicht. Bei den Jugendlichen aus der oberen Schicht trifft dies dagegen nur auf 28 % zu« (ebd.). Geschlechts- und Altersunterschiede zeigen sich dabei nicht. Möglicherweise spielen hier auch milieuspezifische Normen eine Rolle, die das Antwortverhalten im Sinne einer ›sozialen Wünschbarkeit‹ beeinflusst haben. So könnte der positive Bezug zu sozialen Medien in privilegierteren sozialen Milieus wenig angesehen und von daher in Interviews eher problematisiert worden sein. Deutlich ist jedoch, dass von sozialen Medien Verführungen ausgehen, die nicht bei allen Jugendlichen gleichermaßen auf entsprechende Bereitschaften treffen. Eine qualifizierende schulische und berufliche Ausbildung scheint ein reflektierteres Verhältnis zu diesen Verführungen und entsprechende innere Distanzierungen zu ermöglichen.

8

Gegenbewegungen – Formen des Widerstands gegen normative Schönheitsvorstellungen und einengende Geschlechterbilder

In den vergangenen Jahrzehnten gab es immer wieder öffentlichkeitswirksame Initiativen, die sich kritisch mit gesellschaftlich vorherrschenden Schönheitsvorstellungen und geschlechtsbezogenen Körperbildern auseinandergesetzt haben. Im Zentrum stand dabei zunächst der Körper von Frauen. Kritisiert wurde insbesondere das normative Ideal eines schlanken Körpers, das Mädchen und junge Frauen schon früh beeinflusst und unter Druck setzt, entsprechenden Vorgaben zu genügen. Getragen wurden diese Initiativen in der BRD zumeist von Frauen, anknüpfen konnten sie zum Teil an entsprechende Initiativen aus dem angloamerikanischen Raum. Ein Teil dieser Initiativen wurde unterstützt von der Kosmetikindustrie, die für sich die Chance sah, mit einer kritischen Haltung zu normativen Schönheitsvorgaben neue Absatzmärkte zu erschließen, auf diese Weise aber auch beigetragen hat zur Verbreitung kritischer Perspektiven auf gesellschaftliche Körpernormen.

Vorreiter für eine Kritik am schlankheitsorientierten Schönheitsideal war die Kosmetikfirma »The Body Shop«, die 1998 mit der üppigen Frauenfigur Ruby als Gegenfigur zur extrem dünnen Barbie und den Worten »There are 3 billion women who don't look like supermodels and only 8 who do« warb. Position bezogen wurde in Anzeigen gegen ›Manipulationen‹ des Frauenkörpers und für eine »Selbstachtung« von Frauen, die auf »Individualität« und »Lebenslust« basiert (Zentrum für Gender Studies und feministische Zukunftsforschung der Philipps-Universität Marburg 2003: 13f.).

Kommerzielle Interessen und bezogen auf Körpernormen kritisches frauenpolitisches Engagement haben sich verbunden in den Projekten der zum Unilever Konzern gehörenden Kosmetikmarke »Dove«. Die in England lebende feministische Psychoanalytikerin Susie Orbach, die sich seit den 1990er Jahren in mehreren öffentlichkeitswirksamen Kampagnen und Publikationen für eine kritische Reflexion gesellschaftlicher Schlankheitsnormen engagiert hat, entwickelte gemeinsam mit Meaghan Ramsey und finanziert von »Dove« insbesondere zwei Projekte: Die 2004 gestartete »Real Beauty«-Kampagne, in Deutschland von »Dove« als »Initiative für wahre Schönheit«[117] bezeichnet, die wesentlich auf die Inhalte von Werbe- und Marketingstrategien zielte und für »Dove«-Produkte auf die Präsentation perfekter Frauenkörper verzichtete,

---

117 https://www.portal-der-schoenheit.de/news/dove-initiative-fuer-wahre-
schoenheit.html; letzter Zugang 30.5.2018

und das »Dove Self-Esteem«-Projekt[118], das die pädagogische Arbeit mit Mädchen und jungen Frauen zum Inhalt hat. In der BRD profitiert zum Beispiel das Frankfurter Zentrum für Essstörungen von diesem Projekt. Bezeichnet als »Bodytalk« werden Schulen Workshops für 7.–10. Klassen angeboten, in denen es um einen selbstbewussten Umgang mit dem eigenen Körper geht, zum Beispiel durch Auseinandersetzung mit medial vermittelten Schönheitsidealen. Begleitend dazu werden Workshops für Lehrer*innen angeboten, in denen die fachlichen Inhalte von Bodytalk vertieft behandelt werden. Für die Workshops sind zwei Schulstunden bzw. zwei Zeitstunden vorgesehen. Sie sind für die Schulen kostenlos (vgl. www.essstoerungen-frankfurt.de/bodytalk).

Ein rein auf Spendenbasis arbeitendes Projekt, das sich gegen einengende Geschlechter- und entsprechende Körpernormen richtet, ist »Pinkstinks«. Es wurde 2014 in der BRD nach englischem Modell von Stevie Schmiedel gegründet und ist immer wieder öffentlichkeitswirksam präsent, zum Beispiel durch Kampagnen gegen Produkte, Werbeinhalte und Marketingstrategien, die Mädchen und jungen Frauen eine sie begrenzende Geschlechtsrolle zuweisen. Anfang 2018 produzierte »Pinkstinks« mit 11- bis 15-jährigen Schülerinnen ein Musikvideo, das sich gegen die in der Sendung »Germany's next Topmodel« propagierten Körpernormen richtet. »Wer braucht denn noch Diät-, Schmink- und Modeterror?« wird eine junge Frau zitiert. »Beauty Stress? Och Nö« ist der Text eines Stickers, den die Mädchen produziert haben und der über »Pinkstinks« kostenlos bezogen werden kann (alle Informationen auf www.pinkstinks.de; letzter Zugang 30.5.2018). Diese Aktivitäten wurden in den Medien breit rezipiert. »Pinkstinks« bietet zudem für 12- bis 16-jährige Schüler*innen theaterpädagogisch angeleitete Workshops und Projekttage an, die beide Geschlechter gleichermaßen ansprechen. Es geht

---

118 https://www.dove.com/uk/dove-self-esteem-project.html; letzter Zugang 30.5.2018

zum Beispiel um den Druck durch Schönheitsnormen, denen Mädchen und junge Frauen, Jungen und junge Männer unterliegen, dabei auch um die Belastungen für Jungen und junge Männer durch gesellschaftliche Männlichkeitsbilder. Diese Angebote sind für die Schulen mit Kosten verbunden.

Ein hohes Körpergewicht ist in westlichen Ländern der weitaus häufigste Anlass für die Diskriminierung von Mädchen und Jungen, jungen Frauen und Männern an Schulen (Rose/Schorb 2017: 8). Auf die Diskriminierung von Menschen mit hohem Körpergewicht aufmerksam zu machen und Veränderungsperspektiven zu entwickeln steht im Zentrum einer wissenschaftlichen Fachrichtung, die in den USA seit längerem etabliert ist und sich in der BRD seit 2017 auch öffentlichkeitswirksam durchzusetzen beginnt: die »Fat Studies«. Gegenstand der Analysen ist der gesellschaftliche Umgang mit hohem Körpergewicht, die Frage, warum und wie es zum Problem erklärt wird sowie die Folgen für die Betroffenen (vgl. die Beiträge in Rose/Schorb 2017). Damit ergreift diese Forschungsrichtung Partei gegen Stigmatisierung und Ausgrenzung von Menschen mit hohem Körpergewicht und setzt sich ein für die Anerkennung einer Vielfalt der Körper, eine Perspektive, die auch das Klima unter Gleichaltrigen in Schulklassen verändern und Diskriminierungen gerade in der Adoleszenz, der Lebensphase, in der gesellschaftliche Schönheitsnormen besonders wirksam werden, entgegenwirken kann. Getragen wird diese Forschungsrichtung insbesondere von Frauen, die damit anknüpfen an Themen und Ziele feministischer Bewegungen. Begleitet wird sie von sozialen Bewegungen, die sich für eine Akzeptanz von Menschen mit hohem Körpergewicht einsetzen. In den USA gibt es seit Ende der 1960er Jahre eine ›Fat-Acceptance-Bewegung‹, in der BRD seit 2005 Aktivitäten für eine »Gesellschaft gegen Gewichtsdiskriminierung«, die 2011 offiziell mit ihrer Arbeit begonnen hat (Liebenstein 2017).

Es gibt vergleichsweise wenige Initiativen, die sich explizit auf die Kritik gesellschaftlicher Körpernormen für Jungen und Männer beziehen. Vor diesem Hintergrund hat die unter dem Namen

›Emo‹ bekannt gewordene Jugendkultur, die sich zu Beginn des 21. Jahrhunderts herausgebildet hat, eine besondere Bedeutung. Sie hat sich vor allem über das Internet international ausgebreitet, ihre Mitglieder gehören überwiegend den Mittelschichten an (Schuboth 2013: 87). Für die jungen Männer, die sich dieser Szene zugehörig fühlen, geht es insbesondere um die Abwendung von männlichen Körperbildern und den damit verbundenen normativen Geschlechterrollen.

»Die Jungen der Szene weichen vom vorgegebenen männlichen Rollenmuster ab. Ihre Körperdarstellungen sind androgyn und sie zeigen als weiblich geltende Eigenschaften: Sie agieren gefühlsbetont, indem sie ihre Emotionen sowohl verbal als auch körperlich zum Ausdruck bringen. Diese Selbstdarstellung steht im Kontrast zu ... Männlichkeitsidealen, die sich an Wettbewerb, Hierarchisierung innerhalb der männlichen Geschlechtergruppe und Abgrenzung gegenüber Frauen orientieren und für die das Homosexualitätstabu zentral ist« (Schuboth 2013: 84; vgl. auch Stauber 2011; Teil I, 5).

Die aggressiven und zum Teil gewalttätigen Reaktionen auf die als weiblich definierten Selbstpräsentationen der jungen Männer – wohl insbesondere von anderen Männern –, die »Lawine des kollektiven Hasses« (Stauber 2011: 229) in den unterschiedlichsten Ländern, aber auch in Deutschland, zeigen, wie wenig flexibel und offen für Veränderungen gesellschaftliche Männlichkeitsbilder immer noch sind. Dennoch hat diese jugendkulturelle Szene eine Bedeutung für Verhaltens- und Entwicklungsmöglichkeiten von Jungen und jungen Männern. Sie werden zwar »einerseits in dominante Gender-Diskurse hineingerufen ..., andererseits (kann) aber auch ein Zugewinn an Reflexivität stattfinden ..., ein Bildungs- und Entwicklungsschritt, der eine erhöhte Genderkompetenz mit sich bringen kann« (Stauber 2011: 230).

Impulse, die sich gegen die Wirksamkeit gesellschaftlicher Schönheitsvorstellungen und als attraktiv definierter Körperbilder richten, haben in den vergangenen Jahrzehnten auch im pädagogischen Bereich an Bedeutung gewonnen. Sowohl bezogen auf die pädagogische Arbeit im außerschulischen als auch im schulischen

Bereich liegen eine Reihe von Konzepten und Arbeitsmaterialien vor, die Anregungen geben für Angebote an Jugendliche, sich kritisch mit gesellschaftlichen Schönheits- und Attraktivitätsvorstellungen auseinanderzusetzen und ein selbstbewusstes Verhältnis zum eigenen Körper zu entwickeln. Eine entsprechende pädagogische Arbeit mit Mädchen und jungen Frauen hat eine längere Tradition als die mit Jungen und jungen Männern. Sie hat ihren Ausgangspunkt genommen mit der seit den 1970er Jahren in der BRD sich herausbildenden feministischen Mädchenarbeit, die anknüpfte an Ziele der zweiten Frauenbewegung. In den folgenden Jahren haben sich die Perspektiven erweitert auf eine gendersensible Pädagogik, die sich auf beide Geschlechter gleichermaßen bezieht und auch interkulturelle Differenzen und geschlechtliche Vielfalt jenseits binärer Zuweisungen einbezieht. Die pädagogische Bearbeitung des Themas ›Körper‹ ist auf einen geschützten Raum angewiesen, in dem Jugendliche sich emotional öffnen können. Von daher findet eine entsprechende Arbeit meist in nach Geschlechtern getrennten Gruppen statt (vgl. zusammenfassend Busche u. a. 2010; Fleßner 2015; Fröhlich 2018; Wallner 2008).[119]

---

119 Vorschläge und Konzepte für eine kritische Reflexion gesellschaftlicher Körper- und Schönheitsnormen finden sich für Mädchen und junge Frauen z. B. in Eich/Sandkuhl 2017 (Fotoprojekt des Mädchenhauses Düsseldorf) sowie im Internet unter:
http://docplayer.org/4857837-Schoenheit-koerper-selbstbewusstsein.html (darin eine Reihe von Praxisbüchern, Videos und CD's zum Thema Körperbild/Schönheit/Mode);
https://www.maedchenpolitik.de/files/Dateien/Schriftenreihe/2012_12_heft_bag.pdf;https://www.wien.gv.at/menschen/frauen/pdf/bilderbuechlein.pdf;www.medienconcret.de/files/content/archiv/2013/Beitrag_Wallner_MedienConcret.pdf (letzter Zugang für alle genannten Internetpräsentationen 26.2.2018). Für die pädagogische Arbeit mit Jungen und jungen Männern finden sich Konzepte und Angebote z. B. bei Czyrnick-Leber 2013; Liermann 2015; Neuber 2007; Riederle 2007; Sturzenhecker 2007 und unter
http://ganztag-blk.de/ganztags-box/cms/upload/gender/pdf/Anlage-Pla-

Zunehmend bedeutsam wird dabei die Einbeziehung einer interkulturellen Dimension, durch die Jugendliche sensibilisiert werden
für Ein-und Ausgrenzungsprozesse, die sich auch am Körper, am
Aussehen festmachen, an Zuschreibungsprozessen gemäß vermuteter ethnischer, nationaler bzw. kultureller Herkunft. (vgl. Fleßner 2015; Leiprecht 2015; Leiprecht/Lutz 2015)[120]

nungsvorschlaege-Jungenarbeit-Methoden-Gender-Modul.pdf (letzter Zugang 26.2.2018). Hinweise für einen workshop mit Jugendlichen beiderlei
Geschlechts, der sowohl für die Schule als auch außerschulische Jugendarbeit konzipiert ist, finden sich in Trunk 2018. Er steht unter dem Motto
»Unperfekt schön«.
120 Anregungen für pädagogische Arbeit an interkulturellen Kompetenzen
finden sich zum Beispiel unter http://politischejugendbildung.de/filead-
min/content/Publikationen/Interkulturelle_Kompetenz_fuer_die_Jugend
bildung.pdf (letzter Zugang 24.6.2018).

Teil III

Körper und adoleszente
Konflikte

1

Bedeutung des Körpers in konflikthaften Entwicklungen und geschlechtsbezogene Unterschiede

Ebenso wie dem Körper in der Adoleszenz eine besondere Bedeutung für Prozesse des Experimentierens mit neuen Formen des Selbstverständnisses und Selbstbewusstseins zukommt, kann er auch ein Ort sein, an dem Konflikte ausgetragen und zu bewältigen versucht werden, auch mit gegen ihn gerichteten Mitteln. Die Verunsicherung und psychische Labilisierung, die für Jugendliche mit den körperlichen Veränderungen der Pubertät verbunden sein können, schaffen eine Verletzungsoffenheit, die – wenn eine »neue selbstgewisse Verankerung (des veränderten Körpers, K.F.) im Körper-Selbst« (King 2011a: 83) noch nicht möglich ist – auch zu Mustern führen können, die den Körper angreifen. Konflikte werden mit und am Körper ausgetragen, wenn es keine anderen Wege der Problembewältigung gibt, zum Beispiel über Auseinandersetzungen in sozialen Beziehungen, die als tragfähig erlebt werden. Das gilt für junge Frauen und Männer gleichermaßen. Unterschiede gibt es jedoch in den Mustern des körperbezogenen Austragens adoleszenter Konflikte. Bei jungen Männern sind externalisierende Bewältigungsformen adoleszenter Verunsicherungen, wie Risikohandeln oder körperliche Aggressivität, häufiger zu finden, junge Frauen tendieren eher zu autoaggressiven Verhaltensweisen wie Essstörungen oder Selbstverletzungen (King 2011a: 86 ff.). Das Bemühen, den eigenen Körper mit seinen in der Adoleszenz eigenlogischen und oft als bedrohlich erlebten Entwicklungen in den Griff zu bekommen, ihn zu kontrollieren, richtet sich bei jungen Frauen eher direkt auf den Körper, während bei männlichen Jugendlichen die Tendenz vorherrscht, mit dem Körper Kontrolle über die äußere Welt ausüben zu wollen (King 2002: 181). Vera King stellt einen Bezug her zwischen den für junge Frauen und Männer unterschiedlich sich äußernden Bemühungen um Kontrolle des Körpers und den in der Adoleszenz sich mit neuer Heftigkeit entfaltenden sexuellen Wünschen und Fantasien.

»Da die sexuelle Verschmelzung im weiblichen Körper und Innenraum stattfindet, sind auch die Abgrenzungsbemühungen bei weiblichen Adoleszenten stärker auf den Körper selbst, auf die Kontrolle der im Innern lokalisierten Triebhaftigkeit und ... auf eine Beherrschung der Objekte ›im Körper‹ ausgerichtet« (King 2002: 181).

Destruktive Tendenzen zur Körperkontrolle sind dabei umso größer, »je weniger Raum den Mädchen im psychischen und sozialen Sinne zur Verfügung steht, um ihre Selbstanteile zu stärken, mit Größenphantasien und Grenzüberschreitungen zu experimentieren, narzisstische Befriedigung und Ruhe in sich selbst zu finden – kurz gesagt: einen adoleszenten Entwicklungsspielraum zur Verfügung zu haben« (ebd.). Für junge Männer ist die Situation eine

andere: Für sie kann es »näher liegen, die Gefahrenquelle im Außen bzw. im Innern *der Anderen* zu lokalisieren und entsprechende Kontrolle ausüben zu wollen« (ebd.: 181f.). Denn das eigene
sexuelle Begehren und die damit verbundenen Verschmelzungs-
fantasien können – besonders wenn sie sich auf eine Person des
anderen Geschlechts, dem der Mutter, richten – mit der Angst
verbunden sein, wieder in einer undifferenzierten Einheit mit
Weiblichem zu versinken. »Die adoleszente Devise lautet dann typischerweise: das Objekt (im Äußeren) sichern und zugleich die
eigene Unabhängigkeit vollständig bewahren« (ebd.: 182). Ängste
junger Männer vor Selbstverlust sind bei denen am größten, bei
denen »das innere Bild des Männlichen, wie es wesentlich auch
aus dem Bild des Vaters entworfen wird, prekär oder unkonturiert
ist« (ebd.: 183). Entsprechend könnte »die Identifizierung mit einem fürsorglichen und väterlichen Vater ... eine Brücke schlagen
in dem adoleszenten Ringen darum, das Streben nach Selbstständigkeit und Abgrenzung und die Sehnsucht nach Intimität und
Bindung konstruktiver zu verbinden« (ebd.).

Der Körper als Austragungsort adoleszenter Konflikte wird im
Folgenden an vier zentralen Problembereichen dargestellt: an Essstörungen, selbstverletzendem Verhalten, Risikoverhalten und
körperlicher Gewalt.[121]

---

121 Ein weiteres Feld, über das adoleszente Probleme ausgetragen werden
können, ist Suchtverhalten, vgl. Niekrenz 2011; Stauber/Litau 2013.

2

Essstörungen

Einen direkten Bezug zur Lebensphase der Adoleszenz haben insbesondere zwei Formen von Essstörungen: die Anorexie und die Bulimie.[122] Beide treten meist erstmalig in dieser Lebensphase auf. Anorektisches Verhalten beginnt häufig mit etwa 14 Jahren[123], bulimisches etwas später, meist gegen Ende des Jugendalters (Gerlinghoff/Backmund 2004: 247; für Anorexie vgl. Herpertz-Dahlmann 2008).[124] Es sind Konfliktlösungsversuche, die

---

122 Eine andere Form von Essstörungen ist »Binge Eating«, die anfallsartige Aufnahme von großen Mengen an Nahrung. Diese Form von Essstörung tritt kaum in der Adoleszenz auf (Gerlinghoff/Backmund 2004: 247).

123 Anorexie tritt besonders häufig bei jungen Frauen aus Familien mit einem höheren sozioökonomischen Status auf (Biedert 2008: 14).

sich überwiegend bei jungen Frauen finden: Das Geschlechterverhältnis beträgt 10:1[125] (Gerlinghoff/Backmund 2004: 247).
Martin Dornes weist auf der Basis einer Sichtung vorliegender
Studien darauf hin, dass es für Kinder und Jugendliche in
Deutschland keine gesicherten Daten zur Häufigkeit des Auftretens gibt, sondern lediglich Schätzungen. Für die Altersgruppe
der 14- bis 17-jährigen Mädchen werden dabei folgende Daten
genannt: Anorexie tritt auf bei 0,5–1% der jungen Frauen, Bulimie bei 2–4 %«[126] (Dornes 2018: 86). Eine Zunahme dieser Essstörungen – wie sie medial oft verbreitet wird – ist dabei nicht
feststellbar.

>In den Medien häufen sich Berichte darüber, dass Essstörungen, insbe-
sondere Anorexie, Bulimie und Fressattacken, in den letzten Jahren zugenommen haben. ... Dies (ist) nicht der Fall. Ihre ... Vorkommenshäufigkei-
ten ... sind vielmehr ... seit Jahren beziehungsweise Jahrzehnten konstant«
(ebd.: 81).[127]

---

124 Die Gruppe mit dem höchsten Erkrankungsrisiko wird bei den 20- bis
24-jährigen Frauen vermutet (Biedert 2008: 32).

125 Untergewicht bei jungen Männern hängt oft mit einem »männlich-aske-
tischen Körperideal« (Neutzling 2006: 20) zusammen, nach dem sie
streben:»kontrolliert, hager, zäh, sportlich, erfolgreich« (ebd.).

126 Weitere Daten für die Altersgruppe der 14- bis 17-jährigen Mädchen
beziehen sich auf»partielle/unterschwellige Essstörungen, einschließlich
Binge Eating Disorder« (Dornes 2018: 86), die bei 10–15 % der jungen
Frauen vermutet werden, sowie auf Adipositas, die 6,2 % der jungen
Frauen betrifft (Dornes 2018: 86). Die Daten zur Häufigkeit von Adipositas sind durch epidemiologische Studien gesichert. Die internationale,
im Auftrag der Weltgesundheitsorganisation WHO durchgeführte HBSC-
Studie kommt für Deutschland für die Altersgruppe der 11- bis 15-Jähri-
gen zu folgenden Ergebnissen: 7,8 % der Mädchen und 10,1 % der Jungen sind übergewichtig oder adipös. Als untergewichtig werden 17,8 %
der Mädchen und 12,6 % der Jungen klassifiziert (HBSC-Studienverbund Deutschland 2015b: 1). Dabei ist Untergewicht nicht gleichzuset-
zen mit Anorexie.

127 Steigerungsraten sind lediglich für Adipositas bei Erwachsenen feststellbar. Sie hat zwischen 1998 und 2012 um 3 % zugenommen, bei Kindern

Sowohl bei Anorexie als auch Bulimie spielt der Wunsch eine Rolle, den Körper zu kontrollieren.

»Der eigene Körper (ist) gerade in der Adoleszenz Ausgangspunkt großer Verunsicherung und Angst. ... Die Illusion ... besteht nun darin, durch die Beherrschung, die Manipulation des Körpers die Identitätsangst beherrschen zu können. ... Das Gefühl des Ohnmächtig-ausgeliefert-Seins soll durch die Vorstellung der Machbarkeit überwunden werden« (Hirsch 1998: 93).

Diese »Vorstellung der Machbarkeit« äußert sich auf unterschiedliche Weise. Anorektische junge Frauen lehnen Nahrungsaufnahme generell ab, bei bulimischen jungen Frauen zeigen sich Ambivalenzen: Eine gierige Nahrungsaufnahme wird durch das sofortige Ausscheiden der Nahrung, etwa durch selbst herbeigeführtes Erbrechen, wieder rückgängig zu machen versucht. Dem entsprechend liegen beiden Formen von Essstörungen unterschiedliche psychische Dispositionen zu Grunde. Bei beiden spielen jedoch autoaggressive Tendenzen eine große Rolle. Diese gelten »nicht ausschließlich dem eigenen Selbst ..., sondern auch dem Anderen, jedoch dem Anderen in *uns*, den wir unbewusst ... mit uns herumtragen und als einen abgelehnten und gehassten Selbstanteil bekämpfen« (Moré 2005: 67).

Erklärungsansätze beziehen sich insbesondere auf ein Zusammenwirken familiärer und soziokultureller Faktoren. Im Zentrum stehen dabei Schwierigkeiten der jungen Frauen bei der Suche nach einer neuen und von der Familie abgegrenzten eigenen Identität, eine Anforderung, die für Jugendliche in westlichen Gesellschaften mit der Adoleszenz verbunden ist. Dabei spielen an Schlankheit orientierte Schönheitsideale als Normen für ein als gelungen angesehenes Frau-Werden eine Rolle, sie sind jedoch

---

und Jugendlichen seit 2004 aber nicht mehr. Für Kinder und Jugendliche zwischen zwei und 17 Jahren wird die Häufigkeit von Adipositas derzeit mit 6,2 % angegeben (Dornes 2018: 88). Die konstante Zahl der übergewichtigen Kinder und Jugendlichen beträgt 15 % (ebd.).

nicht die Ursache für Essstörungen. So kommt eine Untersuchung zur Wirkung der vom Fernsehsender ProSieben ausgestrahlten und bei jungen Frauen sehr beliebten Sendung »Germany's next Topmodel« zu dem Ergebnis, dass die dort präsentierten perfekt gestylten und sehr schlanken Körper besonders für anorektische junge Frauen zwar als Ideal für eigene Körperformen fungieren und das Gefühl, selbst zu dick zu sein, befördern, dass eine solche Wirkung aber anknüpft an Dispositionen, die unabhängig von dieser Sendung vorhanden sind. Die in der Studie befragten jungen Frauen beschrieben die Wirkung der Sendung »als Verstärkung der eigenen krankmachenden Gedanken« (Götz u. a. 2015: 62). Junge Frauen mit einer Prädisposition für Essstörungen finden durch diese Sendung Anknüpfungspunkte für auf den Körper bezogene Bewältigungsstrategien, die zunächst nicht mit dem Körper zusammenhängende Probleme betreffen.

> »Sie befanden sich zu Beginn der Essstörung in einer Krisensituation. Denn bei dieser psychosomatischen Erkrankung steht selten das angestrebte Schönheitsideal im Zentrum des eigentlichen Problems. Es geht um tiefe Krisen und Unsicherheiten, Erlebnisse oder Lebenssituationen, die den Betroffenen als nicht bewältigbar erscheinen. Um trotz der Machtlosigkeit gegenüber den äußeren Geschehnissen ihre Handlungsfähigkeit aufrecht zu erhalten, verlagern die Betroffenen ihre Wahrnehmung von den inneren Welten auf die äußeren Bereiche Körper und Essen. Durch die Manipulation des Gewichts können sie sich als weniger wertlos empfinden und versuchen ... (so), wieder handlungsmächtig zu werden – wenn schon nicht gegenüber der äußeren Welt, dann wenigstens gegenüber sich selbst« (ebd.: 66; vgl. auch Dornes 2018).

Dem entsprechen auch die Ergebnisse anderer Studien.

> »Essstörungen liegt kein Schönheits-, Figur- oder Essproblem zugrunde, sondern *Essstörungen sind Ausdruck eines Identitätsproblems, das die Jugendlichen im Medium von Leib und Körper zu lösen versuchen* (Kursivierung im Original). ... Die Essstörung entspricht einer Überlebensstrategie innerhalb (eines) psychisch belastenden sozialen Kontexts. Essgestörte Jugendliche hungern, essen über die Maßen und erbrechen sich, um auf diesem Weg Halt, Sicherheit und Orientierung in ihrem Leben zu finden und eine Identität zu entwickeln bzw. zu stabilisieren. Essens-, Figur-,

Gewichts- oder Schönheitsprobleme sind ›lediglich‹ Symptome, deren Ursache ein Identitätsproblem ist« (Gugutzer 2011: 93f.).[128]

Untersuchungen zu Familien, in denen junge Frauen mit Essstörungen aufgewachsen sind, kommen zu dem Ergebnis, dass es zwar Gemeinsamkeiten in den Strukturen dieser Familien gibt, jedoch kein typisches Muster, das zu Essstörungen als Konfliktlösungsstrategie führt. Die Ende der 1970er Jahre in den USA durchgeführten Studien von Hilde Bruch zum »Rätsel der Magersucht« (Bruch 1988; ähnlich auch Selvini Palazzoli 1982) haben wichtige Hinweise zu möglichen Familienkonstellationen anorektischer junger Frauen gegeben. Beschrieben wird eine Familiensituation, in der der Vater wenig präsent ist und die Mutter ihre eigene als unbefriedigend erlebte Lebenssituation auf eine Weise über die Tochter auslebt, die es dieser kaum möglich macht, Wünsche, Impulse und Bestrebungen als eigene zu entdecken und zu entwickeln – denn im Zentrum steht, was der Mutter wichtig ist und was sie denkt, was die Tochter empfinden müsste. In dieser Konstellation ist die Nahrungsverweigerung der Tochter in der Pubertät eine Strategie, sich von der Mutter abzugrenzen, jedoch eine Strategie, in der die Bindung an die Mutter erhalten bleibt: Denn ein von der Mutter unabhängiges Leben ist durch die Krankheit unwahrscheinlich. Die von Hilde Bruch beschriebene Mutter-Tochter-Konstellation ist an eine gesellschaftliche Situation gebunden, in der Frauen nur wenig andere Möglichkeiten zu einer Gestaltung ihres Lebens hatten als über ein Dasein als Ehefrau und Mutter, unabhängig davon, ob sie es sich wünschten oder nicht. Insbeson-

---

128 So wird über anorektische Verhaltensweisen von Frauen schon berichtet, als sich das an Schlankheit orientierte westliche Schönheitsideal noch nicht verbreitet hatte (Braun 1992; Gerlinghoff/Backmund 2004: 248). Auch für Bulimie kann kein ursächlicher Zusammenhang mit gesellschaftlichen Schönheitsidealen festgestellt werden, gesellschaftliche Schlankheitsvorstellungen scheinen den Hintergrund zu bilden, vor dem sich umfassendere Identitätskonflikte entfalten und Ausdruck verschaffen (Gerlinghoff/Backmund 2004: 248).

dere für Töchter besteht in solchen Konstellationen die Gefahr, dass sie wesentlich der Befriedigung der mütterlichen Bedürfnisse dienen und wenig Chancen für die Entwicklung eines eigenen Selbstverständnisses und Selbstbewusstseins haben. In den vergangenen Jahrzehnten haben sich die Lebensverhältnisse für Frauen in westlichen Ländern jedoch entscheidend geändert. Ein Leben begrenzt auf das Dasein als Hausfrau und Mutter ist nicht mehr alternativlos. Das hat auch die Strukturen in Familien verändert. Dennoch gibt es weiterhin Muster, durch die jungen Frauen wenig Raum für die Entwicklung und Umsetzung adoleszenter Autonomiebestrebungen gegeben wird. Die von Hilde Bruch beschriebenen Dynamiken, durch die Eltern ihren Kindern eigene Bedürfnisse überstülpen, haben damit in veränderter Form und mit veränderten Inhalten weiterhin Bedeutung, insbesondere wenn sie – wie in neueren Studien – ergänzt werden um Prozesse in der Vater-Tochter-Beziehung. So kann der adoleszente Entwicklungsspielraum der Tochter auch in gegenwärtigen Familien durch elterliche Wünsche und Bedürfnisse besetzt und damit begrenzt werden (King 2006b) – etwa durch das Bestreben, über eine im gesellschaftlichen Sinne ›perfekte‹, d. h. leistungsorientierte und Schlankheitsidealen genügende Tochter selbst Aufwertung zu erfahren. In der Vater-Tochter-Beziehung spielt zudem grenzüberschreitendes, sexualisierendes oder sexuell missbrauchendes Verhalten eine Rolle, durch das der »adoleszente Möglichkeitsraum« (King 2002: 28ff.) der Tochter durch das Eindringen väterlicher Bedürfnisse entscheidend beeinträchtigt wird. Die Nahrungsverweigerung wird dann »zum Machtmittel gegen die Bindungszwänge und familiären Grenzüberschreitungen, das Hungern zur Autonomie sichernden Körperpraxis« (Gugutzer 2011: 98).

Die der Bulimie zu Grunde liegenden familiären Muster unterscheiden sich von denen der Anorexie. Junge Frauen, die eine solche Symptomatik entwickeln, waren häufig schon früh gezwungen, selbstständig zu werden. »Früh in ihrer Kindheit müssen sie Verantwortung für andere Familienmitglieder übernehmen, sich um sich selbst sorgen und dabei ihre eigenen kindlichen Bedürfnisse zurückstecken« (ebd.: 99). Mit der Adoleszenz, der Zeit, in der die Abgrenzung von der Familie, zum Beispiel ein Auszug aus dem Elternhaus, ansteht, verschaffen sich die nicht berücksichtigten kindlichen Bedürfnisse dann Ausdruck. »Nicht vernünftig, sondern kindlich maßlos sein und Unmengen essen zu dürfen« (ebd.: 99), repräsentiert die Seite der bisher unterdrückten kindlichen Bedürfnisse, das herbeigeführte Erbrechen inszeniert eine Wiederholung des erlebten Mangels, ist zugleich aber zu verstehen als Bemühen, »wenigstens in einem Bereich Sicherheit, Kontrolle und Autonomie zu besitzen, nämlich im Bereich des eigenen Körpers« (ebd.). Jungen Frauen mit einer solchen Symptomatik ist es häufig wichtig, gesellschaftlichen Schlankheitsidealen zu entsprechen und »damit nach außen die Fassade zu wahren, dass mit ihnen und in ihrem Leben alles in Ordnung sei« (ebd.).

In Studien der 1980er und 1990er Jahre – insbesondere solchen, die in feministischen Diskussionen verankert waren – dominierte ein Interpretationsansatz für Anorexie, der in gegenwärtigen Untersuchungen kaum mehr Bedeutung hat: Nahrungsverweigerung als Verweigerung eines körperlichen Zur-Frau-Werdens unter gesellschaftlichen Bedingungen, die für das weibliche Geschlecht mit Beschränkungen und dem Erleben von Zweitrangigkeit verbunden sind. Das Bemühen, einen kindlichen Körper ohne Brüste und ohne Regelblutung zu behalten, wurde vor diesem Hintergrund gesehen als Widerstand gegen das Hineinwachsen in ein Frauenleben, das wenig Möglichkeiten zu selbstbestimmten und von Männern unabhängigen Gestaltungen bietet, als »Rebellion und Aufbegehren gegen ein patriarchal definiertes Bild der Weiblichkeit und als Antwort auf die beschneidenden Inhalte und Mechanismen einer sexistischen Kultur« (Gast 1989: 167). Magersucht richtet sich aus dieser Perspektive »nicht gegen die Weiblichkeit als solche, sondern gegen die (Frauen) zugewiesene Identität als ›Nicht-Mann‹ ... und für eine Weiblichkeit in eigenem Recht« (ebd.: 163).[129] Der autoag-

---

[129] Christina von Braun hat diese Perspektive ergänzt um eine weitere Facette. Sie interpretiert die Weigerung junger Frauen, einen weiblichen

gressive, selbstzerstörerische Anteil von Anorexie wurde dabei kaum berücksichtigt, im Mittelpunkt stehen die »inhärenten emanzipatorischen ... Potentiale« (ebd.: 160).

In den vergangenen Jahrzehnten haben sich die Lebensbedingungen für junge Frauen in westlichen Gesellschaften entscheidend verändert. Es gibt eine Vielzahl möglicher Lebensentwürfe und Formen der Lebensgestaltung, zudem haben sich die Möglichkeiten, ein gegenüber Männern selbstbewusstes Verhältnis zu entwickeln, deutlich erweitert. Erhalten hat sich jedoch bei einigen der Wunsch, durch anorektisches Verhalten an einem kindlichen Körper ohne Brüste und Regelblutung – einem asexuellen Körper – festzuhalten und sich damit einem Zur-Frau-Werden zu verweigern, ein Wunsch, der darauf hindeutet, dass Zur-Frau-Werden auch in gegenwärtigen westlichen Gesellschaften mit starken Ängsten und Problemen verbunden sein kann. Das gilt insbesondere für junge Frauen, die vor der Pubertät, insbesondere in der Familie, kein stabiles Fundament für ein von den Bewertungen anderer relativ unabhängiges Selbstbewusstsein entwickeln konnten. Bei jungen Männern findet sich in den auf den Körper bezogenen Bewältigungsstrategien für adoleszente Probleme keine entsprechende Weigerung, im zugewiesenen Geschlecht erwachsen, d. h. zum Mann zu werden – es sei denn, es sind Jugendliche, die sich keinem der beiden Geschlechter zuordnen können oder wollen. Insofern ist ein körperliches Zur-Frau-Werden für einen

Körper zu entwickeln, als Weigerung, ein Leben wie die Mutter zu führen, das gekennzeichnet ist durch Selbstopferung für Mann und Familie, durch Verzicht auf eigene Gestaltungsmöglichkeiten, und zugleich als Akt der Solidarität mit der Mutter. »Durch die Magersucht versucht sich die Tochter nicht gegen die Mutter abzugrenzen, sondern das Verblassen der Mutter sichtbar zu machen; sie weigert sich nicht, erwachsen zu werden, sondern wie die Mutter zur ›toten Frau‹ zu werden. ... Die magersüchtige Tochter (führt) eine Art von Solidaritätskampf mit der Mutter – oder einen Unabhängigkeitskampf für die Mutter« (Braun 1992: 232).

Teil der jungen Frauen weiterhin mit Problemen verbunden, die auf gesellschaftliche Geschlechterverhältnisse verweisen. Diese Probleme können sich beispielsweise beziehen auf die in der Pubertät nicht seltene Sexualisierung des Körpers durch Blicke von Anderen, häufig Männern, und – wenn es entsprechende psychische Anknüpfungspunkte dafür gibt – die öffentliche Präsenz eines Schönheitsideals, in dem das eigene Nichtgenügen schon angelegt ist.

3

Selbstverletzendes Verhalten

Selbstverletzendes Verhalten wird von medizinisch-psychiatrischer Seite definiert als eine »funktionell motivierte Verletzung oder Beschädigung des eigenen Körpers, die in direkter und offener Form geschieht, sozial nicht akzeptiert ist und nicht mit suizidalen Absichten einhergeht« (Petermann/Nitkowski 2015: 22).[130] Ebenso wie Essstörungen kann selbstverletzendes Verhalten als

---

130 Diese Definition wird als zugleich umfassend und präzise genug angesehen, um die verschiedenen Erscheinungsformen selbstverletzenden Verhaltens zu erfassen, es aber auch von anderen in den Körper eingreifenden oder ihn beschädigenden Verhaltensweisen abzugrenzen, etwa Schönheitsoperationen, Piercings und Tatoos sowie suizidalem Verhalten (Petermann/Nitkowski 2015: 22).

Versuch verstanden werden, Probleme, die auf eine andere Weise nicht bearbeitet werden können, über den Körper auszutragen und zu lösen. Selbstverletzendes Verhalten kann sich als bewusstes Herbeiführen von Verletzungen der Haut, z. B. durch Ritzen, Schneiden oder Verbrennen an Armen, Beinen und Bauch, äußern, umfasst aber auch das sich Schlagen oder nach Gegenständen Treten, um sich selbst zu verletzen. Ebenso wie Essstörungen hat selbstverletzendes Verhalten einen engen Bezug zu Problemen der Adoleszenz. Der Beginn von selbstverletzendem Verhalten liegt meist zwischen dem 12. und 14. Lebensjahr (In-Albon u. a. 2015: 7). Nach den Ergebnissen einer 2004/2005 durchgeführten für Baden-Württemberg repräsentativen Studie mit Schüler*innen der 9. Klassen aller Schultypen verletzen sich mehr junge Frauen als junge Männer bewusst selbst. 20 % der Mädchen und 10 % der Jungen berichten von entsprechenden Aktivitäten, bei den meisten waren es einzelne Vorkommnisse. Mehr als dreimal im Jahr haben sich 6 % der Mädchen und 2 % der Jungen absichtlich selbst verletzt (Haffner u. a. 2007: 15).[131] Dabei unterscheiden sich die Methoden, mit denen junge Frauen und Männer sich selbst verletzen. Für junge Frauen scheint es wichtiger als für junge Männer zu sein, dass sie durch die Verletzungen – etwa durch Ritzen oder Schneiden – bluten, bei jungen Männern finden sich häufiger Verletzungen durch sich Schlagen und nach Gegenständen Treten, also durch direkte Äußerungsformen körperlicher Aggression,

---

131 Eine Zunahme der Häufigkeit des Auftretens von selbstverletzendem Verhalten ist in Deutschland nur für gelegentliche Selbstverletzungen feststellbar. Zwischen 2005 und 2012 fand sich in den für Baden-Württemberg repräsentativen Studien mit Schüler*innen der 9. Klassen aller Schultypen lediglich für diese Form selbstverletzenden Verhaltens eine Zunahme, nicht jedoch für wiederholtes selbstverletzendes Verhalten (Interview mit Prof. Dr. med. Romuald Brunner, Klinik für Kinder- und Jugendpsychiatrie, Universitätsklinikum Heidelberg, 2016: 8; https://studlib.de/3664/psychologie/klinik_kinderund_jugendpsychiatrie_universitatsklinikum_heidelberg; letzter Zugang 30.3.2018).

zudem fügen sie sich häufiger, z. B. durch Zigaretten, Hautverbrennungen zu.[132] Bei den ebenfalls befragten Eltern wurde deutlich, dass sie selbstverletzendes Verhalten bei ihren Kindern unterschätzen oder es gar nicht wahrnehmen (ebd.).
Selbstverletzendes Verhalten wird häufig durch belastende Ereignisse ausgelöst.

»Dazu gehören Misserfolgs- und Versagenserlebnisse, Verlusterlebnisse, soziale Isolation oder Drucksituationen. ... (Es gibt) Zusammenhänge mit ungünstigen familiären Verhältnissen und ... schulischen Leistungsproblemen. ... Selbstverletzendes Verhalten... lässt sich als Ventil zum Spannungsabbau und mitunter verzweifelten Hilfsappell bei belasteten Jugendlichen verstehen« (ebd.: 16).

So stammen Jugendliche, die sich selbst absichtlich verletzen, häufiger aus unvollständigen Familien, besuchen vermehrt Hauptoder Förderschulen und haben häufiger eine Klasse wiederholt. »Selbstverletzungen gehen ... mit Problemen, Belastungen, weiteren Risikoverhaltensweisen und einer ungünstigen Lebenssituation einher« (ebd.: 15).[133] Mit den bewusst herbeigeführten Selbstverletzungen sind keine Selbsttötungsabsichten verbunden, aber

---

132 Interview mit Prof. Dr. med. Romuald Brunner, Klinik für Kinder- und Jugendpsychiatrie, Universitätsklinikum Heidelberg, 2016: 2; https://stud-lib.de/3664/psychologie/klinik_kinderund_jugendpsychiatrie_universitats klinikum_heidelberg; letzter Zugang 30.3.2018).

133 So wird in einer Studie mit jugendlichen Patient*innen in einer Heidelberger Abteilung für Kinder- und Jugendpsychiatrie festgestellt, dass 65 % der sich selbst verletzenden Jugendlichen sexuellen Missbrauch erlebt haben, 74 % berichten von emotionaler Vernachlässigung in der Familie und 42 % von körperlichen Misshandlungen (Resch 2001). Auf soziale Probleme in der Schule verweist eine Untersuchung mit 10- bis 14-jährigen Schüler*innen: Jugendliche, die »Bullying« – soziale Ausgrenzungen, Schikanen, Diffamierungen und Einschüchterungen – durch ihre Klassenkamerad*innen erfahren oder kürzlich erfahren haben, zeigen häufiger als die übrigen selbstverletzendes Verhalten. »Bullying ist besonders negativ für Mädchen, da für deren Selbstwert gleichgeschlechtliche Peer-Beziehungen besonders wichtig sind« (Jantzer u. a.

»Selbstverletzung und Selbstmordversuche treten als Formen selbstschädigenden Verhaltens häufig gemeinsam auf« (ebd.: 15). Auf der Basis insbesondere psychoanalytisch-sozialpsychologisch orientierter Fallberichte werden die Erlebensweisen der sich selbst verletzenden Jugendlichen deutlich. Beschrieben wird eine Vergewisserung über Körpergrenzen, die mit dem Gefühl, lebendig und wirklich zu sein, verbunden ist. Selbstverletzendes Verhalten »spielt sich an der Grenze von Innen und Außen ab. (Es) hat vielfach den Sinn, die Grenzen des Selbst fühlbar zu machen und damit das Innen abzusichern« (Ahlheim 2013: 30f.). Viele schildern nach der Selbstverletzung ein Gefühl von Befreiung und Erleichterung, das dabei fließende Blut kann als wärmend und tröstend erfahren werden und mit dem Erleben verbunden sein, sich selbst die Zuwendung zu geben, die im Außen vermisst wird (Hirsch 1998: 97). Selbstverletzendes Verhalten ist – auch wenn es im Verborgenden stattfindet – auch als Vorwurf an die nahen Bezugspersonen zu verstehen. »Es kann Anklage an als böswillig und verletzend erlebte Andere, (kann) Sichtbarmachen des eigenen Schmerzes und Leids sein« (Ahlheim 2013: 31). Zugleich wird die damit verbundene Wut auf Andere gegen den eigenen Körper gerichtet und dort autoaggressiv ausagiert. Es fehlen Wege, Gefühle wie Schmerz, Leiden und Wut in Worte zu fassen und damit Möglichkeiten, sie anderen mitzuteilen und damit direkt zum Thema von Beziehungen zu machen und dort zu bearbeiten. »Entweder haben (die Jugendlichen) ihre Gefühle abgespalten, so dass sie diese nicht mehr oder nur verzerrt wahrnehmen können, oder sie sind diffus« (Teuber 2004: 135), so dass sie nicht benannt werden können.

»Die Sprachlosigkeit ist zu einer unüberwindbaren Mauer geworden. ... Das selbst zugefügte Leiden (ist) zentrales Kommunikationsmittel. Dabei steht der körperliche Wundschmerz symbolisch für die seelischen Schmerzen« (Teuber 2004: 135f.).

2012: 44). Dabei erleben Jungen eher »direktes physisches Bullying. ... Mädchen (sind) eher Opfer von indirektem sozialen Bullying« (ebd.).

Die Bedeutung der Beziehung zur Mutter für selbstverletzendes Verhalten junger Frauen wird in einer empirischen Studie deutlich, die auf ausführlichen biografischen Interviews basiert. Die mit der Adoleszenz anstehende Veränderung der Beziehung zu ihr – eine Umgestaltung in Richtung Abgrenzung und Trennung – ist für die befragten jungen Frauen mit Problemen verbunden gewesen, die sich je nach vorgängigen Beziehungserfahrungen auf unterschiedliche Weise geäußert haben. Der Körper wurde dabei zum Ort der Inszenierung dieser Beziehungserfahrungen und Ausdrucksmittel für entsprechende Konflikte und Wünsche. Bei einigen hatte das selbstverletzende Verhalten die Funktion, eine Separation von der Mutter in einer Beziehungskonstellation zu signalisieren, die bisher stark durch verschwimmende Grenzen gekennzeichnet war. Für andere war selbstverletzendes Verhalten mit dem Wunsch verbunden, auf diese Weise eine Nähe zur Mutter herzustellen, die bisher vermisst wurde. DieVäter wurden von den jungen Frauen entweder als kaum präsent oder aber als aggressiv und entwertend beschrieben (Benzel 2018).

Von Seiten einer kritischen Männlichkeitsforschung wird »das Risiko eines gender bias« (Friebel 2017: 77) in Studien zu selbstverletzendem Verhalten kritisiert. Es wird bezweifelt, dass Jungen sich seltener selbst verletzen als Mädchen. Lediglich die Methoden, die angewandt werden, seien andere, diese werden in entsprechenden Untersuchungen aber nicht als selbstverletzendes Verhalten klassifiziert, etwa riskantes Verhalten, das mit einem hohen Grad an Selbstgefährdung, z. B. durch Unfälle, verbunden ist. Auch Jungen zeigen – wenn man Risikoverhalten einbezieht – eine große »(Selbst-)Verletzungsoffenheit« (ebd.: 78).

Die Krisenhaftigkeit von Adoleszenzverläufen junger Männer, ihre »Verletzungsoffenheit« (ebd.: 78) wird ebenfalls deutlich in Studien zu Selbstmordgefährdungen und Selbsttötungen Jugendlicher. Selbstmordgefährdungen und Selbsttötungen nehmen bei Jugendlichen beiderlei Geschlechts mit Beginn der Adoleszenz zu. Darin zeigen sich besonders eindrücklich die Belastungen, die mit dieser Lebensphase verbunden sein können. Nach den Ergebnissen der 2004/2005 durchgeführten für Baden-Württemberg repräsentativen Studie mit Schüler*innen der 9. Klassen aller Schultypen zeigen sich dabei deutliche geschlechtsbezogene Unterschiede. Mädchen geben häufiger als Jungen an, schon einmal Selbstmordgedanken gehabt (19,8 % vs. 9,3 %) und Versuche, sich selbst zu töten, unternommen zu haben (10,8 % vs. 4,9 %) (Deutsche Gesellschaft für Kinder- und Jugendpsychiatrie, Psychosomatik und Psychotherapie (DGKJP) et al. 2016: 14). Junge Männer nehmen sich jedoch häufiger das Leben als junge Frauen. In den Altersgruppen der 10- bis 14-Jährigen und der 15- bis 19-Jährigen nehmen sich dreimal so viel junge Männer das Leben wie junge Frauen (ebd.: 15).

4

Risikoverhalten

Nach außen gerichtete, den Körper gefährdende riskante Verhaltensweisen, zum Beispiel waghalsige Aktivitäten im Alltag, im Sport und im Straßenverkehr, sind Verarbeitungsversuche adoleszenter Verunsicherungen, die sich häufiger bei jungen Männern als bei jungen Frauen finden.

»Bei waghalsigen Aktionen überwiegt der Anteil von Jungen und männlichen Jugendlichen bei Weitem. Auch Statistiken zu Krankheitsarten infolge von Unfällen belegen das erheblich stärkere Risikoverhalten von Jungen eindrücklich. Ob im Straßenverkehr, bei Delinquenz ..., bei sportlichen Risiken ..., überall leben Jungen tendenziell riskanter« (Winter 2015: 369; vgl. Hontschik 2005).[134]

Den Körper gefährdende, nach außen gewandte riskante Verhaltensweisen stehen in einem direkten Bezug zur Aneignung einer sozial akzeptierten erwachsenen Männlichkeit in der Adoleszenz.

> »Ein guter Teil des Risikoverhaltens ist ... auf Männlichkeitsbilder bezogen, die Stärke, Abenteuer, Konkurrenzlust und Dominanzstreben assoziieren. ... Risikoverhalten ist wie geschaffen für den Ausdruck solcher Motive: schnell Snowboard, Mountainbike, Motorrad oder Auto fahren, riskante Skateboard–Kunststücke ... und dabei Schmerz- und Körpergrenzen überschreiten, ... eine Drogenmutprobe, wie z.B. das Rauschtrinken ... (können) als Beweis männlicher Stärke dienen« (Winter 2015: 369).[135]

Entsprechende Aktivitäten finden meist in Gruppen junger Männer statt.

> »Typisch für ... Risikohandeln ist, dass es in der Regel nicht in individueller Abgeschiedenheit stattfindet, sondern in einem kollektiven Rahmen. ... Es ... ist ... nicht selten Teil eines Gruppenrituals und erfolgt unter starkem Gruppendruck« (Meuser 2005: 310).

So kann das Risikoverhalten von jungen Männern verstanden werden als mit anderen jungen Männern gemeinsame Initiation in den »männlichen Geschlechtshabitus« (ebd.: 310), für den nicht nur die Abgrenzung zu allem als weiblich Definierten bedeutsam ist, sondern ebenso die Etablierung von Dominanzverhältnissen unter Männern. »Männlichkeit (ist) zu allererst auf eine Anerkennung durch andere Männer angewiesen. ... Deren Leistungen und

---

134 Nicht selten gehen riskante Aktivitäten junger Männer mit einer Gefährdung und Schädigung Anderer einher. Ein Beispiel sind riskante Verhaltensweisen im Straßenverkehr. Eine anschauliche Beschreibung – auch der Gleichgültigkeit gegenüber dem Leben Anderer bei diesen Aktionen – findet sich in einem Fallbericht von Hontschik 2005: 332ff.

135 Dabei ist die gesellschaftliche Haltung bezogen auf Risikoverhalten widersprüchlich: Auf der einen Seite wird es gerade in Bezug auf Jugendliche als Problem gesehen, andererseits »wird insbesondere in Medien männliches Risikoverhalten glorifiziert« (Winter 2015: 368; vgl. auch Meuser 2005: 311f.).

Fähigkeiten gilt es im Wettbewerb zu überbieten« (ebd.: 316). So hat der Wettstreit in der Gruppe der jungen Männer eine große Bedeutung bei riskanten Aktivitäten.

»Die sozialen Settings, in denen adoleszente Männer ihren Körper riskieren, sind typischerweise solche, in denen sie in einem Wettstreit mit mehr oder minder gleichaltrigen Geschlechtsgenossen stehen, seien es harmlose Wettbewerbsspiele wie beim Breakdance, seien es lebensgefährliche wie die gewaltsamen Auseinandersetzungen zwischen rivalisierenden *street gangs*. In diesen Kämpfen ist der Körper der Spieleinsatz, und die Bereitschaft ihn zu riskieren, ist. ... Mittel der Aneignung und Darstellung von Männlichkeit« (ebd.: 313).

So sind riskante Aktionen – wenn sie erfolgreich bestanden werden – Quelle von Akzeptanz und Anerkennung unter Gleichaltrigen. Das unterscheidet sie von den häufiger bei jungen Frauen zu findenden gegen den eigenen Körper gerichteten und auf das Körperinnere bezogenen riskanten Aktivitäten, wie anorektischem und bulimischem Verhalten: Diese gelten meist auch in Peergroups junger Frauen als problematisch (Meuser 2005: 312).

Das in der gleichgeschlechtlichen Peergroup praktizierte Risikoverhalten junger Männer hat zugleich eine Bedeutung bei der innerpsychischen Bewältigung der spezifischen Anforderungen, die für junge Männer mit der Adoleszenz verbunden sind. Das in der Adoleszenz mit neuer Heftigkeit sich Ausdruck verschaffende sexuelle Begehren kann – wenn es auf das andere Geschlecht bezogen ist – für junge Männer besonders angstbesetzt sein.

»Der adoleszenten, noch labilen Getrenntheit im Verhältnis zum (mütterlich) Weiblichen und zur kindlichen Nähe zur Mutter auf der einen Seite steht die neue Intensität des Begehrens im Verhältnis zum weiblichen Körper, zur weiblichen Anderen gegenüber. ... Der zugleich begehrte und gefürchtete Körper und Innenraum der Anderen kann daher zur Quelle von Angst werden, die Kontrollmaßnahmen auf den Plan ruft« (King 2010: 112f.).

Risikohandeln kann die Bedeutung solcher »Kontrollmaßnahmen« haben, durch die »gleichsam rituell über die Todesgefahr und die

213

drohende Vernichtung des Körper-Selbst triumphiert wird« (King 2006a: 182). Der eigene Körper wird dabei »als möglichst perfektes Medium der Bemeisterung der Welt und der Anderen aufs Spiel gesetzt und reale Gefährdung geleugnet« (King 2010: 113). Durch solche Strategien wird den Ängsten vor Selbstaufgabe im Begehren und in der Verschmelzung mit Weiblichem zu begegnen versucht. Das Ausmaß der Gefahr, die dabei im Äußeren eingegangen wird, »kann als Ausdruck und Spiegelung innerer Bedrohung verstanden werden« (King 2006a: 175).

Nicht für alle jungen Männer ist in gleichgeschlechtliche Peergroups eingebettetes Risikoverhalten gleichermaßen von Bedeutung. »Risikohandeln (ist) zwar ein häufig praktizierter, aber nicht der einzige Modus der geschlechtlichen Sozialisation männlicher Adoleszenter« (Meuser 2005: 319). Eine besondere Bedeutung hat er für junge Männer aus sozial benachteiligten Milieus, denen alternative Ressourcen zur Demonstration ihrer Männlichkeit fehlen, wie sie etwa gegeben sein können durch eine qualifizierende schulische Ausbildung und entsprechende Zukunftsperspektiven im Bereich beruflicher Arbeit, die es ermöglichen, eine »soziale Position zu erreichen, die ... mit Stolz erfüllen könnte« (King 2010: 101). Inwieweit Männlichkeit über Risikoverhalten herzustellen versucht wird, hängt zudem auch von den inneren Ressourcen der jungen Männer ab.

> »Gewiss herrscht in manchen Jungencliquen ... ein teils erheblicher Gruppendruck, gemeinsam geplanten oder spontan aufscheinenden Risiken nicht auszuweichen. ... Dennoch können sich Jungen mit einem relativ stabilen Selbstbewusstsein solchem Gruppendruck unbeschadet widersetzen« (Winter 2015: 370).

Risikoverhalten ist zwar eine Strategie adoleszenter Selbstvergewisserung, die sich überwiegend bei jungen Männern findet, junge Frauen sind jedoch nicht unbeteiligt bei solchen Inszenierungen.

> »Risikoverhalten von Jungen ermöglicht es Mädchen ..., Weiblichkeit herzustellen: im Sich-Sorgen und -Kümmern (z. B. um Verletzungen), beim Versorgen ermatteter Helden, in der kontrastierenden Abwertung wie im

Bewundern großartiger, lustiger oder verrückter Risikoleistungen von Jungen. ... So sind Mädchen selbst indirekt daran interessiert, dass sich Jungen und Männer riskant verhalten« (Winter 2015: 371).

5

Körperliche Gewalt

Auf den Körper Anderer gerichtete Jugendgewalt spielt sich meist unter männlichen Jugendlichen ab[136]: Sie geht häufig von männli-

---

[136] Neben körperlicher Gewalt ist verbale und psychische Gewalt in der Adoleszenz bedeutsam. Die geschlechtsbezogenen Unterschiede sind bei der Ausübung verbaler und psychischer Gewalt geringer als bei körperlicher Gewalt, auch junge Frauen bedienen sich – insbesondere unter Gleichaltrigen und gegenüber anderen jungen Frauen – dieser Gewaltformen (Weißmann 2017: 50f.). Körperliche Gewalt kann für junge Männer jedoch eine besondere Bedeutung in adoleszenten Prozessen der Suche nach einer geschlechtsbezogenen Identität haben (Meuser 2002; zu theoretischen Erklärungsansätzen für gewalttätige Handlungen von Jugendlichen vgl. Liebsch 2012d: 193ff.). Zur Bedeutung sexualisier-

chen Jugendlichen aus und richtet sich primär gegen andere männliche Jugendliche. »Männliche ... Jugendliche (sind) ungefähr doppelt so häufig gefährdet, Opfer einer Gewaltstraftat zu werden, wie weibliche ... Jugendliche« (Arbeitsstelle Kinder- und Jugendkriminalitätsprävention 2017: 6).[137] Jugendgewalt, wie sie vor allem »in der ›gewaltintensiven‹ Altersspanne zwischen 16 Jahren und Anfang 20 ausgeübt wird« (Meuser 2002: 65), ist zum »großen Teil homosoziale Männergewalt« (ebd.) mit »reziproker Struktur« (ebd.), d. h. Täter können Opfer werden und umgekehrt.

Seit Mitte der 1990er Jahren hat sich die Aufmerksamkeit vermehrt auch auf weibliche Jugendliche gerichtet, die Gewalt ausüben. Dazu beigetragen hat der Anstieg weiblicher Tatverdächti-

---

ter Gewalt unter Jugendlichen, insbesondere junger Männer gegenüber jungen Frauen vgl. Teil II, 7.

137 In einer zusammenfassenden Darstellung von Daten zu Jugendgewalt des Deutschen Jugendinstituts vom Juli 2017 werden als Spezifika genannt: »Jugendgewalt ist episodisch, d. h. meist ein vorübergehendes Phänomen im Lebenslauf, entsteht zumeist eher situativ und in der Gruppe, vollzieht sich oft in der gleichen Alters- und Geschlechtergruppe, d. h. Jugendliche können sowohl Täter als auch Opfer sein« (Arbeitsstelle Kinder- und Jugendkriminalitätsprävention 2017: 2). Gewalttaten machen dabei nur einen kleinen Teil der gesamten Jugendkriminalität aus. Insgesamt hat Jugendgewalt »im letzten Jahrzehnt nicht zugenommen, sondern eher abgenommen« (ebd.: 8). In einer Befragung von Schüler*innen der 9. Klassen aller Schultypen in Niedersachsen durch das Kriminologische Forschungsinstitut Niedersachsen e. V. gaben 2015 23,7 % an, schon einmal in ihrem Leben Gewalterfahrungen gemacht zu haben. 12,4 % berichten, im letzten Jahr Opfer einer Gewalttat geworden zu sein (Bergmann u. a. 2017: 42f.). In ihrem bisherigen Leben schon einmal selbst Gewalt ausgeübt zu haben, berichten 14,8 %, bezogen auf das vergangene Jahr sind es 6,1 % (Bergmann u. a. 2017: 47). Für 2008 werden in der Vorgängerstudie die folgenden nach Geschlecht differenzierten Zahlen genannt: 20,2 % der Jungen und 6,4 % der Mädchen berichten davon, mindestens eine der dort genannten Gewalttaten (Raub bzw. leichte oder gefährliche/schwere Körperverletzungen) begangen zu haben (Weißmann 2017: 52).

ger – bei weiterhin deutlich stärkerer Präsenz der jungen Männer – im Deliktfeld »Körperverletzung« in der Polizeilichen Kriminalstatistik (PKS) (Bruhns 2002: 171). Körperliche Gewalt kann sowohl für männliche als auch weibliche Jugendliche ein Weg sein, um mit Kränkungen und Verletzungen, mit Abwertungs- und Benachteiligungserfahrungen umzugehen, wenn ihnen andere – nicht körperlich-aggressiv nach außen gewandte – Möglichkeiten der Verarbeitung verschlossen sind. Es ist ein Weg, der besonders für Jugendliche in sozial prekären und psychisch belastenden Verhältnissen Bedeutung hat.[138] Körperliche Gewalt hat jedoch für junge Frauen und junge Männer jeweils unterschiedliche Funktionen und Bedeutungen. Für junge Männer kann sie ein Versuch sein, sich traditionelle Männlichkeitsbilder anzueignen, wenn auch oft mit den vorherrschenden gesellschaftlichen Werten und Normen widersprechenden Mitteln, für junge Frauen widerspricht gewalttätiges Verhalten jedoch traditionellen Weiblichkeitsbildern. Eine Studie zeigt, dass gewalttätige junge Frauen sich dennoch bemühen, ihr Gewaltverhalten in ihr Weiblichkeitsbild zu integrieren und sich auf diese Weise als selbstbewusste Frauen zu positionieren.

> »Gewaltausübung (wird) als ein Aspekt ihres Selbst und damit auch ihres geschlechtlichen Selbst anerkannt ..., das heißt sie integrieren Gewaltbereitschaft und -anwendung in ihr Weiblichkeitskonzept. Damit widersprechen sie herkömmlichen geschlechtstypischen Erwartungen, die ihnen durchaus bewusst sind, die sie jedoch zurückweisen« (Bruhns 2002: 191).

Kraft beziehen diese jungen Frauen dabei aus ihren gewaltbereiten Cliquen. »In ihnen finden gewaltintegrierende Weiblichkeitsbilder nicht nur Anerkennung, sondern sie werden hier aktiv hergestellt

---

138 In der Schule sind »gewaltaffine oder gewaltförmige Verhaltensmuster ... vor allem unter männlichen Jugendlichen aus den unteren und bildungsfernen sozialen Schichten zu finden, und der größte Teil der Gewalt geht von männlichen Sonder-, Haupt- und Gesamtschülern sowie Schülern im Berufsgrundbildungsjahr aus. Sie sind überwiegend unter 16 Jahre alt und Täter und Opfer zugleich« (Hafeneger 2011: 136).

bzw. mitgetragen« (ebd.: 191). Zugleich wird in den von den Mädchen berichteten Erfahrungen und Ängsten »die Fragilität einer über weibliche Gewalt angestrebten Machtposition« (ebd.: 192) sichtbar. Dabei unterscheiden sich die Abwertungserfahrungen und -ängste der jungen Frauen von denen der jungen Männer. Bei jungen Frauen speisen sie sich »wesentlich auch aus ihrer nachgeordneten Stellung im Geschlechterverhältnis ..., während sie bei Jungen eher durch andere – wenngleich zusätzlich auch bei Mädchen wirksame – Faktoren bedingt sind, wie zum Beispiel ihre soziale, ethnische bzw. ökonomische Stellung« (ebd.: 191).

Für junge Männer kann gewalttätiges Handeln in der Adoleszenz – insbesondere wenn es in gleichgeschlechtlichen Peergroups stattfindet – den Charakter einer Initiation in erwachsene Männlichkeit haben, einer adoleszenzspezifischen Einübung in den »männlichen Habitus« (Meuser 2002).[139] Dabei gibt es unter jungen Männern »unterschiedliche, konforme und nonkonforme, organisierte und spontane Formen körperlichen Agierens und von ... Aggressivität bzw. Gewalt« (Hafeneger 2011: 132), etwa in der Fußballfankultur, in der rechtsextremen Jugendszene, als Alltagsgewalt an Schulen und im städtischen Alltag, beispielsweise in U-Bahnen und sonstigen öffentlichen Räumen sowie in »jungmän-

---

139 Michael Meuser weist hin auf wichtige Unterscheidungen männlichen Gewalthandelns: »diejenige von hetero- und homosozialen sowie diejenige von reziproken und einseitig strukturierten Gewaltrelationen« (Meuser 2002: 72). Über diese Gewaltformen werden jeweils unterschiedliche Aspekte des ›männlichen Habitus‹ inszeniert: Heterosoziale, nicht reziproke Gewalt, die sich gegen Frauen richtet, dient der Abgrenzung und Etablierung von Dominanzverhältnissen gegenüber Weiblichem, durch homosoziale, reziproke Gewalt, die die häufigste Gewaltform bezogen auf männliche Jugendliche darstellt, werden Hierarchien unter Männern hergestellt (ebd.: 65f.). »Männlichkeit konstituiert sich nicht nur in Relation zu Frauen, sondern auch in der Relation zu anderen Männern« (ebd.: 53). Insofern können verschiedene Ausprägungen männlicher Gewalt als unterschiedliche Formen eines »doing masculinity« (ebd.: 55) verstanden werden.

nerbündischen Gemeinschaften wie dem Militär« (Hafeneger 2011: 132). In diesen Bereichen gehen »gewaltförmige Verhaltensweisen vor allem von männlichen Jugendlichen in Cliquen- und Peerkontexten aus« (ebd.: 136). Diese Kontexte haben den Charakter von »Inseln und Domänen, in denen ein aggressiv männlicher Lebensstil und vermeintlich klare und eindeutig maskuline Rollenvorstellungen – und die Abwehr ›unmännlicher‹, d. h. latent weiblicher und homosexueller/homoerotischer Verhaltensweisen – unbeirrt (weiter) existieren können« (ebd.: 131). Durch »adoleszente rituelle Verschmelzungen (kann) ... die Gruppe wie ›ein Mann‹ erscheinen und stolze ›Männlichkeit‹ gleichsam aufgetankt werden« (King 2010: 111).

Gewaltförmige Interaktionen in Gruppen Gleichaltriger können verstanden werden als »spezifische Variante männlicher Dominanzspiele« (Meuser 2002: 65), die durch eine »kompetitive Struktur« (ebd.), das Prinzip des »Wettbewerbs« (ebd.) gekennzeichnet sind und über die Hierarchien unter den jungen Männern, aber auch Anerkennung und Zugehörigkeiten hergestellt werden. Dabei ist Gewalt in der Adoleszenz oft »eingelassen in einen geselligen Rahmen, ist gewissermaßen eine Fortsetzung von Geselligkeit mit anderen Mitteln« (ebd.: 67).

Ferdinand Sutterlüty hat auf der Basis qualitativer Interviews die soziale und psychische Bedeutung gewalttätiger Handlungen für junge Männer beschrieben. Deutlich wird, dass die Ausübung von Gewalt »positive und euphorisierende Momente« (Sutterlüty, zit. nach Liebsch 2012d: 195) enthält und mit emotionalen Qualitäten verbunden ist, durch die die eigene erlebte Ohnmacht – zum Beispiel durch Gewalterfahrungen in der Kindheit – in Macht über Andere gewendet wird. Gewalttaten sind für die jungen Männer »verbunden mit einem bislang unbekannten Gefühl der Selbstachtung und Handlungsfähigkeit. ... Mit der ersten Gewalttat (erlebten) sie ... die Option, ihre ... Opfergeschichte zu beenden und ein neues, jugendliches Verständnis von sich selbst zu etablieren« (ebd.: 196). Die Erfahrung erster aktiver Gewaltausübung wird als ›turning point experience‹ beschrieben, bei der die Jugendlichen –

indem sie vom Opfer zum Täter werden – eine »>epiphanische Erfahrung des Rollentauschs<« (Sutterlüty, zit. nach ebd.: 196) erleben. Soziale Marginalisierung und Ausgrenzung können auf diese Weise in ein Gefühl von Handlungsmächtigkeit und sozialer Bedeutsamkeit – wenn auch gemessen an gesellschaftlichen Normen im negativen Sinne – gewendet werden.[140] Vera King weist auf der Basis von Interviews mit jungen Männern mit Migrationshintergrund[141] darauf hin, dass für riskante und gewalttätige Handlungen neben Ohnmachts- und Ausschlusserfahrungen auch Scham über die gesellschaftlich entwertete Rolle des Vaters eine Rolle spielen kann. Über riskante und gewalttätige Handlungen versuchen die jungen Männer, das Erleben dieser Scham durch Gefühle des Stolzes, die mit solchen Aktionen verbunden sind, zu überdecken. »Aggressivität und destruktives Handeln fungieren ... häufig als Abwehr von unerträglichen Schamgefühlen und damit einhergehenden Verletzungen von Männlichkeitsbildern« (King 2010: 116). Dabei sind auch intergenerationale Prozesse der Weitergabe von Marginalisierungs-

---

140 Gewaltinszenierungen junger Männer kann auch eine Verunsicherung durch veränderte gesellschaftliche Geschlechterverhältnisse und eine Kränkung über den damit verbundenen Verlust von Machtpositionen zu Grunde liegen. »Solche Männlichkeitsinszenierungen gewinnen dort an Bedeutung, wo der Verlust traditioneller Männlichkeit besonders bedrohlich erlebt wird und keine anderen Varianten lebbar erscheinen. ... Gerade dort, wo die Möglichkeiten adoleszenter Individuation eingeschränkt sind, ... kann die tendenzielle Auflösung polarisierter Geschlechterverhältnisse, repräsentiert über die zunehmende Präsenz von (auch) adoleszenten Frauen im öffentlichen Raum, als existenzielle Bedrohung erlebt und im Gegenzug alte Klischees neu belebt werden« (King 2002: 241).

141 Werden Indikatoren für soziale Benachteiligungen – wie geringe Schulbildung und eine prekäre ökonomische Situation – sowie eigene Gewaltopfererfahrungen berücksichtigt, so unterscheiden sich Jugendliche mit Migrationshintergrund in der Häufigkeit verübter Gewalttaten nicht von denen ohne Migrationshintergrund (Heinz 2016).

erfahrungen und entsprechender Schamgefühle vom Vater auf den Sohn von Bedeutung. »Schamgefühle über ... Bilder eines entwürdigten Vaters können ... bei den Söhnen ein Potenzial von Wut darstellen, das sich umso mehr steigern muss, je weniger innere Ressourcen für Modulation und für Korrektur oder Überwindung es in der eigenen äußeren Realität gibt« (King 2010: 110). So machen die Söhne nicht selten »die Erfahrung, noch nicht einmal mehr die Stellung als männlicher Arbeiter erreichen zu können, die ihren Vätern trotz beschwerlicher Lebensverläufe noch relative ökonomische Absicherung und Familiengründung ermöglichte« (ebd.: 110).

Auch wenn gewalttätiges Verhalten in Peergroups insbesondere für Jugendliche in sozial oder psychisch prekären Verhältnissen Bedeutung hat, ist es doch auch unter Jugendlichen in privilegierteren sozialen Verhältnissen zu finden.[142] Entsprechende Dynamiken beschreibt Carolin Emcke in ihren autobiografischen Schilderungen »Wie wir begehren«. Die mit den körperlichen Veränderungen der Pubertät und den mit neuer Heftigkeit sich entfaltenden sexuellen Wünsche und Fantasien verbundenen Verunsicherungen werden in der Gruppe der Jungen durch Gewalt, insbesondere gegen andere Jungen, zu verarbeiten versucht.

> »Gequält wurde variabel. Gequält wurde unbeständig. Mal harmloser, mal brutaler. In Raubzügen zogen sie aus, wann immer die Jungs aus der Vereinzelung wollten, in die sie ihre unbefriedigten Körper zwangen, wann immer sie nicht wussten, was Männlichkeit heißen sollte, dann zogen sie aus, gingen auf Jagd, gingen hetzen. ... Gewalt, das brauchte es, denn nur Gewalt gegen andere könnte die eigene Not kaschieren, wenn kein Ausdruck zu finden war, bot sich Gewalt an, ... nur Gewalt würde diese ver-

---

142 Michael Meuser weist am Beispiel der Hooligans darauf hin, dass »Mittelschichtangehörige gleichermaßen und in nicht geringer Zahl an den Gewaltaktivitäten beteiligt« (Meuser 2005: 319) sind. Hooligans rekrutieren ihre Mitglieder, »entgegen einer verbreiteten Überzeugung, nicht nur und nicht einmal überwiegend aus marginalisierten Milieus der Gesellschaft« (ebd.: 319).

dammte Unruhe überdecken, die zurückblieb, ganz gleich, welche anderen Rituale des männlichen Erwachsenwerdens man schon bestanden hatte« (Emcke 2013: 194 f.).

Gewalthandlungen – das ›Quälen‹ Anderer, ›Raubzüge‹, ›Jagden‹, »hetzen« – werden beschrieben als Versuche, die mit der Adoleszenz verbundenen Probleme zu bewältigen: die ›eigene Not (zu) kaschieren‹, mit dem »unbefriedigten Körper«, der in »verdammte Unruhe« versetzt, zurechtzukommen, die »Vereinzelung« aufzuheben und der Hilflosigkeit gegenüber dem, was »Männlichkeit« bedeuten soll, zu begegnen. Es scheint auch für diese Jugendlichen aus einem privilegierten sozialen Umfeld eine Verführung zu geben, den adoleszenten Verunsicherungen auf eine Weise zu begegnen, in der eigene Hilflosigkeit und Schwäche in Dominanz und Macht gegenüber Anderen gewendet und deren Schädigung in Kauf genommen wird. Aggressiv-gewalttätiges Verhalten in Gruppen Gleichaltriger scheint – ebenso wie Risikoverhalten – für männliche Jugendliche aller sozialen Milieus ein Weg zu sein, über den in der Lebensphase der Adoleszenz das Erleben, männlich zu sein, hergestellt werden kann.[143]

---

143 Bezogen auf Schlägereien unter männlichen Jugendlichen stellt Michael Meuser fest, dass »die positive Wertung vielfach auch in der Retrospektive des erwachsenen Mannes auf seine jugendlichen Abenteuer und Eskapaden erhalten bleibt« (Meuser 2005: 312).

Jugendliche und ihr Verhältnis
zum Körper – Perspektiven

Die körperlichen Veränderungen der Pubertät sind ein zentrales, die Jugendphase strukturierendes Geschehen. Ergebnisse empirischer Studien, Berichte über das Erleben in dieser Zeit in Online-Beratungsforen und autobiografisch geprägte Schilderungen zeigen, dass diese Veränderungen von vielen Jugendlichen als stark verunsichernd und Bedrohung ihrer psychischen Stabilität erlebt werden. Der Körper entwickelt eine Eigendynamik, der sie sich nicht entziehen können, er verändert sich, gleichgültig, ob es gewünscht wird oder nicht, ob die Jugendlichen darauf vorbereitet sind oder nicht, und stellt sie vor »Verarbeitungsanforderungen«

(King 2002: 172), insbesondere bezogen auf die Aneignung der sexuellen und generativen Potenz sowie die Integration des veränderten Körpers in ein neues Selbstbild und Selbstbewusstsein. Damit verbunden ist die Auseinandersetzung mit der in der BRD wie in den meisten westlichen Gesellschaften vorherrschenden Geschlechterordnung, die auf einer binären, sich ausschließenden Zuordnung zu den Kategorien ›Frau‹ und ›Mann‹ basiert, von einer heterosexuellen Bezogenheit der Geschlechter aufeinander als Normalfall ausgeht und die körperlichen Veränderungen einbindet in bestimmte Bedeutungszuschreibungen und Geschlechterbilder.

Die Adoleszenz ist eine lebensgeschichtliche Phase, in der kreative Neugestaltungen des Selbstbildes und Selbstbewusstseins ebenso möglich sind wie Bewältigungsversuche, die destruktiv gegen den eigenen Körper oder gegen Andere gerichtet sind. Es ist eine Zeit möglichen Aufbruchs ebenso wie möglicher Gefährdungen. Nicht alle Jugendlichen können mit den Verunsicherungen und psychischen Labilisierungen durch die körperlichen Veränderungen der Pubertät auf eine Weise umgehen, die ihnen einen von Zuversicht und Vertrauen in die Zukunft getragenen Weg ins Erwachsenleben eröffnet. Welche Richtung adoleszente Entwicklungen nehmen, hängt stark von sozialstrukturell verankerten sowie innerpsychischen Ressourcen ab. Sozialstrukturell verankerte Ressourcen sind wesentlich gebunden an die sozialen Chancen, die sich insbesondere vermitteln über den erreichten oder erreichbaren schulischen Bildungsabschluss. Milieuspezifische Zugangsvoraussetzungen bzw. -barrieren spielen dabei eine große Rolle. Dazu gehört auch das Vorhanden- oder Nichtvorhandensein eines familialen Migrationshintergrundes und seine normative Rahmung. Soziale Bedingungen »können Hoffnung geben oder zerstören« (King 2010: 116), können Wünsche nach einer befriedigenden Zukunftsgestaltung fördern oder beschneiden und damit auch Verarbeitungsmuster in der Adoleszenz beeinflussen. Innere Ressourcen sind wesentlich geprägt durch Erfahrungen vor der Pubertät, insbesondere in der Familie, aber auch in außerfamilialen

Kontexten wie Einrichtungen der öffentlichen Kinderbetreuung oder der Schule. Durch sie kann die Basis für ein positives Körpergefühl und ein von den Bestätigungen Anderer relativ unabhängiges Selbstbewusstsein gelegt werden, das die Verarbeitung adoleszenter Verunsicherungen erleichtert. Zudem können ein emotional bestätigendes und sicheres, Generationengrenzen wahrendes familiales Umfeld ebenso wie von Vertrauen getragene Beziehungen zu anderen Erwachsenen – etwa in pädagogischen Räumen – und unter Gleichaltrigen in dieser Phase Unterstützung bieten.

Insbesondere in Online-Beratungsforen wird deutlich, dass Jugendliche in ihrem sozialen Umfeld oft wenig Möglichkeiten haben, über ihre Probleme zu sprechen und sich mit Gefühlen tiefer Verunsicherung, Angst, Scham und Verzweiflung zu zeigen. Einige berichten über ihre Hemmungen, sich den Eltern mitzuteilen, sei es durch das Gefühl, dort nicht auf positive Resonanz zu treffen, sei es durch das Überwiegen von Abgrenzungsimpulsen. Vor diesem Hintergrund zeigt sich die Bedeutung von Angeboten in pädagogischen Räumen, sowohl in der Schule als auch in Einrichtungen der außerschulischen Jugendarbeit. Solche Angebote können Unterstützung bieten bei der Verarbeitung der körperlichen Veränderungen der Pubertät. Zu unterschiedlichen thematischen Schwerpunkten liegen eine Reihe entwickelter und erprobter Konzepte für die pädagogische Arbeit mit Jugendlichen vor, die zeigen, dass die bei vielen vorhandenen tief verunsichernden Gefühle aufgegriffen und auf eine Weise bearbeitet werden können, durch die junge Frauen und Männer die Möglichkeit haben zu erfahren, dass ihr Erleben auch das anderer ist, sie also nicht alleine sind mit ihren Ängsten und Selbstzweifeln. Zur Erweiterung der Entwicklungsspielräume von Jugendlichen sind zudem pädagogische Umgebungen und Konzepte bedeutsam, die die Jugendlichen dabei unterstützen, gesellschaftliche Geschlechterkonstruktionen infrage zu stellen und zu reflektieren, zum Beispiel durch Angebote, die auf die »Vielfalt möglicher Spielarten von Geschlecht, Geschlechterkörpern und Begehrensformen innerhalb und jenseits der Norm heterosexueller Zweigeschlechtlichkeit aufmerksam machen« (Abraham 2011: 241) und zur Erweiterung und Verflüssigung von Geschlechterbildern beitragen können. Als wichtig erwiesen haben sich zudem Angebote, die den Umgang mit sexuellen Wünschen und Fantasien und die Aneignung all dessen, was sich bezogen auf die reproduktiven Potenzen im Inneren des Körpers vollzieht, erleichtern. Auswertungen solcher pädagogischen Angebote zeigen, dass einige Themen angemessener in geschlechtshomogenen Gruppen bearbeitet werden können, andere dagegen auch in Gruppen, in denen beide Geschlechter präsent sind.

Die Adoleszenz ist zwar eine Lebensphase, in der die Abgrenzung von Erwachsenen eine große Bedeutung hat, zugleich bleiben Erwachsene aber als Begleitende auf dem Weg durch die Verunsicherungen der Pubertät für die Jugendlichen wichtig. Auf der Basis einer die Generationendifferenz respektierenden Abgegrenztheit können in pädagogischen Räumen professionell Tätige als Ansprechpartner*innen in Prozessen der Verarbeitung der adoleszenten Verunsicherungen zur Verfügung stehen und zugleich Impulse für eine möglichst umfassende Entfaltung der Potenziale von Jugendlichen geben.

227

Literatur

Abraham, Anke (2011): Geschlecht als Falle? Körperpraxen von Mädchen und Jungen im Kontext begrenzender Geschlechternormen. In: Niekrenz, Yvonne/Witte, Matthias D. (Hrsg.): Jugend und Körper. Leibliche Erfahrungswelten. Weinheim und München: Juventa, S. 241–255.

Adichie, Chimamanda Ngozi (2014): Americanah. Roman. Frankfurt/Main: Fischer.

Ahlheim, Rose (2013): Phase der Gefahren. Adoleszenz und Autoaggression. In: Schüler. Wissen für Lehrer 2013, S. 28–31.

Appel, Antonia u. a. (2015): Körperbild und Körperschmuck. Körperbild und Körperzufriedenheit bei Jugendlichen und jungen Erwachsenen mit und ohne Tattoos und Piercings. In: Psychotherapeut 6, 2015, S. 505–510.

Arbeitsstelle Kinder- und Jugendkriminalitätsprävention (2017): Zahlen, Daten, Fakten zu Jugendgewalt. (Im Internet verfügbar unter www.dji.de/ju gendkriminalitaet; letzter Zugang 27.4.2018)

Aslan, Hakan (2008): Herausforderungen: Adoleszente Männlichkeit und pädagogische Praxis. In: Potts, Lydia/Kühnemund, Jan (Hrsg.): Mann wird man. Geschlechtliche Identitäten im Spannungsfeld von Migration und Islam. Bielefeld: transkript, S. 203–208.

Baetzgen, Andreas/Leute, Hannah (2017): Die Darstellung der Frau in der Werbung. Ein Vergleich der Jahre 1996 und 2016. Stuttgart: Hochschule der Medien. (Im Internet verfügbar unter http://mw.hdm-stuttgart.de/; letzter Zugang 12.5.2018)

Bammann, Kai (2011): Body Modification. Tattoos, Piercings und andere Körperveränderungen als »unauslöschliche« Einschreibung in den Jugendkörper. In: Niekrenz, Yvonne/Witte, Matthias D. (Hrsg.): Jugend und Körper. Leibliche Erfahrungswelten. Weinheim und München: Juventa, S. 173–190.

Beauvoir, Simone de (1989): Das andere Geschlecht. Sitte und Sexus der Frau. Reinbek b. Hamburg: Rowohlt.

Becker, Sophinette (2018): Geschlecht und sexuelle Orientierung in Auflösung – was bleibt? In: Analytische Kinder- und Jugendlichenpsychotherapie, Heft 178, XLIX. Jg., 2, S. 185–211.

Beckermann, Maria J. (2004): Das prämenstruelle Syndrom – Ein Konstrukt? In: Beckermann, Maria J./Perl, Friederike N. (Hrsg.): Frauen-Heilkunde und Geburts-Hilfe. Integration von Evidence-Based-Medicine in eine frauenzentrierte Gynäkologie, Bd. 1. Basel: Schwabe, S. 502–527.

Benz, Andreas (1989): Weibliche Unerschöpflichkeit und männliche Erschöpfbarkeit: Gebärneid der Männer und der Myelos-Mythos. In: Rotter, Lillian: Sex-Appeal und männliche Ohnmacht. Hrsg. von Andreas Benz. Freiburg i.B.: Kore, S. 133–174.

Benzel, Susanne (2018): Die Bedeutung des Körpers bei jungen Frauen mit selbstverletzenden Handlungen. Eine adoleszenztheoretisch-biographische Analyse. Wiesbaden: Springer VS.

Berger, Margarete (1988): Das verstörte Kind mit seiner Puppe. Zur Schwangerschaft in der frühen Adoleszenz. In: Bürgin, Dieter (Hrsg.): Beziehungskrisen in der Adoleszenz. Bern, Stuttgart, Toronto: Hans Huber, S. 23–39.

Bergmann, Marie Christine u. a. (2017): Jugendliche in Niedersachsen. Ergebnisse des Niedersachsensurveys 2013 und 2015. Kriminologisches Forschungsinstitut Niedersachsen EV., Forschungsbericht Nr. 131, Hannover.

Biedert, Esther (2008): Essstörungen. München, Basel: Ernst Reinhardt.

Biermann, Christine/Schütte, Marlene (1996): Verknallt und so weiter. Liebe, Freundschaft, Sexualität im fächerübergreifenden Unterricht der Jahrgänge 5/6. Wuppertal: Hammer.

Bitzer, J. u. a. (2002): Das Erleben des Menstruationszyklus – eine empirische Untersuchung bei 234 Frauen in der Schweiz. In: Thieme E-Journals – Geburtshilfe und Frauenheilkunde 62 (10), S. 967–976.

Borkenhagen, Ada (2011): Intimmodifikationen bei Jugendlichen. In: BZgA Forum 3, 2011, S. 20–24.

Bourdieu, Pierre (1982): Die feinen Unterschiede. Kritik der gesellschaftlichen Urteilskraft. Frankfurt am Main: Suhrkamp.

Brähler, Elmar (2009): Verbreitung von Tätowierungen, Piercing und Körperhaarentfernung in Deutschland. Ergebnisse einer Repräsentativerhebung in Deutschland im Mai und Juni 2009, Pressemitteilung, Universität Leipzig, 13. Juli 2009. (Im Internet verfügbar unter https://www.huber-verlag. de/daten/newspool/file/16946/presse_tattoo_piercing.pdf; letzter Zugang 27.5.2018)

Braun, Christina von (1992): Das Kloster im Kopf. Weibliches Fasten von mittelalterlicher Askese zu moderner Anorexie. In: Flaake, Karin/King, Vera (Hrsg.): Weibliche Adoleszenz. Zur Sozialisation junger Frauen. Frankfurt/Main; New York: Campus, S. 213–239.

Breidenstein, Georg/Kelle, Helga (1998): Geschlechteralltag in der Schulklasse. Ethnographische Studien zur Gleichaltrigenkultur. Weinheim u. München: Juventa.

Breitenbach, Eva (2000): Mädchenfreundschaften in der Adoleszenz. Eine fallrekonstruktive Untersuchung von Gleichaltrigengruppen. Opladen: Leske+Budrich.

Brenner, Gerd (2016): Befunde neuerer Studien zur Jugendsexualität. In: deutsche jugend, Zeitschrift für die Jugendarbeit, 64. Jg. 2016, Heft 11, S. 461–471.

Bruch, Hilde (1988): Der goldene Käfig. Das Rätsel der Magersucht. Frankfurt am Main: Fischer.

Bruhns, Kirsten (2002): Gewaltbereitschaft von Mädchen – Wandlungstendenzen des Geschlechterverhältnisses? In: Dackweiler, Regina-Maria/Schäfer, Reinhild (Hrsg.): Gewalt-Verhältnisse. Feministische Perspektiven auf Geschlecht und Gewalt. Frankfurt/New York: Campus, S. 171–197.

Brumberg, Joan Jacobs (1997): The Body Project. An Intimate History of American Girls. New York: Random House.

Budde, Jürgen/Faulstich-Wieland, Hannelore (2005): Jungen zwischen Männlichkeit und Schule. In: King, Vera/Flaake, Karin (Hrsg.): Männliche Adoleszenz. Sozialisation und Bildungsprozesse zwischen Kindheit und Erwachsensein. Frankfurt/M./New York: Campus, S. 37–56.

Bundeszentrale für Gesundheitliche Aufklärung (BZgA) (Hrsg.) (2006): Jugendsexualität. Wiederholungsbefragung von 14- bis 17-Jährigen und ihren Eltern. Ergebnisse der Repräsentativbefragung aus 2005. Köln: BZgA.

Busche, Mart u. a. (Hrsg.) (2010): Feministische Mädchenarbeit weiterdenken. Bielefeld: transit.

Butler, Judith (1995): Körper von Gewicht. Die diskursiven Grenzen des Geschlechts. Frankfurt/M.: Berlin.

Bütow, Birgit u. a. (2013): Einleitung: Körper, Geschlecht, Affekt – Selbstinszenierungen und Bildungsprozesse in jugendlichen Sozialräumen. In: Bütow, Birgit u. a. (Hrsg.): Körper, Geschlecht, Affekt. Selbstinszenierungen und Bildungsprozesse in jugendlichen Sozialräumen. Wiesbaden: Springer VS, S. 7–24.

Creese, Gillian (2015): Growing up Where ›No One Looked Like Me‹: Gender, Race, Hip Hop and Identity in Vancouver. In: Gender Issues 32, S. 201–219.

Czyrnick-Leber, Uta (2013): »Kontaktangst ist da nicht angesagt«. Männliche Jugendliche in einem Tanzkunstprojekt. In: Schüler. Wissen für Lehrer 2013, S. 88–92.

Dalsimer, Katherine (1993): Vom Mädchen zur Frau. Literarische Darstellungen – psychoanalytisch betrachtet. Berlin, Heidelberg: Springer.

Deserno, Heinrich (2005): Psychische Bedeutungen der inneren Genitalität in der männlichen Adoleszenz. Kasuistischer Beitrag zur unspezifischen

Prostatitis. In: King, Vera/Flaake, Karin (Hrsg.): Männliche Adoleszenz. Sozialisation und Bildungsprozesse zwischen Kindheit und Erwachsensein. Frankfurt/M./New York: Campus, S. 227–248.

Deutsche Gesellschaft für Kinder- und Jugendpsychiatrie, Psychosomatik und Psychotherapie (DGKJP) et al. (2016): Leitlinie Suizidalität im Kindes- und Jugendalter, 4. überarb. Version, 31.5.2016. (Im Internet verfügbar unter http://www.awmf.org/leitlinien/detail/II/028-031.html; letzter Zugang 1.4.2018)

Dornes, Martin (2018): Hungerwahn? Eine Kritik an der medialen Dramatisierung von Essstörungen. In: Forum der Psychoanalyse 34 (2018), S. 81–97.

Eck, Angelika (2016): Zwischen den Ohren und zwischen den Beinen – Bilder vom eigenen Geschlecht. In: Eck, Angelika (Hrsg.): Der erotische Raum. Fragen der weiblichen Sexualität in der Therapie. Heidelberg: Carl-Auer, S. 130–151.

Eich, Heidemarie/Sandkuhl, Martina (2017): Wa(h)re Schönheit. Prävention und Bildung im Bereich Essstörungen. Wie feministische Mädchenarbeit zur Stärkung des Selbstwertes beitragen kann. In: betrifft Mädchen, 30. Jg., 2017, Heft 1, S. 37–38.

Emcke, Carolin (2013): Wie wir begehren. Frankfurt am Main: Fischer.

Erdheim, Mario (1982): Die gesellschaftliche Produktion von Unbewußtheit. Eine Einführung in den ethnopsychoanalytischen Prozeß. Frankfurt a. M.: Suhrkamp.

Farin, Klaus (2006): Jugendkulturen und Körpersprache. In: BZgA Forum 1, 2006, S. 22–24.

Faulstich-Wieland, Hannelore (1999): Soziale Konstruktion von Geschlecht in schulischen Interaktionen in der Sekundarstufe I. In: Sozialpädagogisches Institut Berlin (Hrsg.): Geschlechtersequenzen. Dokumentation des Diskussionsforums zur geschlechtsspezifischen Jugendforschung. Berlin, S. 97–109.

Faulstich-Wieland, Hannelore u. a (2004): Doing Gender im heutigen Schulalltag. Empirische Studien zur sozialen Konstruktion von Geschlecht in schulischen Interaktionen. Weinheim und München: Juventa.

Fend, Helmut (2005): Entwicklungspsychologie des Jugendalters: ein Lehrbuch für pädagogische und psychologische Berufe. Wiesbaden: VS Verlag für Sozialwissenschaften.

Festl, Ruth (2017): Mobbing im Internet. In: DJI Impulse Nr. 117, 3/17, S. 22–24.

Flaake, Karin (1990): »Erst der männliche Blick macht attraktiv«. In: Psychologie heute 17 (12), S. 48–53.

Flaake, Karin (2001): Körper, Sexualität und Geschlecht. Studien zur Adoleszenz junger Frauen. Gießen: Psychosozial.

Flaake, Karin (2002): Geschlecht, Macht und Gewalt. Verletzungsoffenheit als lebensgeschichtlich prägende Erfahrung von Mädchen und jungen Frauen. In: Dackweiler, Regina-Maria/Schäfer, Reinhild (Hrsg.): Gewalt-Verhältnisse. Feministische Perspektiven auf Geschlecht und Gewalt. Frankfurt/ New York: Campus, S. 161–170.

Flaake, Karin (2003): Körperlichkeit und Sexualität in der Adoleszenz junger Frauen: Dynamiken in der Vater-Tochter-Beziehung. In: Psyche – Zeitschrift für Psychoanalyse 57 (5), S. 403–425.

Flaake, Karin (2005): Junge Männer, Adoleszenz und Familienbeziehungen. In: King, Vera/ Flaake, Karin (Hrsg.): Männliche Adoleszenz. Sozialisation und Bildungsprozesse zwischen Kindheit und Erwachsensein. Frankfurt/ M./New York: Campus, S. 99–120.

Flaake, Karin (2009): Männliche Adoleszenz und Sucht. In: Jacob, Jutta/Stöver, Heino (Hrsg.): Männer im Rausch. Konstruktionen und Krisen von Männlichkeiten im Kontext von Rausch und Sucht. Bielefeld: transcript, S. 23–32.

Flaake, Karin (2012): Pubertät, Biologie und Kultur: Erfahrungen körperlicher Veränderungen. In: Liebsch, Katharina (Hrsg.): Jugendsoziologie. Über Adoleszente, Teenager und neue Generationen. München: Oldenbourg, S. 135–152.

Flaake, Karin (2014): Neue Mütter – neue Väter. Eine empirische Studie zu veränderten Geschlechterbeziehungen in Familien. Giessen: Psychosozial.

Flaake, Karin (2015): Neue Konstellationen für Männlichkeitsentwürfe – Potentiale einer in der Paarbeziehung geteilten Elternschaft für Entwicklungsmöglichkeiten von Jungen und jungen Männern. In: Dausien, Bettina u. a. (Hrsg.): Geschlecht – Sozialisation – Transformationen. Jahrbuch Frauen- und Geschlechterforschung in der Erziehungswissenschaft, Band 11. Opladen/Berlin/Toronto: Barbara Budrich, S. 147–162.

Flaake, Karin (2017): Junge Frauen, Adoleszenz und homoerotisches Begehren. Begrenzungen trotz erweiterter Handlungsmöglichkeiten. In: Eggert-Schmid Noerr, Annelinde u. a. (Hrsg.): Unheimlich und verlockend. Zum pädagogischen Umgang mit Sexualität von Kindern und Jugendlichen. Gießen: Psychosozial, S. 137–149.

Flaake, Karin/Fleßner, Heike (2005): Jugend, Geschlecht und pädagogische Prozesse. In: Hafeneger, Benno (Hrsg.): Subjektdiagnosen. Subjekt, Modernisierung und Bildung. Schwalbach/Ts.: Wochenschau, S. 135–157.

Fleßner, Heike (1996): Mädchenprojekte – Bilanz und Ausblicke. In: Pro Familia Magazin 5, S. 17–19.

Fleßner, Heike (2000): Frech, frei und fordernd, oder? Mädchenbilder von Pädagoginnen und ihre Bedeutung für die Mädchenarbeit. In: King, Vera/ Müller, Burkhard M. (Hrsg.): Adoleszenz und pädagogische Praxis. Freiburg/Br.: Lambertus, S. 75–92.

Fleßner, Heike (2002): Mädchenpädagoginnen und ihre Mädchenbilder – Zwischen Wünschen und Widersprüchen. In: ZFG/ZFS (Hrsg.): Körper und Geschlecht. Bremer – Oldenburger Vorlesungen zur Frauen- und Geschlechterforschung. Opladen: Leske+Budrich, S. 105–117.

Fleßner, Heike (2011): Adoleszente Elternschaft. In: Ehlert, Gudrun u. a. (Hrsg.): Wörterbuch Soziale Arbeit und Geschlecht, Weinheim und München: Juventa, S. 18–20.

Fleßner, Heike (2015): Geschlechterbewusste Pädagogik im Kontext diversitätsbewusster Pädagogik. In: Leiprecht, Rudolf/Steinbach, Anja (Hrsg.): Schule in der Migrationsgesellschaft. Ein Handbuch. Bd.1: Grundlagen – Diversität – Fachdidaktiken. Schwalbach/Ts.: Debus Pädagogik, S. 305–323.

Franz, Elsa (2016): Doing Gender in Make-up-Tutorials auf der Internetplattform YouTube, unveröff. Manuskript. Frankfurt/M.

Friebel, Harry (2017): Jungs und junge Männer, die sich selbst verletzen – ein Ansatz zur Biografie- und Lebensweltorientierung. In: Journal für Psychologie, Jg. 25, 2, S. 69–94.

Friebertshäuser, Barbara/Richter, Sophia (2010): Körperkapital als Ressource – konzeptionelle und empirische Zugänge zu jugendlichen Selbstinszenierungen an einer Hauptschule. In: Langer, Antje u. a. (Hrsg.): (An) Passungen. Körperlichkeit und Beziehungen in der Schule – ethnographische Studien. Hohengehren: Schneider, S. 23–53.

Friese, Nina (2013): Körperbilder in gegenwärtigen Modernisierungsprozessen – Konstruktionsprozesse von Geschlechtsidentität. In: Bütow, Birgit u. a. (Hrsg.): Körper, Geschlecht, Affekt. Selbstinszenierungen und Bildungsprozesse in jugendlichen Sozialräumen. Wiesbaden: Springer VS, S. 137–156.

Fröhlich, Fabienne (2018). Feministische Mädchenarbeit. In: Gender Glossar/ Gender Glossary. (Im Internet verfügbar unter: http://gender-glossar.de; letzter Zugang 11.4.2018)

Gast, Lilli (1989): Magersucht. Der Gang durch den Spiegel. Zur Dialektik der individuellen Magersuchtsentwicklung und patriarchalgesellschaftlicher Strukturzusammenhänge. Pfaffenweiler: Centaurus.

George, Roman (2018): Die Speak!-Studie. Erfahrungen Jugendlicher mit sexualisierter Gewalt. In: Zeitschrift für Erziehung, Bildung, Forschung HLZ 1-2, S. 6–7.

Gerlinghoff, Monika/Backmund, Herbert (2004): Essstörungen im Kindes- und Jugendalter. Anorexia nervosa, Bulimia nervosa, Binge Eating Disorder. In: Bundesgesundheitsbl – Gesundheitsforsch – Gesundheitsschutz 3, 2004, DOI 10.1007/s00103-003-0791-2; S. 246–250.

Göppel, Rolf (2005): Das Jugendalter. Entwicklungsaufgaben – Entwicklungskrisen – Bewältigungsformen. Stuttgart: Kohlhammer.

Göppel, Rolf (2011): Erwachsen werden. Der pubertierende Körper aus biopsycho-sozialer Perspektive. In: Niekrenz, Yvonne/Witte, Matthias D. (Hrsg.): Jugend und Körper. Leibliche Erfahrungswelten. Weinheim und München: Juventa, S. 23–40.

Götsch, Monika (2014): Sozialisation heteronormativen Wissens. Wie Jugendliche Sexualität und Geschlecht erzählen. Opladen, Berlin, Toronto: Budrich UniPress.

Götz, Maya u. a. (2015):»Dafür muss ich nur noch abnehmen«. Die Rolle von Germany's next Topmodel und anderen Fernsehsendungen bei psychosomatischen Essstörungen. In: TELEVIZION 28/2015/1, S. 61–67.

Götz, Maya u. a. (2017): Was macht eine tolle Frau oder einen tollen Mann aus? Eine Repräsentativbefragung von Kindern und Jugendlichen. In: TELEVIZION 30/2017/2, S. 29–31.

Götz, Maya/Mendel, Caroline (2015): Der Gedanke,»zu dick zu sein«, und Germany's next Topmodel. Eine repräsentative Studie mit 6- bis 19-Jährigen. In: TELEVIZION 28/2015/1, S. 54–57.

Grossmann, Klaus E. (2004): Theoretische und historische Perspektiven der Bindungsforschung. In: Ahnert, Lieselotte (Hrsg.): Frühe Bindung. Entstehung und Entwicklung. München, Basel: Ernst Reinhardt, S. 21–41.

Gugutzer, Robert (2011): Essstörungen im Jugendalter. Identitätssuche im Medium von Leib und Körper, in: Niekrenz, Yvonne/Witte, Matthias D. (Hrsg.): Jugend und Körper. Leibliche Erfahrungswelten. Weinheim und München: Juventa, S. 93–107.

Günther, Marga (2012): Körper und Körperlichkeiten: Inszenieren, Präsentieren und Erleben. In: Liebsch, Katharina (Hrsg.): Jugendsoziologie. Über Adoleszente, Teenager und neue Generationen. München: Oldenbourg, S. 115–134.

Hackmann, Kristina (2003): Adoleszenz, Geschlecht und sexuelle Orientierungen. Eine empirische Studie mit Schülerinnen. Opladen: Leske + Budrich.

Hafeneger, Benno (2011): Der aggressive Jugendkörper. Gewalt und inszenierte Männlichkeit. In: Niekrenz, Yvonne/Witte, Matthias D. (Hrsg.): Jugend und Körper. Leibliche Erfahrungswelten. Weinheim und München: Juventa, S. 123–142.

Haffner, Johann u. a. (2007): Jugendliche und ihr Körperempfinden. In: BZgA Forum 3, 2007, S. 12–17.

Haug, Frigga (Hrsg.) (1988): Sexualisierung der Körper. Berlin/Hamburg: Argument.

Hauswald, Mechthild/Zenz, Helmuth (1992): Die Menarche im Erleben pubertierender Mädchen. In: Zenz, Helmuth u. a. (Hrsg.): Entwicklungsdruck und Erziehungslast. Psychische, soziale und biologische Quellen des beeinträchtigten Wohlgefühls bei Schülerinnen und Schülern in der Pubertät. Göttingen, Bern, Toronto, Seattle: Hogrefe, S. 48–60.

HBSC-Studienverbund Deutschland (2015a): Studie Health Behaviour in School-aged Children – Faktenblatt »Körperbild und Diätverhalten von Kindern und Jugendlichen«. (Im Internet verfügbar unter http://hbsc-germany.de/wp-content/uploads/2016/01/Faktenblatt_K%C3%B6rperbildDi%C3%A4tverhalten_final-2015.pdf; letzter Zugang 21.5.2018)

HBSC-Studienverbund Deutschland (2015b): Studie Health Behaviour in School-aged Children – Faktenblatt »Körpergewicht von Kindern und Jugendlichen«. (Im Internet verfügbar unter http://hbsc-germany.de/wp-content/uploads/2016/01/Faktenblatt_K%C3%B6rpergewicht_final-2015.pdf; letzter Zugang 21.5.2018)

Heinz, Wolfgang (2016): Jugendkriminalität – Zahlen und Fakten. In: Bundeszentrale für politische Bildung, Dossier vom 18.10.2016. (Im Internet verfügbar unter: https://www.bpb.de/politik/innenpolitik/gangsterlaeufer/203562/zahlen-und-fakten?p=all; letzter Zugang 7.6.2018)

Helfferich, Cornelia (1994): Jugend, Körper und Geschlecht. Die Suche nach sexueller Identität. Opladen: Leske + Budrich.

Hering, Sabine/Maierhof, Gudrun (2002): Die unpässliche Frau: Sozialgeschichte der Menstruation und Hygiene von 1860 bis 1985. Frankfurt/M.: Mabuse.

Herpertz-Dahlmann, Beate (2008): Anorexia nervosa im Kindes-und Jugendalter. In: Herpertz, Stephan u. a. (Hrsg.): Handbuch Essstörungen und Adipositas. Heidelberg: Springer.

Herschelman, Michael (2009): Boys-Talk. Eine explorative Untersuchung zur narrativ-biographischen (Re-)Konstruktion sozialer (selbst-)reflexiver Geschlechtsidentität. Berlin: Lehmanns.

Heßling, Angelika/Bode, Heidrun (2015a): Jugendsexualität 2015. Die Perspektive der 14- bis 25-Jährigen. Ergebnisse einer aktuellen Repräsentativen Wiederholungsbefragung. Bundeszentrale für gesundheitliche Aufklärung, Köln.

Heßling, Angelika/Bode, Heidrun (2015b): Erfahrungen sexualisierter Gewalt. Ausgewählte Ergebnisse der Studie Jugendsexualität 2015. In: BZgA Forum 2, 2015, S. 19–24.

Hinz, Andreas u. a. (2006): Verbreitung von Körperschmuck und Inanspruchnahme von Lifestyle-Medizin in Deutschland. In: BZgA Forum 1, 2006, S. 7–11.

Hippmann, Cornelia/Aktan, Oktay (2017): »… imma unsicha wenn der bei uns in der Sportkabine guckt.« Ambivalente Anerkennung männlicher Homosexualität in der Adoleszenz. In: Gender, 7.Jg., Heft 1/2017, S. 133–148.

Hirsch, Mathias (1998): Selbstbeschädigung, Autoerotismus und Eßstörungen – zur Psychodynamik des Körperagierens. In: psychosozial 21. Jg., Heft IV, Nr. 74, S. 93–103.

Hoffmann, Dagmar (2011): Mediatisierte Körper. Die Dominanz der Bilder und ihre Bedeutung für die Selbstakzeptanz des Körpers. In: Niekrenz, Yvonne/Witte, Matthias D. (Hrsg.): Jugend und Körper. Leibliche Erfahrungswelten. Weinheim und München: Juventa, S. 191–207.

Hohage, Kristina (1998): Menstruation: Eine explorative Studie zur Geschichte und Bedeutung eines Tabus. Hamburg: Kovac.

Hontschik, Bernd (2005): Das Ikarus-Syndrom. In: King, Vera/Flaake, Karin (Hrsg.): Männliche Adoleszenz. Sozialisation und Bildungsprozesse zwischen Kindheit und Erwachsensein. Frankfurt/M.: Campus, S. 326–339.

Huxel, Katrin (2014): Männlichkeit, Ethnizität und Jugend. Präsentationen von Zugehörigkeit im Feld Schule. Wiesbaden: Springer VS.

In-Albon, Tina u. a. (2015): Selbstverletzendes Verhalten. Göttingen: Hogrefe.

Institut für Demoskopie Allensbach (2014): Tattoos und Piercings gefallen vor allem Jüngeren. Fast jeder vierte 16- bis 29-jährige hat ein Tattoo, 15 % sind gepierct. Deutliche Unterschiede zwischen den Bildungsschichten, Allensbacher Kurzbericht – 8. Juli 2014. (Im Internet verfügbar unter https://www.ifd-allensbach.de/uploads/tx_reportsndocs/PD_2014_12.pdf, letzter Zugang 26.5.2018)

Jacob, Christina (2011): Psychosoziale Onlineberatung für Kinder und Jugendliche. Der Stellenwert aus Nutzersicht unter Berücksichtigung pädagogisch relevanter Qualitätskriterien. Diplomarbeit im Studiengang Erziehungswissenschaften der Universität Bielefeld, Fakultät für Erziehungswissenschaften, Juni 2011. (Im Internet verfügbar unter https://www.uni-bielefeld.de/Universitaet/Einrichtungen/ZSB/Christina%20Jacob_Diplomarbeit.pdf; letzter Zugang: 8.5.2018)

Jantzer, Vanessa u. a. (2012): Opfer von Bullying in der Schule. Depressivität und selbstverletzendes Verhalten bei deutschen Jugendlichen. In: Kindheit und Entwicklung 21,1, S. 40–46.

Jirovsky, Elena (2006): »Eine natürliche Angelegenheit« – ethnologische Untersuchungen zum Erleben von Menstruation und Menarche von Frauen in Wien. In: Austrian Studies in Social Anthropology 2/2006, S. 1–23.

Kanso, Suzanne (2016): What does it mean for a girl to wear a hijab? In: TE-LEVIZION 29/2016/E, S. 22–24.

Kaplan, Louise J. (1991): Weibliche Perversionen. Von befleckter Unschuld und verweigerter Unterwerfung. Hamburg: Hoffmann und Campe.

Kaszta, Mira/Reutlinger, Simon (2018): »Okay! Der Planet ist voll mit Menschen, du bist die einzige Frau, die genetisch männlich ist.« Ein Selbsterfahrungsbericht zur Dominanz der Geschlechterdichotomie, basierend auf sechs narrativen Interviews mit intergeschlechtlichen Menschen. In: Busch, Charlotte u. a. (Hrsg.): Der Riss durchs Geschlecht. Feministische Beiträge zur Psychoanalyse. Gießen: Psychosozial, S. 195–210.

Kindlon, Dan/Thompson, Michael (2000): Raising Cain. Protecting the Emotional Life of Boys. New York: Penguin Books.

King, Vera (1999): Der Ursprung im Innern – Weibliche Genitalität und Sublimierung. In: Brech, Elke u. a. (Hrsg.): Weiblicher und männlicher Ödipuskomplex. Göttingen: Vandenhoeck & Ruprecht, S. 204–229.

King, Vera (2002): Die Entstehung des Neuen in der Adoleszenz. Transformationen der Jugendphase in Generationen- und Geschlechterverhältnissen in modernisierten Gesellschaften. Opladen: Leske + Budrich. (2. Auflage 2013). Wiesbaden: Springer VS

King, Vera (2003): Der Körper als Austragungsort adoleszenter Konflikte. In: Zeitschrift für Theorie und Praxis der Kinder- und Jugendlichen-Psychoanalyse und der tiefenpsychologisch fundierten Psychotherapie, Heft 119, XXXIV. Jg., 3, S. 321–342.

King, Vera (2006a): Adoleszente Inszenierungen von Körper und Sexualität in männlichen Peer-Groups. In: Analytische Kinder- und Jugendlichenpsychotherapie, Heft 130, XXXVII. Jg., 2, S. 163–183.

King, Vera (2006b): Depression und Adoleszenz – intergenerationale Dynamiken. In: Kinderanalyse. Zeitschrift für die Anwendung der Psychoanalyse in Psychotherapie und Psychiatrie des Kindes und Jugendalters 3, S. 213–242.

King, Vera (2010): Männliche Entwicklung, Aggression und Risikohandeln in der Adoleszenz. In: Ahrbeck, Bernd (Hrsg.): Von allen guten Geistern verlassen? Aggressivität in der Adoleszenz. Gießen: Psychosozial, S. 97–119.

King, Vera (2011a): Der Körper als Bühne adoleszenter Konflikte. Dimensionen der Vergeschlechtlichung. In: Niekrenz, Yvonne/Witte, Matthias D. (Hrsg.): Jugend und Körper. Leibliche Erfahrungswelten. Weinheim und München: Juventa, S. 79–92.

King, Vera (2011b): Adoleszenz. In: Ehlert, Gudrun u. a. (Hrsg.): Wörterbuch Soziale Arbeit und Geschlecht. Weinheim und München: Juventa, S. 21–23.

King, Vera (2015): Erwachen des Selbst. In: Like all but me – ich bin wie alle und doch besonders. Fotografien von Carolin Schüten. Mit einem Text von Vera King. Dortmund: Kettler.

King, Vera (2016): »If you show your real face, you'll lose 10 000 followers.« The Gaze of the Other and Transformations of Shame in Digitalized Relationships. In: CM: Communication and Media Vol 11, No 38. (Im Internet abrufbar unter: http://aseestant.ceon.rs/index.php/comman/arti cle/view/11504/5043)

King, Vera (2018): Geteilte Aufmerksamkeit. Kultureller Wandel und psychische Entwicklung in Zeiten der Digitalisierung. In: Psyche – Zeitschrift für Psychoanalyse 72, S. 640-665.

King, Vera/Flaake, Karin (2005): Sozialisations- und Bildungsprozesse in der männlichen Adoleszenz: Einleitung. In: King, Vera/Flaake, Karin (Hrsg.): Männliche Adoleszenz. Sozialisation und Bildungsprozesse zwischen Kindheit und Erwachsensein. Frankfurt/M.: Campus, S. 9–18.

Kirchhoff, Nicole/Zander, Benjamin (2018): »Aussehen ist nicht wichtig!« – Zum Verhältnis von Körperbildern und Körperpraktiken bei der Herstellung von Geschlecht durch männliche und weibliche Jugendliche. In: Gender, 8.Jg., Heft 1, S. 81–99.

Klees, Renate u. a. (1989): Mädchenarbeit. Ein Paxishandbuch für die Jugendarbeit, Teil 1. Weinheim/München: Juventa.

Klein, Alex (2005): Online – Beratung für alle? Themenfelder, Unterstützungsmuster und Reichweiten netzbasierter Beratung. Vortrag im Fachbeirat Kompetenzzentrum Informelle Bildung (KIB) am 12.1.2005. (Im Internet verfügbar unter www.kib-bielefeld.de/externelinks2005/OnlineBeratung fueralle.pdf; letzter Zugang 1.5.2018)

Kleiner, Bettina (2016): Komplizierte Verhältnisse: Geschlecht und Begehren in schulbiographischen Erzählungen von lesbischen, schwulen, bisexuellen und Trans*-Jugendlichen. In: Gender, 8. Jg., Heft 3/2016, S. 12–28.

Kluge, Norbert (1998): Sexualverhalten Jugendlicher heute. Ergebnisse einer repräsentativen Jugend- und Elternstudie über Verhalten und Einstellungen zur Sexualität. Weinheim/München: Juventa.

Kluge, Norbert/Jansen, Gisela (1996): Körperentwicklung in der Pubertät: Einführung in den Gegenstandsbereich und Bilddokumentation. Frankfurt/M., Berlin, Bern, New York, Paris, Wien: Peter Lang.

Kolip, Petra (1999): Geschlechtsspezifische somatische Kulturen im Jugendalter. In: Dausin, Bettina u. a. (Hrsg.): Erkenntnisprojekt Geschlecht. Feministische Perspektiven verwandeln Wissenschaft. Opladen: Leske + Budrich, S. 291–303.

König, Alexandra (2011): Wie Jugendliche sich kleiden. Reproduktion sozialer Ungleichheit – im Sinne des eigenen Geschmacks. In: Niekrenz, Yvonne/ Witte, Matthias D. (Hrsg.): Jugend und Körper. Leibliche Erfahrungswelten. Weinheim und München: Juventa, S. 155–172.

Krell, Claudia/Oldemeier, Kerstin (2016): I am what I am? – Erfahrungen von lesbischen, schwulen, bisexuellen, trans* und queeren Jugendlichen in Deutschland. In: Gender, 6. Jg., Heft 2/2016, S. 46–64.

Krishnamurthy, Aki (2018): Scham Macht Geschlecht. Körperdialoge in Südindien. Opladen, Berlin, Toronto: Barbara Budrich.

Laplanche, Jean/Pontalis, Jean-Bertrand (1982): Das Vokabular der Psychoanalyse. Zweiter Band. Frankfurt am Main: Suhrkamp.

Lautmann, Rüdiger (2015): Sexuelle Vielfalt oder Ein Ende der Klassifikationen? In: Lewandowski, Sven/Koppetsch, Cornelia (Hrsg.): Sexuelle Vielfalt und die UnOrdnung der Geschlechter. Beiträge zur Soziologie der Geschlechter. Bielefeld: transcript, S. 29–66.

Lebert, Benjamin (2001): Crazy. Köln: Kiepenheuer & Witsch.

Lee, Janet/Sasser-Coen, Jennifer (1996): Blood Stories. Menarche and the Politics of the Female Body in Contemporary U.S.-Society. New York: Routledge.

Leiprecht, Rudolf (2015): Zum Umgang mit Rassismus in der Schule und Unterricht. In: Leiprecht, Rudolf/Steinbach, Anja (Hrsg.): Schule in der Migrationsgesellschaft. Ein Handbuch. Bd.2: Sprache – Rassismus – Professionalität. Schwalbach/Ts.: Debus Pädagogik, S. 115–149.

Leiprecht, Rudolf/Lutz, Helma (2015): Intersektionalität im Klassenzimmer: Zur sozialen Konstruktion und Bedeutung von Ethnie, Klasse, Geschlecht und ihren Verbindungen. In: Leiprecht, Rudolf/Steinbach, Anja (Hrsg.): Schule in der Migrationsgesellschaft. Ein Handbuch. Bd.1: Grundlagen – Diversität – Fachdidaktiken. Schwalbach/Ts.: Debus Pädagogik, S. 283–304.

Liebenstein, Stephanie von (2017): Dickenaktivismus in Deutschland. In: Rose, Lotte/Schorb, Friedrich (Hrsg.): Fat Studies in Deutschland. Hohes Körpergewicht zwischen Diskriminierung und Anerkennung. Weinheim und Basel: Beltz Juventa, S. 53–65.

Liebsch, Katharina (2012a): »Jugend ist nur ein Wort«: Soziologie einer Lebensphase und einer sozialen Gruppe. In: Liebsch, Katharina (Hrsg.): Jugendsoziologie. Über Adoleszente, Teenager und neue Generationen. München: Oldenbourg, S. 11–32.

Liebsch, Katharina (2012b): Race, Class, Gender: strukturelle Differenzierungen. In: Liebsch, Katharina (Hrsg.): Jugendsoziologie. Über Adoleszente, Teenager und neue Generationen. München: Oldenbourg, S. 57–90.

Liebsch, Katharina (2012c): Szenen, Stile, Tribes und Gangs: Lebenswelt Jugendkulturen. In: Liebsch, Katharina (Hrsg.): Jugendsoziologie. Über Adoleszente, Teenager und neue Generationen. München: Oldenbourg, S. 91–114.

Liebsch, Katharina (2012d): Risikolagen: Gewalt gegen sich selbst und gegen andere. In: Liebsch, Katharina (Hrsg.): Jugendsoziologie. Über Adoleszente, Teenager und neue Generationen. München: Oldenbourg, S. 177–208.

Liermann, Renato (2015): Jungen und ihre Körperkonzepte in der Leistungsgesellschaft. Genderpädagogische Zugänge. In: deutsche jugend, Zeitschrift für die Jugendarbeit, 63. Jg. 2015, Heft 9, S. 374–382.

Lorde, Audre (1993): Zami. Ein Leben unter Frauen. Frankfurt/M.: Fischer.

Mainka, Jasmin/Matthiesen, Silja (2013): Schönes Haar, aber bitte nicht da – Intimrasur. In: Matthiesen, Silja: Jugendsexualität im Internetzeitalter. Eine qualitative Studie zu sozialen und sexuellen Beziehungen von Jugendlichen. Gefördert und im Auftrag von der Bundeszentrale für gesundheitliche Aufklärung, Köln, S. 223–232.

Marz, Ulrike (2011): Der jugendliche Körper im Kontext rassifizierender Praxen. In: Niekrenz, Yvonne/Witte, Matthias D. (Hrsg.): Jugend und Körper. Leibliche Erfahrungswelten. Weinheim und München: Juventa, S. 256–272.

Maschke, Sabine/Stecher, Ludwig (2018): Handeln ist angesagt! Zum Umgang mit sexuellen Gewalterfahrungen Jugendlicher. In: Zeitschrift für Erziehung, Bildung, Forschung HLZ 1–2, S. 8–9.

McRobbie, Angela (2010): Top Girls. Feminismus und der Aufstieg des neoliberalen Geschlechterregimes. Wiesbaden: VS Verlag für Sozialwissenschaften.

Meuser, Michael (2002): »Doing Masculinity« – Zur Geschlechtslogik männlichen Gewalthandelns. In: Dackweiler, Regina-Maria/Schäfer, Reinhild (Hrsg.): Gewalt-Verhältnisse. Feministische Perspektiven auf Geschlecht und Gewalt. Frankfurt/New York: Campus, S. 53–78.

Meuser, Michael (2005): Strukturübungen. Peergroups, Risikohandeln und die Aneignung des männlichen Geschlechtshabitus. In: King, Vera/Flaake, Karin (Hrsg.): Männliche Adoleszenz. Sozialisation und Bildungsprozesse zwischen Kindheit und Erwachsensein. Frankfurt/M.: Campus, S. 309–323.

Meyer, Katrin (2017): Theorien der Intersektionalität. Zur Einführung. Hamburg: Junius.

Mohnke, Sebastian/Warschburger, Petra (2011): Körperunzufriedenheit bei weiblichen und männlichen Jugendlichen: Eine geschlechtervergleichende Betrachtung von Verbreitung, Prädiktoren und Folgen. In: Praxis der Kinderpsychologie und Kinderpsychiatrie 60, 2011, S. 285–303.

Moré, Angela (2005): Unersättlich, ungenießbar, unverdaulich. Verneinung, Abgrenzung und Wut im Umgang essgestörter Frauen mit Nahrung. In: Werkblatt 22, Nr. 54, S. 67–83.

Munder, Jörg (2007): Jugendliche und ihr Körperempfinden, in: Forum online Sexualaufklärung, Verhütung und Familienplanung der Bundeszentrale für gesundheitliche Aufklärung 2007, Ausgabe 3. (Im Internet verfügbar unter https://www.forum.sexualaufklaerung.de/index.php?docid=1060; letzter Zugang 21.5.2018)

Netzwerk Frauen/Mädchen und Gesundheit Niedersachsen (2008): Rundbrief 25 des Netzwerkes Frauen/Mädchen und Gesundheit Niedersachsen. Sonderheft zur 22. Netzwerk-Tagung. Hannover.

Neuber, Nils (2007): »Sport bringt's!« Bewegung, Spiel und Sport im Schulalltag von Jungen. In: Schüler. Wissen für Lehrer 2007, S. 68–71.

Neutzling, Rainer (2006): Kein Anschluss unter dieser Nummer. Jungen und ihr Körper. In: BZgA Forum 1,2006, S. 16–21.

Niekrenz, Yvonne (2011): Rausch als körperbezogene Praxis. Leibliche Grenzerfahrungen im Jugendalter. In: Niekrenz, Yvonne/Witte, Matthias D. (Hrsg.): Jugend und Körper. Leibliche Erfahrungswelten. Weinheim und München: Juventa, S. 208–222.

Olbricht, Ingrid (1989): Die Brust. Organ und Symbol weiblicher Identität. Reinbek b. Hamburg: Rowohlt.

Petermann, Franz/Nitkowski, Dennis (2015): Selbstverletzendes Verhalten. Erscheinungsformen, Ursachen und Interventionsmöglichkeiten. Göttingen: Hogrefe.

Pohl, Rolf (2004): Feindbild Frau. Männliche Sexualität, Gewalt und die Abwehr des Weiblichen. Hannover: Offizin.

Pohl, Rolf (2005): Sexuelle Identitätskrise. Über Homosexualität, Homophobie und Weiblichkeitsabwehr bei männlichen Jugendlichen. In: King, Vera/Flaake, Karin (Hrsg.): Männliche Adoleszenz. Sozialisation und Bildungsprozesse zwischen Kindheit und Erwachsensein, Frankfurt/M./New York: Campus, S. 249–266.

Poitzmann, Nikola (2018): Texting + Sex = Sexting. In: Zeitschrift für Erziehung, Bildung, Forschung HLZ 1–2, S. 10–11.

Quindeau, Ilka (2008): Das andere Geschlecht. Psychoanalytischer Diskurs über die psychosexuelle Entwicklung des Jungen. In: Dammasch, Frank (Hrsg.): Jungen in der Krise. Das schwache Geschlecht? Psychoanalytische Überlegungen. Frankfurt/M.: Brandes & Apsel, S. 177–194.

Quindeau, Ilka (2016): »Viagra ist eine Prothese«. Interview in der TAZ am Wochenende, 25./26. Juni 2016, S. 24–25.

Rauchfleisch, Udo (2011): Transgender; Transidentität. In: Ehlert, Gudrun u. a. (Hrsg.): Wörterbuch Soziale Arbeit und Geschlecht. Weinheim und München: Juventa, S. 410–413.

Resch, Franz (2001): Der Körper als Instrument zur Bewältigung seelischer Krisen: Selbstverletzendes Verhalten bei Jugendlichen. In: Deutsches Ärzteblatt 98, 36. (Im Internet verfügbar unter https://www.aerzteblatt.de/ar chiv/28492/Der-Koerper-als-Instrument ; letzter Zugang 1.4.2018)

Rhyner, Thomas (2004): Allein mit dem Sperma. In: Neue Gespräche, 34. Jg., 6, S. 15–17. (Im Internet verfügbar unter http://abisz.elternbriefe.de/fami lie-von-a-bis-z/entwicklung-des-kindes/pubertaet/allein-mit-dem-sperma-.html; letzter Zugang 13.5.2018)

Riederle, Josef (2007): Kampfesspiele. Eine bewegungs- und erlebnispädagogische Methode aus der Sozialarbeit. In: Schüler. Wissen für Lehrer 2007, S. 72–75.

Roberts, Tomi-Ann, u. a. (2002):»Feminine Protection«– The Effects of Menstruation on Attitudes towards Women. In: Psychology of Women Quarterly, 26, S. 131–139.

Rohr, Elisabeth (2017): Piercings und Tattoos als Abbild adoleszenter Identitätskonflikte. In: Psychoanalyse im Widerspruch 58, S. 65–80.

Rose, Lotte (1997): Körperästhetik im Wandel. Versportung und Entmütterlichung des Körpers in den Weiblichkeitsidealen der Risikogesellschaft. In: Döllling, Irene/Krais, Beate (Hrsg.): Ein alltägliches Spiel. Geschlechterkonstruktion in der sozialen Praxis. Frankfurt/Main: Suhrkamp, S. 125–149.

Rose, Lotte/Schorb, Friedrich (2017): Fat Studies in Deutschland. Eine Einführung. In: Rose, Lotte/Schorb, Friedrich (Hrsg.): Fat Studies in Deutschland. Hohes Körpergewicht zwischen Diskriminierung und Anerkennung. Weinheim und Basel: Beltz Juventa, S. 7–14.

Schär, Clarissa (2013): Grenzenlose Möglichkeiten der Selbstdarstellung? Jugendliche Genderinszenierungen im Web 2.0. In: Bütow, Birgit u. a. (Hrsg.): Körper, Geschlecht, Affekt. Selbstinszenierungen und Bildungsprozesse in jugendlichen Sozialräumen. Wiesbaden: Springer VS, S. 99–116.

Schär, Marcel/Weber, Sonja (2015): Das Körperbild von Jugendlichen in der Deutschschweiz. Ergebnisse einer Befragung. Gesundheitsförderung Schweiz Arbeitspapier 35, Bern und Lausanne. (Im Internet verfügbar unter www.gesundheitsfoerderung.ch/publikationen; letzter Zugang 21. 5. 2018)

Schmid-Tannwald, Ingolf/Kluge, Norbert (1998): Sexualität und Kontrazeption aus der Sicht der Jugendlichen und ihrer Eltern. Eine repräsentative

Studie im Auftrag der Bundeszentrale für Gesundheitliche Aufklärung. Köln: BZgA.

Schmincke, Imke (2011): Bin ich normal? Körpermanipulationen und Körperarbeit im Jugendalter. In: Niekrenz, Yvonne/Witte, Matthias D. (Hrsg.): Jugend und Körper. Leibliche Erfahrungswelten. Weinheim und München: Juventa, S. 143–154.

Schön, Elke (1999):» … da nehm' ich meine Rollschuh' und fahr' hin …«. Mädchen als Expertinnen ihrer sozialräumlichen Lebenswelt. Bielefeld: Kleine.

Schubert, Inge (2012): Peer-Beziehungen und Gruppen: Räume zum Experimentieren. In: Liebsch, Katharina (Hrsg.): Jugendsoziologie. Über Adoleszente, Teenager und neue Generationen. München: Oldenbourg, S. 153–176.

Schuboth, Britta (2013): Männlichkeitskonstruktionen in der Jugendkultur Emo und ihr aggressionsgeladenes Echo. In: Bütow, Birgit u.a (Hrsg.): Körper, Geschlecht, Affekt. Selbstinszenierungen und Bildungsprozesse in jugendlichen Sozialräumen. Wiesbaden: Springer VS, S. 83–98.

Schumann, Kerstin/Linde-Kleiner, Judith (2014): unsicher. klar. selbstbestimmt. Wege von Trans*Kindern, *Jugendlichen und jungen *Erwachsenen in Sachsen-Anhalt. (Bezug über die Geschäftsstelle des KgKJH per E-Mail info@geschlechtergerechtejugendhilfe.de oder telefonisch: 03916310556)

Seiffge-Krenke, Inge (2015): Identität, Körper und Weiblichkeit in Jugendtagebüchern unter spezieller Berücksichtigung der Tagebücher Karen Horneys. In: Analytische Kinder- und Jugendlichen-Psychotherapie. Zeitschrift für Theorie und Praxis der Kinder- und Jugendlichen- Psychoanalyse und der tiefenpsychologisch fundierten Psychotherapie, Heft 165, XLVI. Jg., 1, S. 29–48.

Seiffge-Krenke, Inge/Seiffge, Jakob Moritz (2005):»Boys play sport…?« Die Bedeutung von Freundschaftsbeziehungen für männliche Jugendliche. In: King, Vera/Flaake, Karin (Hrsg.): Männliche Adoleszenz. Sozialisation und Bildungsprozesse zwischen Kindheit und Erwachsensein. Frankfurt/M.: Campus, S. 267–286.

Selvini Palazzoli, Mara (1982): Magersucht. Von der Behandlung einzelner zur Familientherapie. Stuttgart: Klett-Cotta.

Shell Deutschland Holding (Hrsg.) (2016): Jugend 2015. Eine pragmatische Generation im Aufbruch. Frankfurt am Main: Fischer.

Spoon, Rae/Coyote, Ivan E. (2015): Goodbye Gender. Berlin: w_orten & meer.

Stach, Anna (2013): Einübung eines kritischen Blicks auf den weiblichen Körper – Die Sendung Germany's next Topmodel und ihre Bedeutung für die

Körpersozialisation junger Frauen und Männer. In: Bütow, Birgit u. a. (Hrsg.): Körper, Geschlecht, Affekt. Selbstinszenierungen und Bildungsprozesse in jugendlichen Sozialräumen. Wiesbaden: Springer VS, S. 117–136.

Stauber, Barbara (1999): Starke Mädchen – kein Problem? In: Beiträge zur feministischen Theorie und Praxis 51, 1999, S. 53–64.

Stauber, Barbara (2011): Androgynität und Gender-Switching in Jugendkulturen? Doing Gender differently – Geschlechtervariationen in jugendkulturellen Körperinszenierungen. In: Niekrenz, Yvonne/Witte, Matthias D. (Hrsg.): Jugend und Körper. Leibliche Erfahrungswelten. Weinheim und München: Juventa, S. 223–240.

Stauber, Barbara (2012): Jugendkulturelle Selbstinszenierungen und (geschlechter-) biographische Relevanzen. In: Ecarius, Jutta/Eulenbach, Marcel (Hrsg.): Jugend und Differenz. Wiesbaden: Springer VS, S. 51–73.

Stauber, Barbara/Litau, John (2013): Jugendkulturelles Rauschtrinken – Gender-Inszenierungen in informellen Gruppen. In: Bütow, Birgit u. a. (Hrsg.): Körper, Geschlecht, Affekt. Selbstinszenierungen und Bildungsprozesse in jugendlichen Sozialräumen. Wiesbaden: Springer VS, S. 43–58.

Steinhöfel, Andreas (2004): Die Mitte der Welt. Frankfurt am Main: Fischer.

Stokowski, Margarete (2016): Untenrum frei. Reinbek bei Hamburg: Rowohlt.

Sturzenhecker, Benedikt (2007): Unter uns, für uns, über uns. Didaktische Prinzipien der Jungenarbeit. In: Schüler. Wissen für Lehrer 2007, S. 113.

Terhart, Henrike (2014): Körper und Migration. Eine Studie zu Körperinszenierungen junger Frauen in Text und Bild. Bielefeld: Transskript.

Tervooren, Anja (2006): Im Spielraum von Geschlecht und Begehren. Ethnographie der ausgehenden Kindheit. Weinheim: Juventa.

Teuber, Kristin (2004): Hautritzen als Überlebenshandlung. Selbstverletzendes Verhalten von Mädchen und Frauen. In: Rohr, Elisabeth (Hrsg.): Körper und Identität. Gesellschaft auf den Leib geschrieben. Königstein/Taunus: Ulrike Helmer, S. 128–143.

Timmermanns, Stefan (2007): Geschlechtsrollenpanzer knacken! Forderung einer pädagogischen Parteinahme für Schwule. In: Schüler. Wissen für Lehrer 2007, S. 48–49.

Trunk, Janine (2018): Körperbilder, -optimierung und -modifikation: Theoretischer Hintergrund und praktische Implikationen für die Jugendarbeit. In: deutsche jugend, Zeitschrift für die Jugendarbeit, 66. Jg., Heft 2, S. 55–62.

Ullrich, Charlotte (2004): Nichts spüren, nichts sehen, nichts riechen. Inszenierung von Weiblichkeit in der Menstruationshygiene-Werbung. In: Lenz, Ilse u. a. (Hrsg.): Reflexive Körper? Zur Modernisierung von Sexualität und Reproduktion. Opladen: Leske + Budrich, S. 85–122.

Villa, Paula-Irene (2000): Sexy bodies. Eine soziologische Reise durch den Geschlechtskörper. Opladen: Leske + Budrich.

Villa, Paula-Irene (2008): Habe den Mut, Dich Deines Körpers zu bedienen! Thesen zur Körperarbeit in der Gegenwart zwischen Selbstermächtigung und Selbstunterwerfung. In: Villa, Paula-Irene (Hrsg.): schön normal. Manipulationen am Körper als Technologien des Selbst. Bielefeld: Transskript, S. 246–272.

Villa, Paula-Irene (2017): »Haut und Haar als Visitenkarte«. Ein Gespräch mit Paula-Irene Villa. In: sozialmagazin 1–2, S. 7–13.

Waldeck, Ruth (1988): Der rote Fleck im dunklen Kontinent. In: Zeitschrift für Sexualforschung 1 und 2, S. 189-205; S. 337–350.

Waldeck, Ruth (2004): »Nichts Besonderes...« – zur Bedeutung von Menarche und Menstruation für die weibliche Identität. In: Beckermann, Maria J./Perl, Friederike N. (Hrsg.): Frauen-Heilkunde und Geburts-Hilfe. Integration von Evidence-Based-Medicine in eine frauenzentrierte Gynäkologie, Bd. 1. Basel: Schwabe, S. 176–185.

Walgenbach, Katharina (2002): Weiße Dominanz – zwischen struktureller Unsichtbarkeit, diskursiver Selbstaffirmation und kollektivem Handeln. In: Bartmann, Sylke u. a. (Hrsg.): Kollektives Handeln. Politische Mobilisierung zwischen Struktur und Identität. Düsseldorf: edition der Hans-Böckler-Stiftung, S. 123–136.

Walgenbach, Katharina (2012): Intersektionalität – eine Einführung. (Im Internet verfügbar unter www.portal-intersektionalität.de: letzter Zugriff 8.5.2018)

Wallner, Claudia (2008): Von der Mädchenarbeit zum Gender? Aktuelle Aufgaben und Ziele von Mädchenarbeit in Zeiten von Gender-Mainstreaming. Berlin: Sozialpädagogisches Fortbildungsinstitut Berlin-Brandenburg.

Wallner, Claudia (2012): »Alles cool!« Weiblichkeitsvorstellungen und Lebensperspektiven von Mädchen. In: BZgA Forum 3, 2012, S. 14–18.

Weber, Martina (2003): Heterogenität im Schulalltag. Konstruktion ethnischer und geschlechtlicher Unterschiede. Wiesbaden: Springer VS.

Wedekind, Frank (2012): Frühlings Erwachen. Eine Kindertragödie. Frankfurt am Main: Suhrkamp (7. Auflage).

Weißmann, Ingrid Elisabeth (2017): Jugendgewalt – Konsequenzen für die Prävention an Schulen. Dissertation zur Erlangung des Doktortitels Dr. rer. soc. des Fachbereiches der Sozial- und Kulturwissenschaften (03) der Justus-Liebig-Universität Gießen. (Im Internet verfügbar unter: http://geb.uni-giessen.de/geb/volltexte/2017/12804/pdf/WeissmannIngrid_2017_04_25.pdf; letzter Zugang 7.6.2018)

Wendt, Eva-Verena (2019): Die Jugendlichen und ihr Umgang mit Sexualität, Liebe und Partnerschaft. Stuttgart: Kohlhammer.

Wermann, Anja/Matthiesen, Silja (2013): Spieglein, Spieglein ... – Körpererleben und Körpermodifikationen. In: Matthiesen, Silja: Jugendsexualität im Internetzeitalter. Eine qualitative Studie zu sozialen und sexuellen Beziehungen von Jugendlichen. Gefördert und im Auftrag von der Bundeszentrale für gesundheitliche Aufklärung, Köln, S. 210–222.

Winter, Reinhard (2015): More Risk! Mehr Mann? Risikokompetenz bei Jungen fördern (I). In: deutsche jugend, Zeitschrift für die Jugendarbeit, 63. Jg., Heft 9, S. 367–373.

Winter, Reinhard/Neubauer, Gunter (1998): Kompetent, authentisch und normal?: Aufklärungsrelevante Gesundheitsprobleme, Sexualaufklärung und Beratung von Jungen; eine qualitative Studie im Auftrag der BzgA. (Hrsg. Bundeszentrale für gesundheitliche Aufklärung (BZgA), Abteilung Sexualaufklärung, Verhütung und Familienplanung), Köln: BZgA, Forschung und Praxis der Sexualaufklärung und Familienplanung; Bd. 14.

Winter, Reinhard/Neubauer, Gunter (2005): Körper, Männlichkeit und Sexualität. Männliche Jugendliche machen »ihre« Adoleszenz. In: King, Vera/Flaake, Karin (Hrsg.): Männliche Adoleszenz. Sozialisation und Bildungsprozesse zwischen Kindheit und Erwachsensein. Frankfurt/M.: Campus, S. 207–226.

Witte, Matthias D. (2011): Körperpraktiken Jugendlicher im »sozialen Brennpunkt«. In: Niekrenz, Yvonne/Witte, Matthias D. (Hrsg.): Jugend und Körper. Leibliche Erfahrungswelten. Weinheim und München: Juventa, S. 273–290.

Wittel-Fischer, Barbara (2001): Ungestillte Sehnsucht nach Schwangerschaft und Mutterschaft? Ein vergessenes Thema in der Sexualpädagogik. In: BZgA Forum 1, S. 21–23.

Wollrad, Eske (2005): Weißsein im Widerspruch. Feministische Perspektiven auf Rassismus, Kultur und Religion. Königstein/Taunus: Ulrike Helmer.

Zentrum für Gender Studies und feministische Zukunftsforschung der Philipps-Universität Marburg (Hrsg.) (2003): Körper-Identität-Geschlecht. Texte und Materialien, Marburg: Material-Reihe 4.